# 공화주의자 노무현

## 시민적 진보의 탐색

지은이  장은주

도서출판 피어나

# 공화주의자 노무현

시민적 진보의 탐색

**초판 1쇄 인쇄** 2024년 3월 01일
**초판 1쇄 발행** 2024년 3월 12일

**지은이** 장은주

**펴낸이** 김명진

**기획·편집** 이건범 김명진
**표지 디자인** 김정환
**본문 디자인** 피어나 디자인실
**인쇄** 재원프린팅
**종이** 화인페이퍼

**펴낸곳** 도서출판 피어나
**출판등록** 2012년 11월 1일 제2012-000357호
**주소** 121-731 서울시 마포구 토정로 37길 46, 303호(도화동, 정우빌딩)
**전화** 02-702-5084
**전송** 02-6082-8855

ISBN 978-89-98408-42-8   03300
책값은 뒤표지에 있습니다.

시민적 진보의
탐색

# 공화주의자
# 노무현

장은주

피어나

정치철학자인 나의 학문적 삶에서 고(故) 노무현 대통령은 어떤 결정적 이정표 역할을 한 사람이다. 비록 나는 개인적으로는 일면식도 없지만, 그가 보여주었던 정치적 성공과 좌절의 궤적은 우리 현실에 깊게 뿌리내린 정치철학을 해 보고 싶었던 나의 학문적 삶에 어떤 필생의 숙제를 남겼다. 특히 그의 비극적인 죽음은 내게 너무도 충격적이어서(당시 나의 충격을 표현한 추도사를 부록에 실어 두었다), 우리 정치의 어떤 문제가 그를 죽음으로 몰고 갔는지에 대해 나 스스로 납득할 수 있는 철학적 조망을 마련하지 않고는 내 학문적 삶은 모종의 사기로 끝날지 모른다는 강박관념 같은 게 오랫동안 나를 짓눌렀다.

나는 이른바 '86세대'의 한 사람으로서 1980년대 반독재 민주화 운동 속에서 형성되었던 지적 분위기에서 성장했다. 덕분에 젊은 시절에는 당시의 많은 이들처럼 마르크스주의에 흠뻑 빠져 그 시선으로 세상을 이해했다. 그러나 1987년 민주화 이후 연쇄적으로 전개되었던 소련과 동구권의 현실 사회주의의 몰락은 마르크스주의의 한계를 뼈저리게 실감하게 했다. 새로운 지적 돌파구를 찾고자 뒤늦게 독일 유학길에 올랐던 나는, 마르크스주의에서 출발했으면서도 다양한 차원에서 그 한계를 극복하고자 했던 프랑크푸르트학파의 '비판이론', 특히 하버마스와 호네트의 비판이론을 공부해서 내 학문적 삶의 토대로 삼았다.

그러나 귀국 후 내가 마주했던 한국의 현실은 절대 녹록지 않았다. 내가 공부했던 이론들을 그냥 소개하는 정도의 학문적 작업은 한국 사회에 제대로 된 비판적 초점을 가질 수 없었다. 인도 출신의 역사학자 차크라바르티의 표현을 빌려 말하자면, 내가 공부했던 서구의 여러 이론들은 우리 현실을 이해하는 데서 정말로 '불가결'했지만 또한 언제나 '부적절'하기도 했다. 우리 사회는 서구 사회와 많은 것을 공유하면서도 너무도 다른 역사적 배경, 문화적 토양, 사회 구조 등을 가지고 있기 때문이다. 정치적 현실은 말할 것도 없었다. 특히 나는 노무현 대통령의 당선에 열광하면서도 참여정부 내내 열린우리당 중심의 '자유주의 세력'과 민주노동당 중심의 '진보 세력' 사이의, 내가 볼 때 매우 불필요하고 부당했던, 긴장과 갈등을 보면서 괴로워했다.

그러다 덜컥 노무현 대통령의 비극적인 죽음을 마주해야만 했다. 내가 볼 때 그 죽음은 많은 부분 바로 그런 긴장과 갈등이 빚어낸 우리 사회 범진보 진영의 정치적 무능에서 비롯했다. 나는 이 무능의 뿌리를 파헤치고 새로운 방향을 제시하는 것이 내게 주어진 학문적 의무라고 여겼다. 그리하여 2012년 그런 문제의식과 그에 대한 나름의 모색을 담아 『정치의 이동: 분배정의를 넘어 존엄으로 진보를 리프레임하라』(상상너머)라는 책을 썼다(나는 이 책을 고 노무현 대통령에게 헌정했다).

나는 여기서 그때까지 우리 사회에 지배적이었던 진보 정치에 대한 지향을 '보수적 진보'라고 규정하면서 새로운 '민주주의적 진보'를 그 대안으로 제시했다. 그리고 그 새로운 진보의 정치철학적 지향에다 '민주적 공화주의'라는 이름을 붙였다. 여기서 나는 서구에서도 새롭게 부상하여 주목받고 있던 '신로마 공화주의' 논의에 크게 의존하면서도 한국의 민주정치적 전통의 핵심을 비판적으로 계승하면서 담아낼 수 있는 나름의 정치철학으로 이 민주적 공화주의를 제시했다. 이후 나는 이 민주적 공화주의를 이론적으로 좀 더 심화시키기 위해 다양한 차원에서 노력해 왔다.

그러던 어느 날, 나는 노무현 대통령의 정치적 삶이 나에게 민주적 공화주의를 모색하기 위한 실마리를 제공했을 뿐만 아니라 어쩌면 노무현 대통령 자신이 충분히 자각되지는 않은 민주적 공화주의자일 수도 있겠다는 깨달음을 얻었다. 아직 코로나 위기가 완전히 끝나지 않았던 2022년 가을 부산에서 있었던 '사람사는 세상 노무현재단 부산지역위원회'의 학술발표회 이후 저녁 식사 자리에서였다. 앞선 학술발표회에서 토론자였던 나는 『정치의 이동』을 언급하며 내가 노무현 대통령의 정치적 삶에서 자극받아 민주적 공화주의라는 정치철학을 정초하려고 했음을 지나가면서 언급했던 참이었다. 이를 잊지 않고 있던 부경대학교의 이정호 교수(그는 참여정부 당시 청와대에서 대통령 비서실 국가균형발전비서관, 동북아시대비서관, 제도개선비서관, 시민사회수석비서관을 역임했다)가 식사 자리에서 내게 어쩌면 노무현 대통령이야말로 참된 공화주의자라고 할 수 있지 않겠느냐고 의견을 피력했다. 나는 그때까지 그런 생각까지는 하고 있지 않았지만, 듣고 보니 정말 그랬다. 아주 신선한 깨달음이었다.

물론 나는 그 자리에서는 그 깨달음에 너무 많은 무게를 두지는 않았다. 당시 나는 촛불혁명 이후 새롭게 펼쳐지고 있는 우리 현실을 나름의 방식으로 좀 더 천착하고 싶어 했고, 무엇보다도 민주적 공화주의를 좀 더 체계적으로 정리해서 대중에게 소개하는 책을 쓰고 싶다는 계획을 갖고 있었다. 그래서 이정호 교수가 내게 공화주의자라는 관점에서 노무현 대통령의 정치철학을 정리하는 책을 한 권 써 보는 게 어떻겠냐고 제안했을 때, 나는 미안하게도 그럴 여유가 없다며 거절했다.

그다음 해 나의 친구이기도 한 노무현재단 부산지역위원회의 박상현 공동대표가 그날 저녁 자리에서의 대화를 기억하고는 내게 또다시 그 책을 써 보라고 제안했다. 이번에는 재단에서 연구비도 지원하겠다고 했다. 하지만 나는 내 계획이 있다며 다시금 그 제안을 거부했다. 무슨 공식적인 의무 같은 건 없었지만 더 늦기 전에 내가 계획하고 있던 저술 작업을 빨리 완수해야 한다는 개인적 압박감이 컸다.

그러던 어느 날 새벽, 나는 꿈속에서 '공화주의자 노무현'에 대한 책을 쓰고 있는 나를 발견했다. 그 꿈은 정말 생생해서 잠에서 깨어서 대략적인 얼개와 목차까지 다시 떠올릴 수 있었다. 처음에는 피식 웃었다. 그러나 정신을 차리고 생각해 보니 어쩌면 민주적 공화주의에 대한 나의 계획된 저술은 노무현 대통령과 만남으로써 훨씬 더 좋은 내용과 형식을 갖게 될 수도 있겠다는 생각이 들었다. 사실 나는 새 저작이 어떤 전문적 학술서가 아니라 좀 더 많은 사람이 읽을 수 있는 대중서가 되었으면 좋겠다고 생각했는데, 그런 목적을 위해서도 노무현 대통령의 정치적 역정은 좋은 마중물이 될 수 있겠다 싶었다.

그리하여 나는 아주 흔쾌한 마음으로 노무현 대통령의 정치적 삶 자체를 민주적 공화주의의 관점에서 새롭게 해석하여 재구성하는 저술 작업을 시작하기로 했다. 마침 노무현재단 부산지역위원회의 2023년 학술연구 지원사업의 지원도 있고 해서 머뭇거리지도 않았다. 이제 여기 그 결과물을 내놓게 되었다. 이 자리를 빌려 이정호, 박상현 두 분과 노무현재단 부산지역위원회에 특별한 감사의 뜻을 전한다.

최근 우리 사회에서도 공화주의에 관한 관심이 커지고 있다. 한나 아렌트의 공화주의에 대한 관심을 필두로 진영을 막론하고, 학자들뿐만 아니라 정치인들도, 공화주의를 이야기하고 있다. 매우 환영할 만한 일이다. 희망컨대 이 공화주의를 매개로 우리 사회의 '전쟁 정치'가 좀 더 생산적인 방향으로 성숙했으면 좋겠다. 우리 정치권 일반에서 더 많이 공화주의의 원리와 정신을 수용한다면, 우리의 민주 정치는 훨씬 더 성숙한 모습을 갖게 될 것이다. 우리 사회에서 보수와 진보를 아우르는 공화주의적 대화가 좀 더 활발해지기를 기대한다.

공화주의는 단지 하나가 아니다. 공화주의는 그리스 및 로마 시대 이래 서구 사회의 가장 본원적인 정치철학이라 할 수 있으며, 최근에 이르기까지 다양한 버전과 변용이 발전해 왔다. 나는 이 책에서 동아시아의 공화주의 전통에 대해서도 이야기한다. 노무현 대통령의 정치적 삶을 실마리 삼아 내가 얼마간 체계화해 보려는 공화주의는 그중에서도 특히 평범한 대중의 정치적 중심성을 인정하는 <민주적인> 공화주의다. 이 민주적 공화주의는 무엇보다도 사회의 기득권 세력이나 엘리트에 무게 중심을 두는 보수적인 <귀족적> 공화주의 전통과 대비되는 진보적 공화주의라 할 수 있다. 나는 이 정치철학이 전통적인 진보 이념의 몰락 이후 우리 진보 진영에 새로운 이념적 지평을 열어 우리 사회의 좀 더 나은 삶을 기획하고 실현하는 데서 특별한 실천적 전망을 제시할 수 있으리라고 믿는다. 부디 우리 진보 진영 일반이 좀 더 많이 그리고 훨씬 더 적극적으로 공화주의에 주목해 주기를 바란다.

이 책은 노무현 대통령에 대한 사상적 평전 같은 건 아니다. 나는 이 책에서 노무현 대통령의 정치적 삶 그 자체에 초점을 맞추기보다는 그의 정치적 행적과 사상을 민주적 공화주의라는 틀 속에서 나름의 방식으로 재구성하여 조명하고 그 의미를 밝히려 하였다. 아마도 노무현 대통령은 자신을 공화주의자로 인식하고 있지 않았을 것이고, 어쩌면 공화주의 정치철학 그 자체에 대해 별다른 지식이 없었을 수도 있다. 그러나 나는 그가 자각하지 않은 공화주의자로서 정치적 삶의 많은 국면에서 누구보다도 더 공화주의적으로 생각하고 실천했다고 여긴다. 그래서 나는 이 책을 기본적으로 정치인 노무현의 일화나 언행을 간단히 언급한 후 그에 대한 나의 민주적-공화주의적 해석을 덧붙이는 형식으로 서술했다. 그런 해석 과정에서 내가 생각하는 민주적 공화주의 정치철학을 얼마간 체계적으로 소개하려 하였다. 부디 이런 작업이 노무현 대통령에 대한 우리의 시민적 기억을 조금이나마 더 풍요롭게 채울 뿐만 아니라, 우리 사회의 더 성숙한 민주적 발전을 위해 조금이나마 보탬이 되었으면 좋겠다.

2024년 1월
수원에서

# 차례

# 1. 서론:

## 왜 노무현인가? 왜 민주공화주의인가?

노무현은 스스로 '공화주의'에 관해 한마디 말도 한 적이 없다. 어쩌면 그는 이 정치철학에 대해 별다른 지식조차 없을 수 있다. 그러나 내가 볼 때 그는 자신의 정치적 삶을 누구보다도 공화주의적 정치철학에 가장 부합하게 산 인물이었다. 또는 그의 정치적 행적과 지향은 공화주의라는 정치철학을 통해 가장 잘 이해될 수 있다고도 말할 수 있다.

지역주의를 타파하고 지역균형발전을 위해 매진하고자 했던 '바보 노무현'의 행적이 그렇고, '사람 사는 세상'과 '반칙과 특권 없는 사회'에 대한 그의 꿈이 그렇다. 또 시민의 참여를 통해 꽃 피는 민주정부의 꿈을 담은 '참여정부'라는 정부 이름을 붙인 것이 그러하며, 무엇보다도 묘비명에 쓰인 '민주주의의 최후의 보루는 깨어있는 시민들의 조직된 힘'이라는 그의 강력한 정치적 메시지가 그렇다. 나아가 상고 출신의 비주류 노무현을 대통령으로 만들고 그를 탄핵에서 구해내며 비극적 죽음 이후 그를 한국 민주주의의 상징적 인물로 자리매김한 시민들의 지지와 실천 또한 공화주의적 시민성(citizenship)이라는 차원에서 가장 잘 이해될 수 있다. 시민들은 또한 바로 노무현 대통령의 공화주의자로서의 면모 때문에 그토록 열렬하게 그를 지지했으며, 지금도 그를 그리워하고 있다.

나는 이 책에서 노무현의 정치적 삶과 그를 둘러싼 정치적 풍경에 대한 이런 인식에서 출발하고 또 그것을 매개 삼아 지금의 한국적 상황에서 필요한 공화주의 정치철학의 기본 개념과 원리 및 지향을 소개하려 한다. 나는 이에 대해 '민주적 공화주의'라고 이름 붙인다.

이 책은 단순히 노무현 대통령을 회고하기 위한 책이 아니다. 오히려 노무현을 지금 한국의 상황 속에 새로운 방식으로 호출하여 민주당을 중심으로 한 한국의 민주개혁 세력이 정치적 곤경에서 벗어나는 데 필요한 정치철학적 자양분을 마련해 보려는 기획이다. 나는 이 책에서 이 민주개혁 세력이 '시민적 진보'의 길을 가야 한다고 주장할 것인데, 내가 노무현 정치철학의 재구성을 통해 정립해 보려는 시민적 진보의 길은 우리의 통상적인 진보 노선과는 많이 다른 모습을 가지고 있다. 이 진보는 핵심적으로 민주적 시민성의 활성화를 통해 모든 시민의 존엄한 인간적 삶의 가능성을 확보하려 한다.

그런 만큼 노무현이나 그를 계승한다고 자임하는 무슨 '친노' 또는 '친문' 같은 특정 계파의 정치에 대한 미화나 정당화가 이 책의 초점은 아니다. 오히려 충분히 자각되지 않은 노무현의 공화주의적 정치를 민주적 공화주의라는 틀 속에서 비판적으로 재구성해 봄으로써 그 빛나는 의미는 살리되 그 한계도 드러내서, 그동안 노무현의 후광 속에 정치를 해왔던 이들의 부족함도 질타하고 오늘날 우리 시민적 진보 진영을 위해 뚜렷한 정치철학적 이정표를 제시하려는 게 목적이다.

## 왜 지금 노무현인가?

그렇다면 왜 나는 지금 노무현을 소환하려 하는가? 그가 무슨 대단한 정치적 영웅이어서는 아니다. 물론 비극적 서거 15주기를 맞은 지금, 그의 인간적, 정치적 행보가 무척 그리운 것은 사실이다. 특히 지금 윤석열 '법폭' 대통령의 신권위주의 지배가 여러 차원에서 나라를 민주화 이전 시기로 되돌리고 있는 모습을 보며, 노무현과 같이 소탈하고 탈권위적이며 시민들과의 소통을 중시했던 대통령이 정말 많이 그립다. 그는 한국 민주주의가 낳은 가장 민주적이고 인간적인 대통령의 표상임이 틀림없다. 앞으로도 노무현 같은 지도자가 나와 주기를 많은 시민들이 간절히 바랄 것이다. 그러나 이런 것이 이 책에서 노무현을 소환하는 이유는 아니다.

내가 지금 노무현에 주목하는 이유는 먼저 그가 상고를 나온 비주류 '평민' 출신 대통령으로서 상당히 중요한 정치적 상징성을 갖고 있기 때문이다. 앞으로 우리가 살펴볼 공화주의에서는 전통적으로 '귀족'과 '평민' 사이의 사회정치적 대립을 축으로 '공화국'의 정치적 기본 구도를 이해하곤 했는데, 그런 구도는 큰 틀에서 지금의 대한민국에서도 타당하다고 할 수 있다. 한국 사회에서는 세습 재벌 일가와 함께 명문대 출신 소수 엘리트가 법조계나 경제계 및 언론계 등을 장악하여 우리 사회의 상류층을 형성하고서 다양한 방면에서 지배적인 영향력을 행사하고 있다. 그들은 정치적으로도 주류가 되어 우리 사회 기득권 세력 전반의 이익을 대변한다. 한 마디로 그런 소수 엘리트가 우리 사회의 정치적, 경제적, 문화적 권력의 중추를 장악하고 있다. 우리는 이들을 현대 사회의 유사 귀족이라고 볼 수 있다. 그런데 노무현은 이런 귀족 세력과는 정반대의 위치에 있는 힘없는 보통 시민들, 곧 평민 출신으로서 민주적 과정을 통해 대통령이라는 최고 권력자의 지위에 올랐다.

노무현이 대통령이 되는 과정의 의미도 중요하다. 그 과정에는 '노무현을 사랑하는 사람들(노사모)' 같은 조직을 통해 모인 열성적 지지자들은 물론이고, 우리 사회 많은 힘없는 보통 시민들의 아래로부터의 지지와 열망, 곧 '힘없는 사람들의 힘(the power of the powerless)'이 결정적인 역할을 했다.* 그가 기득권 세력의 '탄핵'이라는 반격을 맞았을 때도 그를 지켜낸 것은 바로 그런 보통 시민들의 굳건한 지지였다. 나중에 보겠지만, 나는 귀족 대 평민, 곧 이런 엘리트 기득권 세력과 평범한 시민들 사이의 사회정치적 대결이라는 기본 구도를 '보수' 대 '진보'의 대결 구도로 바꾸어 이해할 수 있다고 여긴다. 이렇게 보면 그는 한 마디로 대한민국이라는 '민주공화국' 최초의 평민 출신 '진보' 대통령이었다.

그런데 그가 대통령이 되는 과정에는 그가 정치적 이력 대부분을 우리 민주주의를 지금도 황폐화하고 있는 지역주의, 특히 영남의 지역주의에 맞서 싸워왔다는 사실이 큰 몫을 했다. 이 역시 중요한

---

* 물론 앞선 김대중 대통령 또한 대학을 나오지 않은 상고 출신이긴 하지만, 그는 지역주의의 영향을 크게 받는 한국 민주주의에서 오랫동안 호남이라는 지역의 정치적 '맹주'라는 지위를 가지고 있었기 때문에 노무현의 경우와는 조금 다른 면모를 가지고 있다.

정치적 상징성을 갖는다. 이러한 그의 정치적 이력은 무엇보다도 우리 사회에서 비대한 서울(수도권) 중심주의에 맞서는 '국가균형발전'에 대한 지향으로 자리를 잡았는데, 때때로 우리가 '(국민)통합의 정치'라는 말로 표현하기도 하는 이런 지향은 사회 구성원 전체의 이해관계나 목소리를 균형 있게 고려하고 조율하는 '공화(共和)'라는 정치적 이상을 표현한 것이라고 바꾸어 이해할 수 있다. 무엇보다도 엄청난 정치적 비난을 받고 조롱의 대상이 되기도 했지만, 그의 정치적 지향을 상징하는 이른바 '대연정' 제안은 이런 맥락에서 이해될 수 있다. 이렇게 노무현은, 비록 그 스스로 뚜렷이 자각하진 못했을지라도, 우리 사회에서 그동안 거의 주목되지 못했던 공화라는 정치적 이상을 추구한 대통령이기도 하다. 한 마디로 내 눈에 노무현은 대한민국이라는 민주공화국 최초의 평민적-진보적 공화주의자 대통령이다.

물론 그는, 적어도 집권 당시에는, 아주 성공한 대통령은 아니었다. 그에 대해서는 다양한 분석이 가능할 것이다. 아무래도 기득권 세력의 저항과 도전 탓이 제일 컸다고 해야 한다. 그러나 다른 한편에서 나는 우리 시민적 진보 세력 전반이 그가 실천하려고 했던 이런 공화주의적 지향의 중요성을 충분히 이해하지 못했다는 한계 또한 아주 큰 몫을 했다고 생각한다. 그 때문에 우리 시민들과 정치인들은 우리 민주주의를 위해 필요한 정치적 역량을 기르는 데 충분히 성공하지 못했다.

그에게는 우리 사회와 국가가 나아가야 할 '사람 사는 세상' 같은 지향이 있었고, '반칙'을 일삼고 '특권'을 내세우는 기득권 세력과 맞서 싸워야 한다는 결기도 있었다. 이 역시 공화주의의 정치적 이상이라는 틀 속에서 이해될 수 있다. 그러나 그런 지향과 결기는 많은 시민들이 공유할 수 있는 철학적 원리와 실천적 방법론으로 다듬어지지 못했다.

이런 한계는 무엇보다도 노무현의 정치적 기반이었던 '민주당' 계열 정당(참여 정부 당시에는 '열린우리당')의 한계로 이어진다. 내 생각에 이런 한계가 기득권 세력의 저항은 물론 노무현 개인이나 보통 시민들의 한계보다 훨씬 더 근본적이고 심각하다. 민주당과 그 지지 세력은 노무현이라는 지도자가 가진 정치적 잠재력을 충분히 뒷받침하지 못했으며, 그가 남긴 정치적 유산도 제대로 관리하지 못하고 거의 탕진해 버렸다. 그 결과가 지금의 윤석열 검찰 정권이다.

지금 우리가 새삼 노무현을 소환하는 것은 그와 직접적이거나 간접적인 인간적-정치적 인연을 가진 특정 정치 세력(이른바 '친노'와 '친문')의 정치적 부활을 기대해서가 아니다. 아마도 그런 일은 쉽게 가능하지도 않을 것이다. 지금 필요한 것은 노무현의 정치적 '정신', 곧 그의 정치 '철학'을 새롭게 하는 것이다. 내가 볼 때 그 철학은 제대로 다듬어지고 충분히 전개되지 못했다. 특히 민주당을 중심으로 모여 있는 많은 정치인들은 노무현이라는 이름을 정치적 성공을 위한 자산으로 삼기는 했어도, 그 철학을 충분히 가꾸어 내거나 제대로 계승하여 실천하지 못했다. 바로 이것이 그들이 지금 정치적 곤경에 빠진 가장 큰 이유다.

나는 이 책에서 노무현의 이 민주적이고 진보적이며 공화주의적인 정치철학을 '민주적 공화주의'라는 이름으로 내 식으로 정리하고 체계화해 보려 한다. 노무현의 그 정치철학은 그동안 세련되게 가공되어 계승되지 못했지만 앞으로 우리 사회의 시민적 진보 세력에게 결정적인 정치적 내비게이션의 역할을 할 수 있으리라는 게 내 생각이다. 이 책에서 내가 해 본 작업이 노무현의 정치철학에 대한 유일한 해석이라거나 재구성이라고 내세우지는 않겠다. 당연히 순전히 나만의 해석이자 재구성이다. 하지만 나는 적어도 내가 하는 이런 해석과 재구성 작업이 지금 여기서 노무현을 다시금 살아 있게 만드는 좋은 방법 중의 하나일 것이라고는 믿고 있다.

## 대한민국은 민주공화국이다!?

그렇다면 이제 왜 노무현의 정치철학을 민주적 공화주의라는 이름으로 해석하고 재구성해야 하는지 이야기해 보자. 앞으로 나는 이 책 전반에 걸쳐 이 민주적 공화주의(또는 간결하게 민주공화주의)가 어떤 내용과 지향을 가진 정치철학인지를 비교적 소상하게 소개하고 설명할 것이다. 이 장에서는 우선 내가 지닌 문제의식의 계기 또는 배경에 대해 살짝 이야기해 둘까 한다.

나의 출발점은 노무현 대통령 탄핵 반대 촛불 시위로 거슬러 올라간다. 그때 우리 시민들은 '대한민국은 민주공화국이다. 모든 권력은 국민으로부터 나온다.'라는 우리 헌법 제1조의 1항과 2항의 일부를 가사로 삼아 만든 노래를 부르며 기득권 세력의 탄핵 시도에 항의했더랬다. 이 노래를 통해 우리 시민들은 스스로가 주권자이며 이 나라의 기본적인 정치적 틀과 방향은 단지 주권자 국민만이 결정할 수 있다는 '주권자 의식'을 분명하게 드러냈다. 이른바 '인민(국민)주권'*의 원리가 실천되는 한 모습이라 할 수 있다. 많은 이들은 대통령 탄핵을 최종적으로 판단해야 했던 헌법재판소가, 기본적으로 기득권 세력 친화적임에도 불구하고, 결국 저 노래를 부르던 시민들의 강력한 압박 때문에 국회의 탄핵 의결을 무효화하는 판결을 내릴 수밖에 없었다고 추측하고 있다.

그런데 저 헌법 조항과 노래 가사는 쉽게 설명하기 힘든 개념 하나를 담고 있다. 바로 '민주공화국'이라는 개념이다. 도대체 민주공화국은 어떤 나라일까? 우리 시민들은 무슨 생각으로 그 민주공화국의 이름으로 국회의 다수가 의결한 탄핵이 무효라고 주장하며 광장에 모여 촛불을 들 수 있었을까? 모든 권력이 국민으로부터 나온다고 했지만, 모든 국민이 모든 사안에 대해 언제나 자신들의 뜻대로 정부가 돌아가도록 강제하거나 감시할 수도 없는 노릇 아닌가? 민주공화국은 '직접 민주주의'를 채택해야 하는가? 우리가 채

---

\* '인민'이라는 개념은 영어 people의 역어로 '국가 형성 이전에 존재하면서 국가를 형성하는 주체'를 나타내는 개념이다. 북한이나 중국에서 이 개념을 많이 사용하는 바람에 우리 사회에서는 이 개념의 사용을 주저하며 '국민'이라는 말을 대신 사용하곤 있지만, 이미 형성된 국가의 구성원을 나타내는 국민이라는 개념은 인민 개념과 많이 다르다. 이 책에서는 일반적인 경우 두 개념을 혼용해서 쓰겠지만, 필요한 경우에는 인민 개념을 그대로 사용할 것이다.

택하고 있는 민주주의는 이른바 '간접 민주주의' 또는 '대표제(대의) 민주주의' 아닌가? 그래서 정치적 문제들은 기본적으로 우리 시민들의 대표인 정치인들이 맡아 하는 게 기본 원칙 아닌가?

한참 나중의 일이기는 하지만, 흥미롭게도 노무현을 그린 영화 '변호인'에서 이 민주공화국이 무엇이냐는 질문에 대한 한 가지 답이 나온다. 이 영화는 평범하고 보기에 따라서는 속물적일 수도 있는 변호사 노무현의 정치적 각성 과정을 극화했다. 영화적으로 각색된 이야기겠지만, 여기서 극 중의 송변호사는 독서 모임 학생들을 고문하여 기소한 경찰 증인이 경찰은 '국가'의 이름으로 국가보안법 위반 사범을 제멋대로 판단하고 고문도 할 수 있다고 궤변을 늘어놓자 이렇게 말한다.

"대한민국 헌법 제1조 2항, 대한민국 주권은 국민에게 있고, 모든 권력은 국민으로부터 나온다! 국가란 국민입니다! 그런데 증인이야말로 그 국가를 아무 법적 근거도 없이 국가 보안 문제라고 탄압하고 짓밟았잖소!"

이 대사는 우리 영화사에서 명대사 중의 하나로 기록된다고 한다.

이 영화 대사에 따르면, 민주공화국은 바로 '국민이 국가인 나라'다. 영화의 대사는 민주공화국에 대한 그런 이해를 토대로 군부 독재 세력이 국가의 이름으로 국가 그 자체인 국민을 고문하고 탄압하는 모순을 폭로했다. 모든 권력의 원천이어서 국가 그 자체를 의미하는 국민을, 감히 국가를 참칭하는 소수 엘리트 군부와 그 하수인 세력이 마음대로 '빨갱이'니 뭐니 하며 규정하고 고문하며 감옥에 보내는 일을 해서는 안 된다는 것이었다. 그러나 엄밀하게 말해서 국민이 국가 그 자체라는 말의 의미가 반드시 분명하다고는 말할 수 없다. 순전히 논리적으로만 보면, 국민은 국가의 주권자일 수는 있어도 국가 그 자체는 아니다.

이렇게 물어보자. 이런저런 촛불 집회에 모였던 시민들은 헌법 제1조를 노래로 부르며 무엇을 이야기하고자 했던 것일까? 아마도 그들은 대한민국이 지금 민주공화국이라서 자랑스럽다고 노래했다기보다는, 대한민국이 지금은 '제대로 된' 민주공화국이 아닌데 앞으로는 그렇게 되어야 한다고 이야기하려 했다고 해야 할 것이다. 또는 민주공화국의 '이상'에 비추어 보면 이런저런 권력자나 위정자들의 결정이나 행태는 그 이상에 부합하지 못함을 지적하며 항의했다고 보아야 한다. 저 헌법 조항에 따르면 모든 권력은 국민으로부터 나와야 마땅한데, 국민의 뜻을 무시하고 정책을 만들거나 집행하고 있다고 말이다. 그러나 그 '제대로 됨'의 기준은 무엇일까? 권력자들이 선거로 다수의 표를 획득하기만 하면 되는 게 아닌가? 민주공화국의 이상은 어떤 것인가? 제대로 된 민주공화국은 어떤 나라일까?

이렇게 몇 가지 질문만 던져 보아도, 우리가 아주 자명한 것처럼 여기곤 했던 민주공화국의 개념이 사실은 짙은 안개 속에 있는 것처럼 보이게 된다. 도대체 민주공화국은 어떤 나라일까? 또는 어떤 나라여야 할까? 국(인)민주권은 보통 민주주의의 기본 원리를 나타내는 개념인데, 민주공화국과 민주주의는 같은 개념인가 다른 개념인가? 아주 단순하게만 보면 민주공화국은 민주주의에 기초한 공화국을 의미할 텐데, 이 공화국은 또 어떤 개념인가?

헌법학자들은 공화국은 '국체'이고 민주주의는 '정체'를 나타낸다고 알 듯 말 듯 한 설명을 한다. 이는 흔히 국가의 핵심 정체성은 공화국이고 그 국가의 정치적 운영 방식은 민주적이어야 한다는 정도의 뜻으로 이해된다. 공화국은 통상 '군주국이 아닌 나라'라는 정도의 소극적 정의를 통해 이해되는데, '중화인민공화국'(중국)이나 '조선민주주의인민공화국'(북한)의 예에서 보듯이, 공화국이라고 해서 모두 민주주의국가는 아님이 분명하다. 반대로 '입헌군주제'를 채택하고 있는 영국이나 일본은 명백한 민주주의 국가다. 이런 맥락에서 민주공화국은 일단 민주주의이면서도 공화국인 나라라는 뜻으로 이해됨 직하다. 그러나 그렇다고 민주공화국의 개념이 분명해지는 건 아니다.

엄밀하게 어원으로만 보면, '민주공화국'이라는 말은 형용모순에 가깝다. 왜냐하면 민주주의는 서양의 정치 전통에서 본디 '평범한 사람들/인민/민중'(demos)의 '지배체제(cracy)'를 의미했는데(그래서 사실은 '민주제'나 '민주정'이라 번역하는 게 맞다), 공화국(정)은 그런 민주주의 말고 왕정이나 귀족정의 요소를 함께 포함한 '혼합정(the mixed constitiution; government)'을 뜻했기 때문이다. 당연히 민주제와 공화국 각각이 전제하고 따를 수밖에 없는 정치 원리도 다르다. 그렇다면 '민주공화국'이라는 개념은 어떤 오해나 착오의 산물인 걸까?

우리나라에서는 3.1운동 이후 중국 상하이에 세워졌던 임시정부의 임시헌장에서 우리나라가 민주공화국임을 처음 선언했는데, 그 헌장은 세계 최초로 '민주공화제(국)'라는 규정을 헌법적 최고 원리로 담아냈다고 평가되곤 한다.* 물론 민주공화국이라는 개념 자체를 우리 헌법이 처음 만들어 냈다는 이야기는 아니다. 그 개념과 이념은 서구로부터 배워 온 것임이 틀림없다. 그러나 우리나라 '건국의 아버지들'은 비록 식민화 상태이긴 했어도 새로운 독립 근대 민족 국가를 건설하려고 하면서 처음부터 그 국체 또는 정체가 민주공화국이어야 함을 분명히 했다. 왜 그랬을까? 왜 왕정복고가 아니라 새로운 민주공화국 건설을 꿈꾸었고, 왜 그에 대해서는 다양한 입장을 가진 인사나 세력들이 큰 이견 없이 모두 동의했을까? 그들은 민주공화국을 이야기하면서 어떤 나라를 염두에 두었을까?

이렇게 노무현 대통령 탄핵 반대 촛불 시위에서 촉발된 의문들에서 출발하여 나는 이 민주공화국의 개념과 그것이 품고 있는 이상과 지향 등을 두고 나름의 정치철학적 해석을 시도해 보려 했다.[1] 이를 통해 나는 이 민주공화국이라는 개념이 우리가 통상적으로 이해하고 의미를 부여하는 정도보다 훨씬 풍부한 규범적 이상과 그에서 비롯된 실천적 함의가 있음을 확인했다. 그리하여 만약 우리가 이를

---

* 헌법에 '민주공화국'이라는 개념을 명기한 나라로는 오스트리아(1921년 제정)와 이탈리아(1954년 제정)가 있지만, 모두 우리나라보다 늦다. "세계법제정보센터" 참조.

분명히 하고 정교하게 체계화할 수 있다면, 오늘날 우리 사회에서 제기되고 있는 많은 정치적 난제를 해결하는 데 크게 이바지할 수 있겠다고 여겼다. 특히 소련 및 동구 사회주의권의 붕괴 이후 지독한 사상적 혼돈에 빠져 있던 우리 사회의 진보 세력 전반에 도움을 줄 신뢰할 만한 이정표를 확보할 수 있으리라 기대하게 되었다.

## 민주적 공화주의란 무엇인가?

이 과정에서 나는 우선 오늘날 새롭게 부활하고 있는 서구의 공화주의 정치철학 전통에 대한 나름의 이해에서 출발했다. 서구에서는 지금 신자유주의와 포퓰리즘의 득세가 가져온 민주주의의 위기를 성찰하면서 서구 사회의 본래적 정치철학적 전통이라 할 수 있지만 자유주의에 밀려 잊혀 왔던 공화주의가 다각도로 재조명 받고 있다. 대표적으로 한나 아렌트(Hannah Arendt), 마이클 샌델(Michael Sandel), 필립 페팃(Phillip Pettit) 등이 이런 흐름을 대변한다. 나는 무엇보다도 여기에서 큰 통찰과 자극을 얻었다. 역사적으로 보면 공화주의는 미국 독립이나 프랑스 대혁명은 물론 사회주의적 노동운동의 발전 과정에도 큰 영향을 미쳤고, 오늘날의 많은 새로운 포스트-사회주의적인 사회 운동들에도 중요한 사상적 기반을 제공해 주고 있다.

그러나 나는 또한 그 과정에서 공화주의가 오랫동안 우리나라의 정치적 전통을 규정해 왔던 유교의 정치적 전통과도 많은 점에서 맞닿아 있으며, 우리나라가 민주공화국을 지향하게 된 것도 역사적으로 보면 그 맥락에서 나름의 필연성을 갖고 있다는 걸 알게 되었다. 민주적 공화정은 정치에 대한 공화적 접근이 요청하는 정치적 전제들이 실현되는 과정에서 필수적인 제도적 형식들을 갖추면서 탄생한 것으로, 그 구체적 모습은 역사적 전통과 국지적인 정치적 실천 양상에 따라 다양하게 나타날 수 있다. 대한민국은 그러한 민주공화정의 다양한 역사적 실현태 중의 하나다. 그래서 나는 민주공화국 이념의 바탕에 놓인 공화주의를 좁은 서구적 전통을 넘어 동아시아의 정치적 전통을 함께 품는 방식으로 좀 더 개방적으로 일반화할 수 있고 또 그래야 마땅하다고 여기게 되었다.

한국 사회는 역사적 과정에서 나름의 배경과 전통 속에서 오랫동안 민주주의와 민주공화국의 이념을 실현하려고 노력해 왔다. 이제 우리는 좁은 '유럽중심주의'를 벗어나 우리의 경험도 포괄할 수 있는 그야말로 '보편적으로 보편적인' 차원에서 그러한 민주공화국의 이념을 정립하고 해석할 수 있어야 한다. 서구에서만 해도 다양한 버전의 공화주의와 민주공화국의 이념이 제시되고 발전했다. 동아시아와 한국의 역사적 전통과 경험은 또 그 나름대로 새로운 지평을 드러냈다고 해야 한다. 이제 우리는 그런 배경 위에서 우리의 방식으로 민주공화국의 이념에 대한 최선의 해석을 모색해야 한다.

어쩌면 우리 '건국의 아버지들'은 민주공화국에 대한 아주 분명한 개념 이해나 상도 없이 그것을 우리 헌법에 명기했을지도 모른다. 그들 개인의 역량이 문제였다기보다는 어떤 역사적 한계 때문일

텐데, 당시로서는 서구의 민주주의나 민주공화국에 대한 이해도 자못 피상적이었을 것이고 유교의 정치적 전통을 이해하는 지구적 차원의 거시적 전망 같은 것도 가지기 힘들었을 게다. 우리로서는 그들이, 오늘날 우리의 관점에서 보면 분명한 개념이나 정치철학적 토대를 갖추었다고는 말하기 힘들지는 몰라도, 인민을 중심에 두는 공화주의적인 인민주권의 이념 위에서 그 이념이 최선의 방식으로 실현되는 나라를 설계하면서 민주공화국(제) 개념을 사용했을 것이라는 정도만 얼마간 확신을 갖고 이야기할 수 있을지 모르겠다.

그러나 설사 그렇다고 하더라도, 그들의 민주공화국에 대한 지향은 단순히 그냥 우연만은 아니었다는 게 내 생각이다. 거기에는 막연한 대로 어떤 기본적인 기대나 이상 같은 게 있었을 것인데, 우리에게는 그것을 변화된 시대적 조건과 상황에서 구체화하고 명료화하며 계승하고 발전시켜야 할 책무가 있다. 그들의 공화주의도 단순히 서구 전통의 공화주의를 모태로 삼은 것은 아닐 것이다. 그들에게는 오히려 풍부한 유교적-공화주의 전통의 영향이 더 컸을 수도 있다. 그러나 이는 우리에게 단순히 서구중심적이지만은 않은 좀 더 보편화된 공화주의 정치철학을 모색하고 정초할 가능성과 필요를 보여준다고 해야 한다.

온전한 민주공화국을 수립하는 일은 결코 만만한 과제가 아니며, 하루아침에 완성될 수도 없다. 유일하게 올바른 모델 같은 것도 없다. 지금 우리에게 주어진 과제는 우리의 고유한 역사와 상황, 맥락 속에서 아직 제대로 인식되고 실현되지 못한 민주공화국의 이념을 분명히 하고 그 실현을 위해 노력하는 것이다. 내가 말하는 민주적 공화주의는 이렇게 민주공화국 대한민국의 이념에 대한 최선의 또는 가장 적절한 해석과 그 정치적 실현을 추구하는 정치철학이다.

이 민주적 공화주의는 기본적으로 특별히 <민주적인> 지향을 강조하는 공화주의, 곧 평민/시민(인민)의 주권성과 중심성의 원리 위에 선 공화주의라고 할 수 있다. 그런 점에서 이 민주적 공화주의는 무엇보다도 사회의 기득권 세력이나 엘리트에 무게 중심을 두는 <귀족적> 공화주의 전통과 대비된다. 그러나 이때의 공화주의는 단순히 서구에서 발전된 이런저런 버전의 공화주의라기보다는 우리의 문화적, 역사적, 정치적 전통을 바탕에 두고 인민주권의 이념이 최선의 방식으로 실현되는 공화국의 이상을 추구하는, 말하자면 동양과 서양을 아우르며 보편화된 공화주의다.

이를테면 이런 식이다. 나중에 보겠지만, 페팃 등이 최근 발전시키고 있는 서구의 신(로마)공화주의는 서구의 정치적 전통에 뿌리를 두고 있는 '비-지배 자유'라는 원리에 기초한다. 그러나 내가 볼 때, 이 원리는 우리나라의 맥락에서도 아주 타당하고 유용하기는 해도 멀리는 동학농민전쟁의 '인내천' 이념이나 조소앙 선생이 건국의 토대로 삼으려 했던 '삼균주의'는 물론 노무현 대통령이 꿈꾸었던 '사람 사는 세상'에 대한 갈망 같은 걸 담아내기는 충분치 않다. 그래서 나는 비-지배 자유의 이상을 포괄하면서도 규범적으로 더 근원적이라고 할 수 있는 '인간의 존엄성' 같은 가치를 민주공화국의 도덕적 목적으로 삼을 필요가 있다고 본다.

이 민주적 공화주의가 지닌 몇 가지 핵심적인 원칙과 지향을 간단하게 정리해 보면 이렇다.

## 1) 공동선의 정치

우리가 공화주의나 공화국의 이념에 주목하는 것은 단순히 서구의 정치적 전통에 보편적인 해방적 잠재력을 특권적으로 부여하는 데서 출발하는 게 아니다. 정치에 대한 공화적 접근에서 제일 중요한 것은 내가 '공동선(the common good)의 정치'라고 부르고 싶은 정치적 지향과 양식이다. 정치공동체 성원 모두에게 좋은 것, 즉 공동선은 특정한 계급이나 계층만이 아니라 정치공동체를 이루는 모든 구성원이 수용할 수 있는 이익이나 가치를 가리키는 개념인데, 바로 이것이 정치의 핵심 지향이 된다는 이야기다. 내 생각에 이것은 결코 서구의 정치적 전통에만 뿌리를 두고 있는 것이 아니라 동서를 막론하고 '모든' 인간적 정치공동체가 평화 속에서 번영을 누리며 사회적 삶의 문제들을 제대로 해결하려면 꼭 필요로 하는 것이다. 그리고 그 연장선에서 민주공화국의 보편성도 이해될 수 있다.

정치에서 공동선이 중요한 이유는 일상적인 정치 수준에서는 물론이고 근본적인 헌정적 수준에서도 모든 정치공동체는, 다양한 사회 및 정치 세력 사이에 나름의 공동선에 대한 합의 속에서 일정한 타협과 균형을 이뤄내지 못하면 지속적인 안정성을 확보할 수 없을 것이기 때문이다. 공동선에 대한 추구는 사실상 모든 인간 사회의 정치체가 안정과 번영을 위해서는 필연적으로 수용해야 하는 정치 지향이라고 해야 한다. 그러나 이런 공동선에 대한 정치적 지향이 단순한 수사를 넘어 어떻게 구체화될 수 있는지가 언제나 분명한 것은 아니었다.

공동선의 정치는 역사적 상황, 특히 정치공동체를 구성하는 다양한 세력 사이의 역관계, 정치 이데올로기 등에 따라 다양한 양상으로 나타날 수 있을 것이다. 역사적으로 서구의 공화주의 전통에서는 그러한 공동선에 대한 추구를 다양한 사회 세력 사이의 권력 분점과 견제 및 조화에 대한 헌정적 틀의 모색과 연결지었다. 공화국(정)이라는 개념도 본디 그런 세력 균형을 표현하는 혼합정을 의미했다. 공화정은 기본적으로 모든 정치공동체가 내재화하고 있을 수밖에 없는 사회적 갈등 속에서 주요 사회 세력 사이의 일정한 타협과 균형이 성립한 곳에서 탄생할 수 있는 정체라고 할 수 있다. 이런 지향은 근대 이후 삼권분립을 기초로 하는 헌정체제로 발전했고, 오늘날의 민주적 공화정에서는 숙의 민주주의의 이상으로 발전했다.

여기서 민주적 공화정치의 가장 중요한 초점은 정치공동체 전체의 이익과 지향, 곧 공동선을, 특정 정치권력이나 세력이 미리 규정하는 방식이 아니라, 원칙적으로 모든 사회 구성원이 평등한 참여와 소통의 바탕 위에서 숙고하여 구성해 내는 것이다. 민주공화국에서는 원칙적으로 모든 법과 정책은 그러한 공동선의 표현이 되어야 한다. 이런 지향은 사회적, 문화적 수준에서는 물론이고 무엇보다도 가장 근본적인 헌정적 제도와 원리로 구체화되어야 한다.

## 2) 존엄의 정치

이 민주적 공화정에서는 기본적으로 평범한 사람들의 정치적 중심성과 모든 시민의 '존엄의 평등'이 가장 중요한 정치적 원리를 형성한다. 이러한 원리가 민주공화국이 추구해야 할 도덕적 목적, 헌정적 원리와 제도, 일상적인 정치적 규범과 양식 등을 규정한다. 물론 그러한 원리의 이해와 실현 양식은 역사적 맥락과 정치 이데올로기에 따라 다양한 방식으로 나타날 수 있다. 서구에서도 다양한 도덕적 목적과 정치적 지향을 가진 공화주의 전통이 있었으며, 그런 만큼 그 원리의 이해와 실현의 양식은 우리에게도 열려있는 문제다.

오늘날 가장 설득력 있는 서구의 정치철학적 해석에 따르면, '모든 시민의 비-지배 자유', 곧 모든 시민이 타인의 자의적 지배에서 벗어난 자유로운 삶을 살 수 있게 하는 것이 민주공화국의 도덕적 목적이 되어야 한다. 나중에 자세히 살피겠지만, 나는 우리의 대한민국에서는 그런 비-지배 자유의 이상을 포괄하는 '모든 시민의 평등한 존엄성'의 보호와 실현이 정치가 추구해야 할 궁극적인 도덕적 목적이 되어야 한다고 여긴다. 나는 그러한 도덕적 목적을 추구하는 정치를 '존엄의 정치'라 부르려 한다.

모든 시민의 평등한 존엄성의 이념 역시 다양한 방식으로 이해되고 해석될 수 있다. 나는 정치적 개념으로서 인간의 존엄성이라는 이념을 정치공동체가 보장해야 할 가장 기초적인 수준의 인간다운 삶의 가능성과 관련하여 이해해 보자고 제안한다. 인간다운 삶이란 인간의 근원적인 취약성(상처 입을 가능성)이 사회정치적으로 보호받을 수 있어야 비로소 가능해진다. 사회의 물질적, 제도적 조건이 그 성원들 모두가 인간으로서 가진 기본적인 필요를 합리적으로 충족시킬 수 있다고 기대할 수준이 되어야 인간다운 삶의 가능성은 보장될 수 있다.

공동선의 정치는 사회 계급이나 정치 세력 사이의 단순한 타협의 정치, 산술적 균형의 정치를 의미하지 않는다. 그렇다고 그것이 언제나 분명한 지향이나 내용을 가졌다고 할 수도 없다. 집합적 계급이나 계층 단위의 권한과 대표성이 정치의 중심에 있던 로마 공화정 같은 데서는 계급 간의 타협과 조화가 공동선의 정치 내용이었다면, 시민 개개인의 평등이 출발점인 근대 이후의 민주적 공화정에서는 모든 시민의 평등한 존엄성의 추구와 실현이 그러한 공동선 정치의 목적이라고 할 수 있다. 민주적 진보 정치는 그러한 목적에 비추어 사회의 전체 또는 일부 시민들의 존엄성을 부정하는 모든 종류의 예속과 억압에 맞서 싸워야 한다. 이런 진보적 정치가 바로 존엄의 정치다.


### 3) 민주적 평등주의

그런데 모든 시민의 '존엄의 평등'이라는 정의의 이념은 모든 시민의 무조건적인 완전한 평등을 지향하지는 않는다. 그러나 시민들 사이의 사회경제적 불평등을 용인하면서 모든 시민에게 물질적 부와 사회적 인정을 획득할 수 있는 '기회의 평등'만 보장하면 충분하다고 보는 통상적인 자유주의적-능력주의적 정의관에는 비판적이다. 오늘날의 자본주의적 시장 경제에서는 '능력에 따른 분배'라는 통상적인 능력주의적 분배정의 원리가 시민들 사이의 심각한 사회경제적 불평등을 정당화하는데, 이런 상황은 자주 사회경제적 강자가 약자들을 종속시키고 '갑질' 같은 사적 지배를 행사하는 데로 이어지기도 한다. 민주적 공화주의는 이런 상황에 '민주적 평등주의'로 맞서고자 한다.

민주공화국에서는 획일적인 능력주의적 경쟁 너머에서 모두가 자신만의 인간다운 삶을 살아갈 다양한 기회가 보장되어야 하며, 무엇보다도 단순한 '시혜'로서의 복지를 넘어 모든 시민의 평등한 존엄성을 가능하게 하는 보편적 사회 보장의 체계가 만들어져야 한다. 그리하여 모든 시민이 온전하게 사람답게 사는 삶에 필요한 물질적 전제를 최소한의 수준에서나마 절대적으로 보장받을 수 있어야 한다. 그것은 시민들이 스스로 건설한 민주공화국의 기본적인 도덕적 목적이다. 이런 맥락에서 복지국가는 하나의 '시민적 기획'이다.

여기서 모든 시민은 특정한 목적을 위해 능력주의적으로 경쟁하기에 앞서 누구든 저마다의 고유한 잠재력을 계발하고 인정받을 수 있어야 하며, 능력주의적 원리에 따른 사회경제적 불평등은 시민들 사이의 민주적 평등 관계를 해치지 않는 범위 안에서만 허용되어야 한다. 민주공화국은 우리 시민들이 그런 위협에 노출됨이 없이 평등하고 자유롭게 사회정치적 삶을 영위할 수 있는 기본적이고 독립적인 물질적 토대를 보장해야 한다. 모든 시민이 기본적인 수준에서나마 절대적으로 누릴 수 있는 그런 경제적-물질적 토대를 확보할 수 있을 때 평등한 민주적 참여도 가능할 것이기 때문이다. 이것은 민주주의 사회에서 특정한 분배정의의 이상이나 모델에 대한 추구에 앞서 최우선적으로 확보되어야 할 '민주(주의)적 정의'의 이상이다.

### 4) 적극적 시민참여

서구 전통에서 공화주의는 '시민 공화주의(civic republicanism)'로 불리곤 했는데, 그것은 공화주의가 시민적 덕성(civic virtue) 및 시민 참여에 대한 강조와 연결되는 시민들의 적극적인 시민성(citizenship)을 강조했기 때문이다. 역사적으로도 공화국은 왕이나 소수 귀족이나 엘리트들만이 지배하는 나라가 아니었다. 평범한 시민들도 아주 강력한 정치적 참여의 기회와 권리를 누렸다. 오늘날의 '민주적' 공화국에서 당연히 그런 시민들의 주권성은 가장 중요한 정치적 정당성의 원천이다. 그러나 그 시민 주권이 단순히 선거 참여에서만 표출되어서는 안 된다. 민주공화국에서는 선거를 넘어 일상적이고 다양한 수준에서 시민들의 적극적인 정치 참여가 보장되어야 한다.

여기서 적극적인 시민 참여는 민주주의의 핵심 요소다. '민주적' 공화주의는 직접적 시민 참여의 가능성을 확대함은 물론 다양한 절차와 제도를 통해 시민적 주권성을 실현하려 한다. 특히 정치적 결정에 대한 견제와 이의 제기 및 저항의 다양한 가능성을 확보하고자 한다. 대표제 선거민주주의의 한계를 넘어서 엘리트들의 정치적 권력 독점을 막고 보통 시민들의 민주적 숙의를 통한 공동선의 추구를 보장할 헌정적이고 일상정치적인 장치들이 마련되어야 한다.

대한민국이라는 민주공화국도 유교적 정치 전통의 민주적 계승 과정에서 시민들의 적극적이고 활동적인 참여와 더불어 발전했다. 민주적 공화주의의 이런 시민성에 대한 관심은 정당정치를 넘어서는 '시민정치'의 중요성에 대한 인정으로 이어진다. 이런 맥락에서 민주적 시민성의 확대와 심화는 가령 자본주의의 병폐나 생태 위기를 극복하기 위한 정치적 노력에서 결정적인 의미를 지닐 것이다. 시민들의 그러한 민주적 시민성을 함양하기 위한 민주시민교육의 중요성도 여기서 설명된다.

## 5) 시민적 진보

지금 전 세계적으로도 그렇지만 우리나라의 정치에서도 진영의 좌우를 막론하고 이념적 혼란이 심각하다. 자유민주주의를 소리 높여 외치면서도 사실은 전혀 자유주의적이지도 민주적이지도 못한 정치적 지향을 보이는 우리 보수 진영도 그렇지만, 특히 90년대 이후 '현실 사회주의'의 몰락과 함께 그 이념적 좌표를 제대로 설정하지 못하고 있는 진보 진영의 혼란 역시 마찬가지다. 노무현 대통령의 지지자들도 느슨하게 보아 이 진영에 속한다.

우리나라에서는 80년대 민주화운동 과정에서 식민지 경험과 분단 상황 덕분에 특이하게도 주류를 차지한 '좌파 민족주의' 경향의 '민족해방파(NL)'가 진보의 주류를 형성했고, 그에 반대하며 좀 더 전통적인 서구적 좌파 이념을 쫓았던 '민중민주파'(PD)가 다른 한 축을 형성했다. 비록 지금은 그 두 축의 대립 구도나 영향력이 과거와는 많이 다른 양상을 보이고 있지만, 여전히 우리 진보 진영의 근본적인 정치 이해와 양식은 어떤 무의식적 습관의 수준에서는 아직도 그 자장을 완전하게 벗어나지 못했다는 평가가 지배적이다.

한편 정당정치 수준에서는 미국의 리버럴(liberal)에 비견되며 우리나라에서도 곧잘 비슷한 맥락에서 이해되는 민주당이 진보의 주류로 자리 잡고 있으며, 미국식으로 볼 때 래디컬(radical) 진보에 가까운 정의당 등이 그 왼쪽 자리를 차지하고 있다. 이 두 진영은 때로는 협력하고 때로는 갈등하며 한국의 진보 정치를 이끌고 있다. 그러나 여기서도 우리 진보 정치 일반은 새로운 정치적 이념을 분명히 하지 못하고 여전히 과거 민주화운동 때의 관성적 정치 이해나 구 좌파적 인식틀에 사로잡혀 있는 것처럼 보인다.

내가 이 책에서 다듬어 보고자 하는 민주적 공화주의는 바로 이런 이념적 혼란 상황을 벗어나기 위한 탈출구를 제시한다. 한국 진보는 이제 '시민적 진보'로 자신의 정체성을 재구축해야 한다. 이 진보는 무슨 역사철학적 신념 따위가 아니라 시민적 주체라는 기반 위에서 민주공화국의 도덕적 잠재력을 활성화하는 가운데 모든 시민의 존엄한 인간적 삶의 도덕적 깊이를 심화하고 그 너비를 확대하려는 진보다.

이 민주공화주의적인 시민적 진보의 길은 그동안 우리 진보 진영 일반이 사로잡혀 있었던 '진보적 신자유주의'나 과도한 민족주의 같은 한계를 극복하고, 새로운 진보 정치의 실천적 방향을 지시해 줄 것이다. 우리 진보 진영에서는 그동안 서구에서 수입된 '사회적(진보적) 자유주의'나 '사회민주주의' 같은 대안적 정치 이념으로 '구(舊) 진보' 노선의 한계를 극복하려는 시도가 있었다. 그러나 여러 가지 이유로 성공하지 못했다. 민주적 공화주의는 그런 노력들의 문제의 식을 수용하면서도 우리의 역사적 전통과 상황에 맞는 새로운 진보 정치의 노선을 제시하려 한다. 민주적 공화주의는 무엇보다도 민주 공화국 대한민국에서 이루어지고 있는 정치의 본성을 좀 더 잘 이 해하고 그것이 추구해야 할 도덕적 목적과 가치를 좀 더 선명하게 부각하려는 점에서 지금까지의 시도들과는 다른 초점을 지닌다.

### 6) 민주적 헌정주의

이 민주적 공화주의는 지금 한국의 정치적 상황에서 제법 근본적 인 차원에서 우리 민주주의의 개혁을 지향함으로써, 우리 민주주 의 정치의 방향에 대해 지금까지의 통상적인 접근법들과는 꽤 다른 초점을 드러내 줄 것이라 믿는다. 민주적 공화주의가 추구하는 '민 주적 헌정주의'는 무엇보다도 '자유민주주의'를 앞세운 지금과 같 은 '검찰통치'의 시대를 극복할 수 있는 새로운 헌정체제에 대한 전 망을 제시할 것이다.

물론 얼핏 보면 공화주의와 자유주의는 많은 점에서 친화적으로 보인다. 이는 일단 서구에서 발전한 자유주의가 공화주의 전통에서 많은 것을 차용했기 때문이라고 할 수 있다. 그러나 그 차용은 일면적이었는데, 나중에 보겠지만, 무엇보다도 자유 개념 자체가 그랬다. 자유주의는 공화주의가 강조하는 비-지배의 이상 대신에 '불간섭'이라는 차원으로 자유 개념의 규범적 초점을 좁혔는데, 특히 자본주의적 근대의 발전에 따라 정치공동체에게 요구되는 강한 정치적 책임을 가볍게 하려는 이유가 바탕에 깔려 있었다. 만약 우리가 자유주의에 가려 잊힌 공화주의 전통의 많은 요소를 오늘날의 조건에서 새롭게 발전시킬 수 있다면, 그로부터 우리는 오늘날의 자유민주주의의 한계는 물론 검찰통치체제를 돌파하는 데서 좋은 지침을 얻을 수 있다.

내 생각에 자유민주주의의 참된 의미는 그것이 '입헌 민주주의'를 지향한다는 데 있다. 그러나 헌정(입헌)주의(constitutionalism)는 애초 공화주의에 뿌리를 두고 있으며, 자유주의는 그 토대 위에서 불간섭-자유의 이상과 결합된 권리보장적이고 제한적인 국가라는 헌정적 이상을 추구하면서 자유민주주의 체제를 발전시켰다. 우리는 이 역사적 성취의 의미를 가볍게 여겨서는 안 된다.

그렇지만 자유민주주의가 유일하게 가능한 입헌민주주의는 아니다. 최선의 입헌민주주의도 아니다. 민주적 공화주의가 추구하는 민주적 헌정주의는, 시민 개개인의 비-지배 자유와 존엄성을 보호하기 위한 국가의 적극적 역할을 긍정하지만, 수평적 권력 분립과 수직적인 민주적 통제의 원리를 결합하여 국가가 그 자체로 지배의 원천이 되는 걸 견제할 수 있는 새로운 민주적 헌정체제를 추구한다.

민주적 공화주의가 자유민주주의 체제에 가진 가장 큰 불만은 바

로 약한 민주성이다. 자유주의는 민주주의의 입헌화 과정에서 재
산이나 시장의 자유와 관련된 자연권적 권리를 강조하면서 민주주
의에 대한 법치의 우위를 확립하고 민주 정치의 역할을 제한했다.
그것은 결국 법률가들 같은 소수 엘리트의 지배 가능성과 연결될
수 있다. 자유민주주의를 표방하고 있지만 여러 차원에서 그 이상
과는 매우 동떨어진 채 작동하고 있는 우리나라의 사이비 자유민
주주의 체제의 경우 문제는 실로 심각하다. 지금 우리 사회에서는
소수의 특권 세력이 사회경제적 부는 물론 정치적 권력도 독점하
는 새로운 종류의 계급적 질서를 형성하면서 민주주의를 위협하고
있다. 윤석열 대통령을 중심으로 한 검찰통치체제도 본질적으로 이
연장선상에서 이해할 수 있다.

　이 체제는 자유민주주의를 강변하지만 사실은 자유민주주의의
본래적 의미와는 아주 동떨어진 유사-전체주의 체제이며, '능력주
의적 과두정'이라고 부를 수 있는 새로운 종류의 귀족정일 뿐이다.
이런 체제를 극복하는 것이야말로 지금 우리 민주주의가 마주한
가장 중요한 역사적 과제가 아닌가 한다. 엘리트 지배의 가능성에
둔감한 자유민주주의에 대한 무비판적 상찬으로는 이런 과제를 달
성할 수 없다. 민주적 헌정체제의 필요와 의미를 제대로 인식하지
못하는 정치적 접근법도, 그런 과제를 제대로 다룰 수 없음도 명백
하다. 우리는 민주주의의 그러한 과두정화의 경향에 맞서 모든 시
민의 평등한 존엄성을 보장하고 시민의 중심성과 주권성을 제대로
확보함으로써 민주주의를 지켜내야 한다. 지금 우리 사회의 정치적

맥락에서 민주적 공화주의라는 정치철학적 기획이 가지는 특별한 의미는 바로 여기에 있다.

나는 이런 민주적 공화주의 기획을 정리해 오면서 이것이 결코 어떤 수입품이나 생경한 이론적 구성물이 아니라 우리 사회의 정치적 경험과 그로부터 자연스럽게 형성된 새로운 사회에 대한 정치적 전망과 깊이 맞닿아 있음을 깨달았다. 무엇보다도 많은 시민이 열렬하게 환호하며 지지했고 또 비극적 서거 후에는 절박한 심정으로 그리워했던 노무현 대통령의 정치적 삶과 철학을 체계적으로 재구성한다면 바로 이 민주적 공화주의의 모습으로 나타날 것이라고 믿게 되었다. 최소한 그의 정치적 삶과 이상은 이런 민주적 공화주의라는 정치철학적 틀 속에서만 제대로 이해될 수 있고 그가 살아 있던 당시의 시대적 맥락을 넘어서 그 의미도 살려낼 수 있으리라고 생각한다.

나는 앞으로 이 책에서 노무현의 정치적 삶과 생각을 실마리 삼아 이 민주적 공화주의의 기획이 가진 정치철학적 핵심 지향을 소개하면서, 모든 시민의 평등한 존엄성을 실현하고 시민의 중심성과 주권성을 제대로 실현할 수 있는 민주주의 모델을 모색해 볼 참이다. 그리고 그 바탕 위에서 민주당을 중심으로 한 우리 사회의 진보 진영이 어떤 길로 나아가야 할지에 대한 답의 윤곽도 그려보려 한다.

# 2. 대연정의 꿈과

# 한국 민주주의의 공화화라는 과제

"저는 이번 선거에서 국민의 뜨거운 성원으로 반드시 승리하겠습니다.
그럼으로써 제왕적 지배와 특권주의, 지역분열과 남북대결의 낡은 정치
를 끝내겠습니다. 독선과 아집과 반칙의 늙은 정치를 청산하겠습니다.
새로운 나라를 만들어내겠습니다. 국민이 주인으로 참여하는 정치,
상식과 원칙을 지키며 살아가는 보통 국민이 우대받는 사회,
건전한 대기업과 유망한 중소기업이 함께 견실한 성장을 이끌어가는 경
제, 남북 화해협력으로 평화와 공동번영을 이룩하는 새로운 동북아 시대,
모든 지역 여러 계층이 서로 화합하고 단결하는 국민통합의 시대를
반드시 열어나가겠습니다."

- 2002년, 11.27. 새천년민주당 대통령 후보 출사표

아무래도 왜 내가 노무현을 '자각되지 않은 공화주의자'로 보는
지에 대한 이야기부터 시작하는 것이 좋을 것 같다. 아마도 노무현
은 스스로 공화주의자라고 생각한 적이 없을 것이다. 그러나 내가
볼 때 그는 정치 인생 전체에 걸쳐 누구보다도 앞장서 공화주의적
인 근본 가치를 실현하기 위해 노력했다. 다른 많은 점에서도 그렇
지만, 무엇보다도 '바보 노무현'이라는 이야기를 들을 정도로 무모
해 보였던 그의 지역주의 정치에 대한 도전이 그렇다. 내 생각에 어
떻게든 지역주의는 물론 분단체제를 극복하고 우리 사회 전체의 민
주적인 통합, 곧 "모든 지역 여러 계층이 서로 화합하고 단결하는
국민통합"을 이루어내고자 했던 그의 노력은 바로 '공화(共和)', 곧

공동선에 대한 추구라는 가장 근본적인 공화주의적 지향으로 이해할 수 있다.

도대체 왜 지역주의가 문제일까? 왜 노무현은 지역주의 타파를 자신의 평생 사명처럼 여겼을까? 따지고 보면 정치 세력이 지역을 중심으로 나뉘고 갈등하는 것은 우리나라에서만 고유한 것이 아니라 선진국이라 불리는 다른 나라들에서도 흔히 볼 수 있는 현상이다. 왜 노무현은 지역 갈등을 그토록 심각하게 문제로 여기며 어떻게든 그 병을 치유해 보려고 헌신했던 것일까? 노무현이 그냥 분열과 갈등 자체를 혐오하는 성향을 지녔기 때문일까?

나는 우리가 '노무현 정신'을 기본적으로 공화의 정신이라고 보지 않으면, 이런 의문들에 대한 답을 제대로 할 수 없을 것이라고 여긴다. 지역주의 타파를 위한 그의 노력을 이런 해석틀 속에서 이해해야 그의 정치적 이력이 지닌 의미가 온전하게 살아날 수 있으리라고 보기 때문이다. 아래에서는 노무현 대통령이 일으킨 '대연정 파동'을 잠시 회고하면서 왜 이런 접근이 타당한지를 보여주려 한다. 그러려면 공화주의에 대한 이해가 어느 정도 바탕에 깔려 있어야 하는데, 우선 내가 이해하는 공화주의를 간단히 소개하고 그것이 오늘날 한국의 맥락에서 어떤 의미를 가질 수 있을지를 이야기해 보려 한다. 이런 바탕 위에서 우리는 지금 한국 민주주의의 '공화화'라는 과제 앞에 있다는 걸 이야기하려 하는데, 나는 바로 그게 노무현 대통령의 참된 꿈이었다고 생각한다.

## 대연정 제안의 의미

1987년 민주화 이후의 한국 민주주의 체제(이른바 '87년 체제')는 나라의 서로 다른 지역을 대표하는 정당들의 대결 체제로 출발했다. 박정희와 전두환에서 노태우로 이어지는 군부 독재 세력이 대구경북지역을 선점했고(민주정의당), JP(김종필)가 충청 지역(신민주공화당), YS(김영삼)가 부산경남 지역(통일민주당), DJ(김대중)가 호남지역(평화민주당)을 나누어 각기 정치적 맹주로 군림하면서 다른 지역, 특히 지역색이 옅은 수도권 시민들의 지지를 얻어 권력을 획득하려고 경쟁하는 구도였다. 그러나 곧 여당인 민주정의당이 국회에서 소수파가 되자, 대통령 노태우는 김영삼의 통일민주당 및 김종필의 신민주공화당과 합당하는 '보수대연합'(이른바 '3당 합당')을 통해 소수파의 한계를 극복하고자 했다. 그때 이래 한국 민주주의에서는 영남 지역 전체를 보수적인 하나의 정치 세력이 대변하면서 호남 기반의 상대적으로 진보적인 민주당 계열의 정당을 포위하게 되었고, 그 결과 '영남 대 호남'이라는 한국 민주주의의 기본 구도가 형성되었다.

경남 김해에서 태어나 주로 부산에서 변호사 생활을 했던 노무현은 당시 부산 민주 세력의 정치적 보스 역할을 했던 김영삼을 통해 정계에 입문했다. 그러나 김영삼은 곧 '호랑이를 잡기 위해서는 호랑이굴로 들어가야 한다'며 군부 독재 세력의 후계자였던 노태우 대통령의 민주정의당과 연합하는, 민주화운동 세력의 입장에서 보면 가히 '역사적인 배신'을 감행했다. 민주화운동의 대의를 거스를 수 없었던 노무현은 당연히 그 선택에 동참하기를 거부하고 이른바 '꼬마 민주당'에 남아 있다가 김대중의 평화민주당에 합류했다. 그러나 이 당에 대해서는 그의 지역구인 부산 시민들이 예전부터 박정희가 조장해 온 지역주의 때문에 큰 거부감을 가지고 있었다. 그것은 현실적으로 그가 부산에서 재선에 성공할 가능성을 거의 없애는 선택이었다.

이 선택은 그야말로 그의 정치적 '운명'이었다. 이제부터 그는 평탄한 정치적 성공의 길을 포기하고, 어떻게든 지역주의와 싸워야만 했다. 그가 정치적으로 생존할 수 있는 다른 길은 없었다. 그러한 싸움은 그의 가장 중요한 정치적 존재 이유를 설명해 주었고, 자연스럽게 그의 사명이 되었다. 그래서 그는 부산 시민들이 싫어하는 평화민주당과 그 후신인 민주당 계열 정당의 후보로 부산에서 계속 국회의원 선거에 출마했고, 또 부산시장 선거에도 도전했다. 떨어질 가능성이 크다는 걸 알면서도 그랬다. 3당 합당 이후 지역주의가 우리나라 정치의 고정 변수가 되는 걸 내버려 둘 수가 없었던 때문이다. 자신의 개인적-정치적 출세에 집착하지 않는 바로 이 바보 같은 우직함은 물론 많은 시민의 마음을 움직여 결과적으로 그를 대통령으로 만들어 주었지만, 그런 선택은 아무나 할 수 있는 일이 아니었다.

그에게 지역주의 극복은 말하자면 영원한 숙제였다. 바로 그래서 그는 대통령이 되어서도 선거 당시 자신의 소속이었지만 호남 토호 세력이 장악하고 있던 새천년민주당을 탈당해서 전국 정당을 지향하는 열린우리당을 창당하지 않을 수 없었고, 그 때문에 그는 탄핵 위기에 직면하기까지 했다. 또 지역균형발전을 위해 수도 이전을 추진했으나, 우리나라의 수도를 서울로 정한 조선의 '경국대전'이 민주공화국 대한민국에서도 '관습헌법'으로 작용하고 있다는 어처구니없는 이유로 헌법재판소가 그 결정을 무효로 하는 황당한 일도 겪어야 했다. 그래도 그는 '세종'이라는 행정수도 건설을 추진했고, 이후에도 공기업 지방 이전과 혁신도시건설 같은 다양한 지역균형발전 정책을 펼쳤다. 아태경제협력체(APEC) 행사를 부산에서 열어 지역 발전에 도움을 줌으로써, 자신과 열린우리당에 대한 부산 시민의 거부감을 줄이려고도 했다.

이런 배경 위에서 노무현 대통령은 임기 중반인 2005년 6월 그 유명한 대연정 제안을 한다. 지역주의를 강화하는 소선거구제를 중대선거구제로 바꾸는 데 당시 야당이던 한나라당이 동의만 해 준다면 국무총리를 포함한 장관 임명권을 야당에 넘기겠다는 대담한 제안이었다. 이른바 '대연정 파동'은 이렇게 시작되었다. 그는 선거제를 개편하는 것이 정권을 잡는 일보다 더 중요하다는 신념을 피력하며 지지자들을 독려했다.

그러나 여론은 전반적으로 노대통령의 편이 아니었다. 당시 박근혜 전 대통령이 대표를 맡고 있던 한나라당은 야속하게도 그 제안을 단박에 거부했다. 문제는 지지층 사이에서도, 특히 5.18 학살을 주도했던 군부 독재 세력의 후예들과 연합하는 걸 견딜 수 없었던 호남에서 반대 여론이 들끓었고, 그 결과 노무현 대통령의 지지 기반은 완전히 무너지고 말았다. 심지어 탄핵 이후 곧바로 치러진 선거에서 탄핵 반대 열기 덕분에 단독 과반을 달성했던 열린우리당의 국회의원 일부도 탈당하여 호남 기반의 새천년민주당에 입당하는 일도 벌어졌다. 결국 그 제안은 노무현 대통령의 선의에도 불구하고 최소한의 정치적인 이익도 챙기지 못한 상태에서 오히려 엄청난 정치적 역풍만 맞으며 묻히고 말았다.

그러나 이런 초라하고 어떻게 보면 비참하기까지 한 결말에도 불구하고 우리는 노무현 대통령이 왜 그런 제안을 했는지 그 배경적 신념이나 의도만큼은 제대로 이해할 필요가 있다. 당시에도 그랬지만 지금도 우리 사회에서는 총만 들지 않았지, 사실상의 정치적 내전이 벌어지고 있다. '전쟁은 다른 수단에 의한 정치'라고 했던 클라우제비츠(Carl von Clausewitz)의 말을 비틀자면, 지금 한국에서 '정치는 다른 수단에 의한 전쟁'이 된 지 오래다. 지금 민주당(당시는 열린우리당) 및 국민의힘(당시는 한나라당) 양당과 그 지지자들은 극한적 적대주의에 사로잡힌 채 상대를 어떻게든 절멸시키겠다며 싸우고 있다. 한 마디로 한국의 정치는 '전쟁 정치'다. 사법적 수단을 매개로 한 보복 정치가 횡행하고, 양당과 그 지지자들은 거의 모든 정치적 사안에서 극단적인 의견 대립을 보인다. 정치는 사실상 영원한 교착상태에 빠져 우리 사회가 가지고 있는 많은 문제 중 어느 하나에 대해서도 제대로 된 정치적 해법을 내놓지 못하고 있다. 노무현 대통령은 바로 이런 상황을 어떻게든 해결해 보겠다고 대연정을 제안했다.

그러니까 단순히 표피적인 차원의 지역주의만이 문제가 아니었다. 노무현 대통령은 제대로 된 국민통합이 가능하기를 원했고, 그러려면 우리나라의 상황에서 필연적으로 지역주의와 정치적 양극화를 낳을 수밖에 없었던 소선거구제를 바꾸어야 한다는 인식을 했다. 그리고 또 그러기 위해서는 대통령과 당시의 다수당인 열린우리당이 큰 양보를 하는 등의 결단이 필요하다고 생각했다. 그의 대연정 제안은 소선거구제와 지역주의에 기반한 우리 사회의 극단적인 정치적 양극화라는 치명적 병을 어떻게든 치유할 수 있는 실마리를 찾아보려 했던 결단의 산물이었다.

지금 와서 돌이켜 보면, 우리나라가 채택하고 있는 지금의 헌정체제를 그대로 둔 채 노무현 대통령이 제안한 바와 같은 대연정이 쉽게 가능할 것 같지는 않다. 결선투표제도 없는 상태에서 대통령에게 거의 제왕적인 권력을 부여하는 승자독식 체제를 그대로 두고 야당에게 내각 구성 권한을 주는 게 쉽지도 않고, 가능하더라도 정부가 제대로 굴러갈 것처럼 보이지 않는다. 나중에 보겠지만, 내 생각에 전쟁 정치 대신 대연정이 가능한 '통합의 정치'를 위해서는 권력 구조 자체를 의회중심제(내각제)나 분권형 대통령제(이원집정부제)로 바꾸는 게 필요하다.

중대선거구제로 선거제도를 바꾸자고 했지만, 그 역시 문제를 진짜로 해결할 수 있는 제도인지도 불투명하다. 노 대통령은 영남에서도 열린우리당이나 민주당 계열 정치인이 당선될 수 있도록 하고 반대로 호남에서도 한나라당 계열 정치인들이 당선되도록 하겠다는 의도가 있었다. 그러나 그럴 경우 기득권 양당 체제가 고착화될 우려가 크고 또 지역주의적 대결 정치도 완화되지 못할 수도 있다. 당시 상황에서는 한나라당이 호남에서는 민주당과 열린우리당에 밀려 의미 있는 의석을 확보하지 못할 것이 확실하기도 했다. 많은 학자들은 어떤 형태로든 비례대표제를 강화하지 않고는 문제를 근원적으로 해결하는 건 쉽지 않다고 여긴다. 이 역시 나중에 좀 더 따져 보기로 하자.

여기서는 좀 더 근본적인 수준의 문제에 집중하자. 도대체 왜 노무현은 지역주의를 넘어서는 통합의 정치에 그토록 집착했을까? 그런 정치에 대한 노무현의 이상은 당시에도 실현하는 데 실패했지만, 애초부터 실현 불가능한 어떤 낭만적 이상은 아니었을까? 오늘날 같이 다원화되고 이해관계의 대립이 불가피한 조건에서 다수결 선거에 의존하는 민주주의가 적대주의적 전쟁 정치의 수단이 되는 걸 원천적으로 막아낼 방법이 있을까? 우리는 그의 이상을 어떻게 해석하고 평가해야 할까?

나는 노무현 대통령이 자신의 정치 인생 전체에 걸쳐 추구했던 이상을 한국 민주주의의 '공화화'에 대한 이상이라고 해석해 보려 한다. 간단하게 말하면, 그 이상은 한국을 제대로 된 민주공화국으로 만드는 것이었다. 이것은 단순한 민주주의의 이상을 넘어서는 것이다. 아니면, 오늘날의 조건에서 가능한 최선의 민주주의 모델을 찾는 문제라고 할 수도 있다. 그러니까 우리가 알고 있는 통상적인 선거 중심의 민주주의 모델을 넘어서 우리 사회의 다양한 계층과 세력이 서로의 차이를 무시하지 않으면서도 서로 하나가 될 수 있는 그런 공화적 민주주의 체제를 모색하고자 했다는 것이다.

물론 그는 자신의 이상을 표현할 정치철학적 언어나 이론을 제대로 알고 있지 못했다. 그 때문에 그는 문제에 대한 제대로 된 진단과 처방을 찾아낼 수 없었다. 그러나 제대로 언어화되어 정교하게 다듬어지지 못한 그의 정치철학적 신념을 이런 방식으로 재해석하고 재구성하는 일은 지금 그를 추모하고 계승하기 위해서도 가장 절실한 일이 아닌가 한다. 이는 또한 지금 길을 잃고 헤매고 있는 우리 사회의 시민적 진보 진영에게 노무현 대통령이 줄 수 있는 중요한 메시지이기도 하다.

그런데 이런 해석을 위해서는 약간의 우회가 필요하다. 먼저 우리가 공화주의와 공화국이 어떤 것인지에 대해 이해하고 있어야, 한국 민주주의를 공화화한다는 이 과제의 의미에 대해 제대로 이야기할 수 있을 것이다. 그에 대한 나의 이해를 필요한 만큼만이라도 짧게 소개해 볼까 한다.

## '공화주의'와 '공화국'

우리는 그동안 우리나라의 정치적 현실과 이념적 지향을 이해하고 평가할 때 크게 보아 '자유주의'와 '사회주의'를 대비하는 접근법에 익숙하다. 반드시 그래야 할 이유는 없지만, 사람들은 흔히 '진보'와 '보수', '좌파'와 '우파'의 구분도 이와 관련시킨다. 여기서는 주로 자본주의적 시장 경제, 사적 소유권, 사회적으로 생산된 부의 재분배 같은 문제들을 두고 정치적 입장들이 나뉜다. 이런 접근법은 기본적으로 19세기 이래 유럽 사회를 배경으로 확립된 것으로, 적어도 지금까지 세계의 많은 민주주의 정치에서 유효하고 의미 있게 다양한 정당들과 정치 세력의 지향과 그에 따른 정치적 형세를 판단하는 잣대를 제시해 왔다.

　여기서 이런 접근법의 타당성을 길게 논의할 생각은 없다. 나중에 우리는 노무현의 '진보' 지향을 다루면서 이 문제를 다시 다룰 것이다. 그런데도 불쑥 여기서 이런 이야기부터 꺼낸 것은, 우리가 지금부터 살펴볼 정치철학적 입장으로서의 공화주의는 그와는 조금 다른 차원에서 이해되어야 한다는 점을 강조하기 위해서다. 많은 정당이나 정파가 저 통상적인 이데올로기 진영 구분과는 무관하게, 그러니까 좌우를 막론하고 이 공화주의 정치철학과 동일시 할 수 있다. 반면 이 공화주의는 미국의 '공화당' 같이 공화주의를 자신의 정치적 정체성 그 자체로 내세우는 것처럼 보이는 (통상적인 이데올로기 구분에 따를 때 주로 우파인) 정파들의 이념과는 본질적으로 관련이 없다. 역사적으로는 모르겠지만, 적어도 지금은 그렇다. 우리나라에 있었던 과거 박정희 시대의 '민주공화당'이나 지금 그 부활을 추구한다는 '우리공화당'은 말할 필요조차 없다.

　어쨌든 초점은 다른 데 있다. 우리는 지금 정치적 좌우 구분이나 현실적인 정파를 뛰어넘어 흔히 우리나라 대한민국의 '국체'라고 규정되곤 하는 '공화국(republic:共和國)'의 이념 그 자체를 발전시킨 정치철학적 입장으로서의 공화주의를 다루려 한다. 전통적으로 서구에서는 이 정치철학을 '시민(적) 공화주의'라 부르기도 했는데, 혼돈이 걱정된다면 그냥 이렇게 불러도 좋겠다. 오늘날 서구에서 공화주의 정치철학의 부활에 가장 크게 이바지한 것으로 평가받는 필립 페팃은 '시민주의(civicism)'라는 대안 용어를 제안하기도 했는데[2], 이런 명명도 나쁘지는 않겠다. 나는 이렇게 공화주의라는 말이 불러일으킬 오해를 피하기 위해서라도 내가 옹호하는 공화주의를 '민주적 공화주의'라고 부르려 한다.

안타깝게도 이 공화주의를 단순하게 규정하여 설명하는 건 꽤 까다로운 과제에 속한다. 이 공화주의는, 동아시아에서 유교가 그랬던 것처럼, 서구에서 어떤 원형적 정치철학으로서 역할을 했다고 할 수 있다. 공화주의는 애초 고대 그리스에서 시작되고 고대 로마 공화국에서 번성했다. 로마공화국의 붕괴 이후 잊혔다가 13세기 이래 피렌체나 베네치아 같은 이탈리아 반도의 여러 도시 공화국에서 부활했는데, 이 이탈리아 공화주의가 16~17세기 영국의 민주주의 발전 과정에 영향을 미쳤고, 무엇보다도 프랑스 혁명과 미국 건국 과정에서 중요한 정치철학적 견인차 역할을 했다. 이후에도 우리가 '자유민주주의'라고 부르는 헌정적 공화국의 발전 과정도 이끌었는데, 이후 자유주의가 서구의 주도적인 정치철학이 되면서 쇠퇴했다.

그렇지만 그 깊은 역사와 현대 민주주의 발전에 끼친 영향 때문에 다양한 변종과 때로는 상호 배타적이기까지 한 정치적 지향들이 공화주의의 이름으로 정당화되기도 했다. 가령 프랑스대혁명 당시 극단적인 정치 폭력을 행사했던 '자코뱅주의' 역시 공화주의를 표방했지만, 훨씬 더 많은 공화주의자들은 아마도 그런 폭력을 공화주의와 연결하는 데 반대할 것이다. 헤겔이나 마르크스의 정치철학을 이 공화주의 전통과 연결하는 것도 반드시 억지는 아니며, 오늘날에는 예를 들어 위르겐 하버마스(Jürgen Habermas)가 자신의 정치철학을 '칸트적 공화주의'라고 규정하기도 한다. 여기서는 서구 공화주의 전통의 기본 흐름에 주목하기로 하자.

　서구의 공화주의는 흔히 두 갈래가 있는 것으로 이해된다. 하나는 아리스토텔레스적-그리스적 전통으로, 여기서는 시민들의 적극적인 정치 참여와 개인의 사적 이익에 앞서는 공동선에 대한 추구와 같은 '시민적 덕(성)(또는 미덕)(civic virtue; 시민정신)'을 강조하는 경향이 있다. 한나 아렌트도 이 경향의 공화주의자이고, 오늘날에는 우리나라에서도 잘 알려진 마이클 샌델 같은 철학자가 이 흐름을 계승한다고 할 수 있다. 다른 하나는 키케로적-로마적 전통 또는 '신(로마)공화주의'라고도 부르는 전통으로, '비-지배 자유'라는 간명한 이상에 따른 법적-제도적 장치들을 통해 자기 통치의 이상을 실현하는 데 핵심적 관심을 두고 있다. 이 전통은 고전적으로는 마키아벨리(Nicolò Machiavelli)가 대변했고, 오늘날에는 필립 페팃 같은 이가 지지하고 있다. 여기서는 이 두 갈래 모두를 아우르며 서구 공화주의 전통 전체의 기본 특색을 전반적인 수준에서 간단히 살펴보기로 하자.

나의 이해에 따르면, 서구의 공화주의는 우리가 그저 '군주국이 아닌 나라'라는 정도의 뜻으로 알고 있는 공화국의 이념을 매개로 여러 다양한 변종들 모두가 다소간 공유하는 공통 요소 또는 지향을 갖고 있다.[3] 공화국이라는 말은 '공적인(publica) 일(res)'이라는 뜻의 라틴어 어원에서 유래했고, 매우 훌륭하고 적절하다고 할 수밖에 없는 한자 번역어는 '모두의 조화와 균형'이라는 정도의 뜻을 담고 있다. 어쩌면 이 말 자체가 이미 언어적으로 공통의 정치철학적 지향을 암시하고 있다. 다시 말해 그 말 자체에 사회를 이루고 있는 다양한 사람이나 세력 사이의 균형과 조화, 권력 독점에 대한 거부, 사회의 모든 사람이나 세력 모두의 이익에 대한 추구 같은 내용이 담겨있다고 할 수 있는데, 우리의 이해를 위해 좋은 출발점이 될 수 있겠다.

　서구의 공화국은 기본적으로 '혼합정'으로 이해되었다. 이를 제대로 이해하려면 플라톤이나 아리스토텔레스의 논의로까지 거슬러 가야겠지만, 우리는 고대 그리스가 로마공화국에 흡수되었을 때 그리스 출신으로 로마에 와서 활동하던 폴리비오스(Polybios)라는 역사학자의 논의에서 출발하기로 하자.[4] 그는 몰락한 그리스와 대비되는 로마의 번영에 깊은 인상을 받았다고 한다. 그는 그 번영이 바로 로마가 공화정이었기 때문이라고 생각했다. 아리스토텔레스에 따르면[5], 인간 사회가 취할 수 있는 기본 정체는 최고 지배자가 누구냐에 따라 왕정, 귀족정, 민주정으로 나눌 수 있다. 지배자가 최고 권력자 한 명이면 왕정, 뛰어난 자질을 가진 소수 귀족이면

귀족정, 다수의 평범한 사람들이 지배하면 민주정이다. 폴리비오스는 로마의 공화정이 그 세 정체가 모두 혼합된 정체라고 볼 수 있다고 여겼다. 그는 이 혼합정체로서의 공화정이 세 기본 정체 각각의 장점을 결합한 최선의 정체라고 평가하면서, 당시 로마공화국의 위대한 성취도 이에서 비롯된다고 보았던 것이다.

이런 인식에서 혼합정이란 정치공동체를 이루고 있는 여러 사회세력이나 통치 제도가 서로 견제와 균형의 관계를 맺게 해서 특정한 이해관계가 지배적이지 않게 하고, 구성원들 모두의 이익, 곧 공동선을 추구하려 했던 정체라고 할 수 있다. '공적 일(res publica)'이라는 어원을 갖는 '공화국'이라는 말도 바로 그런 지향을 담고 있다. 여기에는 나라의 일은 왕 한 사람이나 귀족 같은 소수 엘리트만의 일이 아니라 나라를 구성하고 있는 모두의 일이라는 인식이 담겨있다. 물론 이때 공동선은 단순히 사회의 모든 구성원이 동의하는 이익이라기보다는 자유롭게 살며 나름의 정의를 추구하는 시민들에게 좋은 것으로 이해되어야 한다.

공화주의는 애초 노예제에 기초하고 있던 도리스인들의 크레타나 스파르타 같은 그리스의 도시국가들 및 고대 로마에 기원을 둔다. 그 때문에 이 정치철학 전통에서는 노예와는 다른 자유 상태의 시민을 공화국의 중심 주체로 보면서, 노예처럼 예속 상태에 있지 않음을 의미하는 비-지배 자유(freedom as non-domination)라는 규범적 지향을 무엇보다도 중요시했다. 노예는 주인이 행사하는 자의적 지배에 언제든 종속될 수밖에 없는 존재다. 자유인인 시민들은 바로 그런 노예 상태를 혐오했고, 그러한 비-노예 상태로서의 자유에 대한 지향을 자신들이 주도하는 공화국의 가장 중요한 규범적 토대 또는 도덕적 목적으로 삼고자 했다.

그러한 비-지배 자유 상태는 모두가 법에 종속되는 온전한 법치 또는 법의 지배(rule of law)를 통해서만 가능하다고 이해되었다. 지배는 권력을 가진 사람의 자의에서 비롯하기에, 모두가 모두에게 평등하게 적용되는 법의 지배 아래 놓일 필요가 있다는 것이다. 여기서 법치는 우리가 흔히 이해하듯이 '법을 수단으로 한 지배(rule by law)'가 아니다. 그런 식의 지배는 권력자의 자의적 지배를 의미하는 '인치(人治)'의 한 종류다. 법치는 이런 인치에 대비되는 개념이다. 이런 맥락에서 서구의 전통에서 공화주의는 특별한 종류의 정치적 자유의 이념과 관련된 정치철학이라 할 수 있다. 이에 대해서는 다음 장에서 좀 더 살펴볼 것이다.

이러한 비-지배 자유의 이념을 적극적으로 표현하면 자치(self-government: self-rule)의 이념이다. 이 전통에서 자유는 곧 자치고, 자기-지배다. 공화주의는 자유를 위해서는 자의를 마음대로 행사할 수 있는 특정 사람(들)의 인치가 아니라 법치가 중요하다고 보았지만, 그런 법치도 나에게 강제로 외적으로 부과된 법에 따른 것이라면 나는 결코 자유롭다고 할 수 없을 것이다. 그래서 중요한 것이 내가 그 법을 만드는 데 다른 모든 사람과 함께 참여하는 것이다. 이런 생각은 바로 법이나 규율을 만든 이가 바로 나 자신이어야 한다는 자율(autonomy)의 이념으로 이어졌고, 이는 다시 인민주권의 이념으로 발전한다. 이런 사유 전개는 특히 민주적인 지향을 가진 공화주의에서 두드러진다.

한편 그런 자치, 자율, 인민주권의 이념은 인민의 적극적인 정치 참여에 대한 강조와 연결된다. 모든 공화주의자는 아닐지 모르지만, 아리스토텔레스 이래 오늘날의 마이클 샌델에 이르기까지 많은 공화주의자가 이런 정치 참여를 가장 고귀한 인간적 삶의 양태와 연결했을 정도다. 어쨌거나 인민이든 시민이든 주체의 적극적인 정치 참여는 그들이 자유를 누리기 위한 필수적인 전제 조건이다. 공화주의 전통의 가장 중요한 격언 중의 하나는 바로 '영원한 각성(깨어있음)이 자유의 대가다(Eternal vigilance is the price of liberty)'라는 것이었다. 노무현 대통령이 민주주의에서 '깨어있는 시민'의 역할을 강조했던 이유와 바로 연결되는 이야기다. 이에 대해서는 나중에 따로 좀 더 본격적으로 살필 것이다.

그러니까 자유롭게 살기 위해서는 시민들은 그냥 가만히 있어서는 안 된다. 우리가 흔히 『군주론』의 저자로만 알고 있지만 사실은 가장 탁월한 공화주의자 중의 한 명이었던 마키아벨리는 어떤 사회에서든 남을 지배하려는 기질(성정: 성향)을 가진 사람들("명령하고 지배하려는 자들")이 반드시 존재하기 마련이라고 했다.[6] 그런 사람들이 바로 고대 사회에서는 혼합정의 중요한 한 축을 이루고 있었던 '귀족'이었고 오늘날에는 정치적이고 경제적인 엘리트들이라 할 수 있다. 시민들은 그들에게 지배당하지 않기 위해서 언제나 그들을 감시하며 '깨어 있어야' 하고, 그들에게 언제든지 이의를 제기할 수 있어야 하며 필요하다면 맞서 싸울 수 있는 역량을 갖추고 있어야한다. 공화주의자들은 시민들의 그런 자유를 향한 자세와 역량을 '시민적 덕성(미덕)'이라 불렀다.

그런데 서구의 역사에서 공화국은 기본적으로 혼합정이었지만 근대 이전까지는 '귀족'의 힘이 훨씬 더 우세했다. 고대 로마를 비롯해 이렇게 귀족정의 요소가 여전히 강한 공화정은 '귀족적' 공화정이라 할 수 있다. 반면 근대 이후 모든 시민의 보편적 평등 이념이 확산함에 따라 인민주권의 이념을 강조하면서 귀족(엘리트)에 맞선 보통의 인민 또는 '평민(the plebian)'이 그 중추에 섰던 공화정은 '민주적' 공화정이라 할 수 있다. 미국에서 역사상 최초로 형성되었던 '민주공화국'은 일차적으로 바로 이 맥락에서 이해될 수 있다. 어원적으로 또는 아리스토텔레스나 폴리비오스 같은 이들의 규정에 비추어 보면, 모종의 형용모순일 수도 있는 민주공화국이라는 개념은 이런 방식으로 적극적 의미를 가질 수 있을 것이다.

앞으로 우리는 지금껏 개괄적으로 살펴본 수준을 넘어서 이 민주공화국의 이념에 대해 좀 더 적극적인 의미를 부여하면서 그 기본 이념과 실천적 함의를 자세히 살펴보게 될 것이다. 여기서는 우선 이 정도로 민주공화국의 개념에 대한 큰 그림을 그려두자.

그동안 서구 사회 일반, 특히 영국과 미국에서는 자유주의 정치철학이 주류로 자리 잡고 있었다. 시장 경제와 사유재산제의 보호에 최우선적 가치를 두는 보수적 정파에서뿐만 아니라, 상대적으로 국가의 개입과 재분배 정책을 더 중시하는 진보적 정파에서도 마찬가지다. 그러나 최근 들어서는 지금 서구 사회들이 겪고 있는 민주주의의 위기를 성찰하면서 그동안 자유주의에 밀려 오랫동안 잊혀 있었던 공화주의 정치철학 전통의 정수를 부활시키려는 다양한 지적, 정치적 작업이 이루어지고 있다. 바로 여기에 위기에 빠진 서구 민주주의를 재생시키고 새로운 활로를 찾게 해 줄 처방들이 있다는 기대와 함께 말이다. 이런 사정은 우리나라에서도 마찬가지다. 그러나 내가 단순히 서구의 사조를 추종하기 때문에 이 민주공화국의 이상에 주목하는 것은 아니다.

## 유교의 정치적 전통과 공화정

어떻게 보면 우리가 민주공화국의 이념과 공화(주의)에 관심을 가진다는 건 새삼스러운 측면이 있다. 왜냐하면 대한민국은 세계 최초로 그 원형적 헌법에 국가의 정체(국체)가 민주공화국임을 명기했던 나라이기 때문이다. 한때 '공화당'이라는 이름의 정당이 오랫동안 집권당이기도 했었다. 그렇지만, 바로 그 공화당이 독재자의 당이었고 미국 등에서 주로 우파의 정당이라는 사실 때문에, 우리나라에서 그동안 이 공화주의 정치철학에 관한 관심은 그야말로 아주 피상적인 수준을 벗어나지 못했다. 어쩌면 우리나라는 그동안 '공화(주의) 없는 (민주)공화국'이었는지도 모른다.

그러나 아무래도 제일 결정적인 이유는 아마 무엇보다도 미국을 중심으로 서구 일반을 지배했던 자유주의의 압도적 영향력이었다고 할 수 있다. 서구에서도 공화주의는 한동안 잊힌 정치철학 전통이었을 뿐만 아니라 그 전통 자체가 매우 복잡했기에, 우리나라에서 그 전통을 제대로 이해하고 수용하는 게 쉽지는 않았으리라. 그 때문에 우리는 그동안 주로 광의의 자유주의적 시선에서만 우리 민주주의를 이해하고 평가해 왔다. 여기서 민주공화국은 그냥 민주주의의 다른 이름이었을 뿐이었고, 그 자체로는 별다른 의미가 없다.

이런 통상적인 이해에 따르면, 우리는 민주주의를 역사적으로 또 내적으로 충분히 그 조건들을 갖추지 못한 상태에서 외부로부터 수입하여 발전시켜 왔다. 그 때문에 겉으로는 민주주의지만 내적으로는 많은 한계와 문제들을 노정하고 있다. 최장집은 이를 '조숙한 민주주의'라는 개념으로 설명한 적이 있고[7], 유시민도 비슷한 맥락에서 한국의 민주주의를 '후불제 민주주의'라고 부르기도 했다[8]. 그리고 그 밖에도 많은 이들이 우리 민주주의의 문제를 이런 틀에서 사고해 왔다.

이런 식의 접근법에서 보면 특히 미 군정기에 실시된 보통선거권의 도입이 우리 민주주의에서 제일 결정적인 장면 중의 하나다. 이 보통선거권은 서구에서는 오랜 기간의 투쟁을 통해 정착된 것인데, 우리나라에서는 당시 이승만의 반대에도 불구하고 미군정이 강제하여 전격적으로 도입되었다. 하지만 우리 사회에는 이념 지평의 다양성이라든가 강한 시민사회라든가 하는 서구의 자유주의적 민주주의에서 토대가 되었던 조건들이 형성되어 있지는 않았고, 그 때문에 이후 우리 민주주의의 발전은 일정한 방식으로 왜곡될 수밖

에 없었다. 오늘날 우리 민주주의의 한계들은 근본적으로 이런 차원에 뿌리를 두고 있다.[9]

이런 식의 접근법이 가진 설득력을 무조건 부정할 수는 없다. 어쨌든 우리가 민주주의를 외국, 특히 미국을 모방하며 배워 온 것은 부정할 수 없는 사실이다. 또 식민지 경험이라든가 분단이라든가 하는 우리 현대사의 비극적 조건들이 민주주의에 썩 친화적이었다고 말할 수도 없다. 1987년 이래 우리나라가 민주화되었다고는 하지만, 우리 민주주의가 여러모로 불충분한 측면들을 드러내고 있는 현실도 그런 배경 위에서 보면 더 잘 이해될 수 있을 것이다.

그러나 이런 접근법은 기본적으로 너무 '서구중심적'이다. 이런 접근법에서 민주주의는 그리스의 아테네에서 최초로 시작되었고 근대 이후 서구 사회들에서 오늘날과 같은 형태의 대의민주주의가 발전했다. 이 서구적 민주주의가 전 세계로 확대되며 그 보편성을 인정받았는데, 우리 민주주의의 발전도 그 맥락에서 이해할 수 있다. 그리하여 서구, 특히 근대 이후의 서구에서 발전한 몇 가지 민주주의 형식이나 모델이 민주주의를 이해하는 준거가 되고, 우리 민주주의는 그 준거에 비추어 무슨 '저발전'이나 '왜곡' 또는 '기형' 등과 같은 관점에서 평가된다. 이런 접근법은 여러 문제를 드러내 보이지만, 일단 두 가지만 지적하자.

우선, 이런 식으로는 우리 민주주의가 가진 역사적으로 고유한 발전 동학과 제약을 제대로 파악할 수 없다. 비록 우리가 민주주의 이념과 제도 등을 일차적으로 서구에서 본받은 점을 부정할 수는 없지만, 우리 민주주의는 나름의 문화적 기원과 역사적-내적 동학의 기반 위에서 발전해 왔다고 봐야 한다. 우리 민주주의에는 동학농민전쟁, 3.1운동, 다양한 형태의 독립운동 같은 전사(前史)가 있는데[10], 아래에서 좀 더 보겠지만, 내가 볼 때 오랜 유교 전통의 배경 위에서 이해될 수 있는 이런 사건들이 미군정의 영향보다 훨씬 더 중요한 의미가 있다. 통상적인 접근은 이런 전사의 의미를 제대로 파악하지 못하고, 따라서 우리 민주주의의 잠재력과 한계를 온전하게 드러내지 못한다.

다음으로, 통상적인 접근법은 그저 우리 민주주의를 서구 기준으로 평가하고 재단하면서 사실은 민주주의가 지닌 참된 보편성도 제대로 드러내지 못한다. 그런 식으로 보게 되면 서구 사회에서 민주주의를 가능하게 했던 여러 조건이 부재한 우리 같은 사회에서는 민주주의는 늘 비정상적이거나 부족한 상태에 머무를 수밖에 없다. 우리 민주주의가 더 깊이 성숙하기 위해서는 결국 우리 사회가 더 많이 서구화되어야만 한다. 민주주의를 이해하는 이런 보편주의는 말하자면 '유럽적 보편주의'[11]일 뿐이고, 그래서 사실은 서구적 유형의 사회에서만 민주주의가 온전하게 발전할 수 있다는 시각에 갇힐 수밖에 없다. 그러나 민주주의를 단순히 서구로부터의 수입품으로서가 아니라 우리 내부의 관점에서도 그 내적 필연성을 확인할 수 있을 때라야 민주주의는 진정으로 보편적인 성격을 확보할 수 있을 것이다. 우리는 민주주의와 관련해서도 '유럽을 지방화'할 필요가 있다.[12]

그러나 이런 통상적인 접근법의 가장 근본적인 한계는 그 기본적인 자유주의적 시선이라 할 수 있다. 이 자유주의적 시선에서는 대개 우리 사회가 오랫동안 침윤해 있었던 유교의 정치적 전통은 자유주의적 민주주의와는 너무도 거리가 멀어서 하루빨리 극복해야 할 단절의 대상이었을 뿐이었다. 그러다 보니 유교 전통에 맞닿아 있던 많은 정치적 사건은 별다른 주목의 대상이 되지 못했고, 그렇지 않은 경우에도 그런 사건들은 서구에서 유래된 자유주의적-민주주의적 지향이 온전하지는 않더라도 일정하게 수용되어 발현된 것으로만 이해되었다. 이때 우리의 오랜 유교적 정치 전통이 서구 전통에 견줄 수 있는 나름의 공화주의적 지향을 갖고 있었다는 점은 전혀 주목받지 못한다.

앞에서 소개한 대로 서구의 공화주의는 혼합정에 대한 핵심적 지향을 필두로 몇 가지 특징적인 요소를 갖고 있었다. 타인의 자의적 간섭에 종속되지 않는 상태로 이해되는 자유, 곧 비지배 자유와 그것을 가능하게 해 주는 법치의 이념, 시민들의 적극적인 정치 참여 및 공동선이나 공화국의 가치에 대한 헌신의 자세와 태도, 곧 시민적 덕성에 대한 강조 등이 그것들이다. 그런데 유교 전통 또한 이런 요소들을 나름의 방식으로 갖고 있었다.

유교 전통은 '온 세상 모두를 포괄해야 한다' 또는 '천하는 모두의 것이다'라는 정도의 뜻을 가진 '천하위공(天下爲公)'이라는 이념을 이상적인 사회가 추구해야 할 가장 근본적인 정치적 지향으로 삼았는데(예기禮記)[13], 우리는 이를 다름 아닌 공동선이라는 정치적 가치에 대한 강조로 이해할 수 있다. 물론 이 전통은 법치보다는 '덕치'를 강조했지만, 나름의 입헌주의도 추구했고[14], 법치의 중요성도 무시하지는 않았다. 특히 이 전통은 정치 그 자체와 공동선에 대한 헌신을 최고의 의무로 여겨야 하는 '선비' 또는 '사대부' 계층의 도덕적 자기 수양을 강조했는데[15], 이는 서구 공화주의 전통이 시민적 덕성을 중시했던 것과 비교될 수 있다.

이런 배경 위에서 보면, 우리 민주주의의 발전은 자유주의라는 틀보다는 이런 공화주의적 관점에서 더 잘 이해될 수 있음이 드러난다. 우리 민주주의를 이해하는 패러다임을 바꾸어야 한다. 우리는 우리 민주주의의 잠재력과 한계를 제대로 파악하기 위해서도 서구의 정치적 전통에 무턱대고 보편적인 해방적 잠재력을 특권적으로 부여하는 데서 벗어나 좀 더 '보편적으로 보편적인' 관점에서 정치체제의 발전 과정을 이해하는 접근법을 발전시켜야 한다. 특히 혼합정 개념이 중요하다. 내 생각에 이 혼합정은 단지 서구의 역사에서만 발견할 수 있는 것이 아니다.

사실 혼합정의 양상은 다양할 수 있다. 로마공화국같이 왕이 없는 상태에서 평민과의 관계에서 귀족이 우위에 있었던 귀족제적 공화정이 있기도 했지만, 그런 정체만을 혼합정이라고 해야 할 필연적인 이유는 없다. 중국의 송, 명과 조선 같은 성리학적 군주제 국가들에서는 왕정과 귀족정이 섞인 '군신공치(君臣共治)' 체제가 정착했는데[16], 우리는 이런 정체도 넓은 의미의 혼합정, 곧 공화정이라 이해할 수 있다.

이 군신공치 체제는 왕의 존재와 위상을 인정하나 왕의 실권을 일정한 한계에 묶어 두고 견제하면서 사대부/신하들이 실질적인 국정운영을 함께 하는 통치체제다. 이때 이 사대부/신하들은 '도(道)'라는 유교적 정의의 이념을 담은 '공론(公論)'의 형성을 통해 국왕의 권력을 견제하고 통제했다. 이들은 유교적 정의의 이념에 대한 올바른 해석을 독점하며 계승해 온 역사적 권위, 곧 '도통(道統)'이 자신들에게 있음을 주장하며, 왕이 세습적으로 가지는 세속 권력의 정당성에 대한 주장, 곧 '치통(治統)'에 맞섰다.

서구의 공화주의 전통이 '견제와 균형'의 원리를 담은 법과 헌정질서를 통해 권력자의 자의적 지배를 제어하고자 했다면, 성리학은 이 도통에 따른 정치적 정당성에 대한 주장(공론)과 그에 따른 헌정질서를 통해 왕의 권력을 제한하려 했다. 정체에 대한 아리스토텔레스적 구분에 견주면, 유교 전통의 사대부는 서구의 '귀족' 계층이라 할 수 있고, 군신공치라는 성리학적 정치 체제는 단순히 '왕정'이 아니라 기본적으로 왕정의 요소와 귀족정의 요소가 섞인 독특한 유형의 혼합정체로 이해할 수 있지 않을까 한다.

물론 차이는 있다. 로마공화국이나 13세기 이래 이탈리아의 소공화국들에서는 귀족과 '평민'의 대립과 갈등이 기본적인 정치 동학을 규정했고, 그런 의미에서 서구의 공화정들은 역사적으로 주로 귀족이 정치의 중심에 있었던 귀족적 공화정이었다고 할 수 있다. 그러나 동아시아 전통에서는 귀족과 평민의 대립이 중요하지는 않았다. 여기서는 왕과 사대부 계층(귀족) 사이의 관계가 중요했는데,

어쩌면 우리는 성리학적 군신공치 체제를, 서구에서는 유례가 없지만, 말하자면 일종의 동아시아적인 귀족적 공화정으로 이해해 볼 수도 있지 않을까 한다. 그리고 서구에서만이 아니라 이런 역사적 전통의 흐름에서도 '평범한 사람들'이 정치의 중심을 차지하는 '민주적' 공화정으로 나아가기 위한 나름의 필연성과 동학이 발전할 수 있다고 해야 한다.

이런 식으로 우리는 공화주의적 혼합정을 동아시아와 서구를 아우르는 좀 더 보편적인 맥락 속에서 이해해 볼 수 있다. 물론 우리는 이 혼합정 개념을 아리스토텔레스와 폴리비오스의 규정을 넘어, 곧 서양뿐만 아니라 동아시아에서 나타났던 유형도 포함하여, 더 포괄적으로 이해해야 한다. 그러니까 혼합정은, 권력의 주요 원천들 또는 사회의 중심 세력들이 정치공동체 전체의 안전과 번영을 위해 타협을 이루며 성립시킨 모종의 권력 분점 체제로, 세계의 모든 지역에서 나타날 수 있다고 이해되어야 한다. 이런 맥락에서 나는 공화정을 '공동선에 대한 지향 속에서 사회를 이루고 있는 중심 세력 사이에서 권력의 분점과 견제 및 조화가 이루어진 정치 체제' 정도로 좀 더 폭넓게 규정하려 한다.

그런데 동아시아의 전통 혼합정에서도 사회의 절대다수, 곧 '민(民)'은, 서구 공화정에서와는 다른 방식이긴 하지만, 매우 핵심적인 역할을 했다. 유교의 정치적 전통은 늘 '민본주의'를 표방했는데, 우리는 이를 왕과 사대부 모두를 일종의 민의 대표자(representative)로 설정했던 이념으로 이해할 수 있다.[17] 물론 이는 선거를 통한 대의의 관계는 아니다. 그러나 유교 국가는 무력이든 혈통이든 학식이든 덕목이든 민이 갖지 못한 일정한 권력 자원을 소유하고서 통치를 하는 사람들(곧 왕과 사대부)이 민의 대표자를 자임하여 민의 안녕과 번영을 추구했다고 이해할 수 있다. 바로 이것이 유교 전통이 강조했던 위민(爲民)의 이념이다. 그래야만 그들이 지닌 정치 권력의 정당성이 확보될 수 있다고 여겼기 때문이다.

페팃의 구분을 빌리자면[18], 이런 종류의 대표는, 선출되거나 위탁을 받았기에 유권자나 위탁자에게 어떤 식으로든 책임을 져야 하는 '반응적(responsive)' 대표와는 달리, 일정한 규범이나 원칙 때문에 공동체 전체를 대변하고 그에 대해 책임감을 가져야 하는 '지표적(indicative)' 대표라 할 수 있다. 이는 오늘날 우리나라에서 참여연대 같은 시민단체의 '대변형(advocacy) 시민운동'에 견줄 수 있다. 여기서 시민운동가들과 지식인들은 선거를 통해 선출되지는 않았는데도 스스로 시민들의 대변자로 자임하고 또 그 점에서 많은 시민과 여론의 신뢰도 얻고 있는데, 그것은 그들이 바로 그와 같은 시민들의 지표적 대표로 인식하고 활동하기 때문이라 할 수 있다.

이런 식으로 보면, 맹자의 이른바 '역성혁명론'이나 '폭군방벌론'은 왕이 마땅히 이런 의미에서 민의 충실한 대표 역할을 해야 한다는 가르침으로 이해할 수 있다. 그러니까 왕조차도 민의 충실한 대표 역할을 하지 못할 경우 아무런 정당성을 갖지 못하며 그래서 혁명을 일으켜도 된다는 이야기다. 이렇게 적어도 간접적으로는 동아시아에서도 민의 정치적 토대성은 명백했다. 이는 향후 유교적 혼합정이 민주적 공화정으로 나아가기 위한 결정적인 출발점이 되었다고 할 수 있다.

나아가 동아시아 혼합정에서는 귀족 계층의 위상도 특별했다. 성리학적 군신공치의 이념에서 중심을 이루고 있는 귀족, 곧 사대부는 서구에서와 같은 '자연적 귀족', 곧 세습 귀족이 아니다. 또 단순히 경제적 부가 귀족을 만들지도 않는다. 이 지위는 '과거'라는 국가시험을 매개로 자신의 학문과 덕을 객관적으로 입증했다고 여겨지는 사람들만이 가질 수 있는 후천적 성취다. 그런 귀족은 원칙적으로 (조선에서는 노비 신분이 아니라면) 누구나 될 수 있었다. 그래서 이런 귀족들이 지배하는 혼합정체는 잠재적으로 그 민주화의 동학을 강력하게 내포하고 있었던 것이다.

## 민주공화국 대한민국의 정치철학적 계보

이러한 특징을 제대로 이해하려면 동아시아 사회를 오래전부터 지배해 왔던 강력한 능력주의(meritocracy) 전통을 살펴보아야 한다.[19] 능력주의는 1958년 영국의 사회학자 마이클 영(Michael Young)이 처음 만들어 내서 일반화시킨 개념으로[20], 보통 사회경제적 수준에서 '능력에 따른 분배'만이 정당하다고 믿는 분배정의에 관한 이데올로기를 가리킨다. 특히 자본주의 사회에서 평등한 시민들 사이에서 사회경제적 불평등이 산출되는 이유를 설명하고 그것이 공정하다고 정당화하는 기능을 한다. 이런 분배정의와 관련된 능력주의에 대해서는 다음 장에서 좀 더 자세히 살펴볼 것이다. 그런데 이 능력주의에 관한 본래 발상은 고대 중국에서, 그것도 정치적인 차원에서 나온 것이다. 지금 맥락에서 중요한 것은 바로 이런 차원의 '정치적 능력주의(political meritocracy)'다.[21]

중국의 유교 전통은 오래전부터 이상적인 사회, 곧 '대동(大同)사회'에서는 '현명하고 능력 있는 사람'이 나라의 일을 관장해야 한다는 능력주의적인 '선현여능(選賢與能)'의 이념을 발전시켰다.[22] 이에 따르면 왕위는 세습하지 않고 현명하고 능력 있는 이에게 '선양(禪讓)'을 하는 것이 바람직하다. 플라톤의 철인국가론에 비견될 수 있는 이상으로, 이상적인 시대로 간주했던 요순시대에 요임금은 자식이 아닌 신하였던 순임금에게, 순임금은 역시 신하였던 우임금에게 왕위를 물려주었다. 그 이념에 따르면, 이상 사회에서는 또한 학문과 수양을 통해 올바른 통치를 수행할 지혜와 능력을 지녔다고 평가되는 신하들이 정치의 중심을 형성하게 해야 한다. 이런 이상은 2,000여 년 전 중국의 수, 당 시대를 거치면서 시험을 통해 학문적으로 뛰어난 성취를 보이는 사람을 선발하여 관료로 삼는 과거 제도의 발전으로 이어졌다. 서양의 능력주의는 근대 이후 이런 중국의 제도와 관행을 모방하면서 발전한 것이다.[23]

그런데 이런 능력주의는, 오늘날 우리가 '기회의 평등'이라고 부르는 특정한 도덕적 평등주의 이념 없이는 제대로 작동할 수 없다. 누구든, 가문 같은 사회적 지위의 영향과는 별개로, 자신이 가진 능력과 지혜를 제대로 평가받을 기회를 가져야 하기 때문이다. 이런 기본 원리는 중국에서도 마찬가지였다. 유교 전통은 아주 특이한 도덕적 평등주의 전통을 발전시켰다.[24] 유교의 고전가들은 모든 사람의 잠재적인 도덕적 평등을 믿었다. 그러나 이것은 모든 개인의 도덕적 가치가 평등하다고 보는 서구 근대사회에서 발전한 이념과는 다르다. 왜냐하면 유교는 개개인들이 보이는 자기 수양의 정도 차이를 긍정해야 한다고 보았기 때문이다. 다시 말해 엄정한 자기 수양을 통해 높은 도덕성의 수준에 이른 사람은 사회의 지배층이 될 수 있지만, 그런 수양에 실패한 사람은 낮은 신분 상태에 머무르는 게 옳다는 것이다.[25]

이런 출발점은 흥미로운 사회정치적 귀결을 낳았다. 동아시아의 유교화된 사회에서는 서구에서와 같은 세습 귀족은 존재하지 않았거나 존재했더라도 그 위상은 미미했다. 왜냐하면 모두가 자기 수양과 배움(학문)을 통해 귀족, 곧 선비가 될 수 있었기 때문이다. 그리고 그런 선비가 될 기회는 원칙적으로 사회의 모든 성원에 개방되어 있어야만 했다. 그렇지 않을 경우 그러한 개방에 대한 사회적 압력이 거세질 수밖에 없었다. 나아가 사회 대부분의 성원들은 그런 기회를 얻기 위해 큰 노력을 기울이게 되었다. 이런 전통은 오늘날에도 이어지는데, 우리 사회를 지배하는 강한 '학구열'은 이런 맥락에서 이해될 수 있다.

어쨌든 실제로 조선에서는 중기까지 과거를 통한 신분 상승이 상당한 정도로 이루어졌고, 특히 후기에 이르러서는 양반 족보를 매매하고 위조까지 하면서 정약용이 이야기한 대로 '온 나라 (사람) 양반되기'[26]가 진행되었다. 이 과정에서 인구의 절대다수가 귀족화가 되었다고 볼 수 있는데, 바로 이런 과정에서 민주적 공화정을 향한 문화적 동력이 축적되어 갔다. 왜냐하면 그런 과정은 결국 신분 차별의 종식에 대한 문화적 압박으로 이어질 수밖에 없었기 때문이다. 이미 19세기 초반에 '공노비'가 해방되면서 노비가 사라지기 시작한 데 더해, 전 국토에서 '민란'이 일반화되면서 양반(귀족) 중심의 신분 체제가 근본적으로 흔들렸다. 이후 조선에서도 '민(백성)'의 정치적 중심성은 너무도 분명한 역사적 상수가 되었다.

앞에서 우리는 성리학적 군신공치 체제를 모종의 혼합정이라는 관점에서 살펴봤는데, 그런 관점에서 보면 우리는 조선의 망국을 전후로 사회구성원들 사이에서 그 귀족적 공화정이 민이 중심이 되는 '민주적' 공화정으로 바뀌어야 한다는 데 대해 모종의 '역사적 합의'가 아주 자연스럽게 형성될 수 있었으리라는 점도 큰 어려움 없이 이해할 수 있다. 물론 이 과정에는 이 유교 전통의 정치적 동학 속에서 형성된 민의 정치적 성숙이 바탕에 깔려 있지만, 상하이 임시정부의 임시헌장이 민주공화국을 국체로 규정한 이후 이 점에 대해서는 그 어떤 결정적 이의도 제기되지 않았다는 사실은 결코 우연이 아니라고 할 수 있다.

이런 접근에서 보면 조선의 유교적 군신공치 체제는 한국의 민주주의 발전 과정에서 그 맹아를 품고 있던 역사적 선행 체제라고 이해할 수 있다. 실제로 역사적으로도 조선의 군신공치의 이념은 서구 열강의 영향 속에서 근대적 개혁을 추구했던 세력에 의해 '군민공치

(君民共治)’, 곧 서구식 입헌군주제에 대한 지향으로 표출되었고,[27] 이는 다시 왕조 폐지 이후에는 자연스럽게 모든 민이 주권자가 되고 그 민의 대표들이 통치하는, ‘민주적 공화정’의 이념으로 이어졌다고 할 수 있다. 다시 말해 민주공화국에 대한 지향은 유교적 조선에서부터 작동하고 있던 아주 강한 역사적 내적 동학의 자연스러운 발현이었다고 해야 한다.

상해 임시정부에 모였던 우리 ‘건국의 아버지들’은, 순종 임금이 외세의 압력에 밀려 국권 포기를 선언하자마자, 바로 민이 주인이 되는 공화국의 건설을 아무런 논리적, 개념적 어려움도 없이 천명할 수 있었다. 조소앙 선생이 기초한 「대동단결선언」*에서 밝힌 대로, 주권의 존속이 한시도 중단될 수 없다면 임금이 그것을 포기하는 순간 곧바로 백성들이 주권자가 된다고 인식하는 건 너무도 당연했다. 그리하여 독립하여 건설될 새로운 국가가 민, 곧 보통의 평범한 사람들이 주권을 갖고 나라의 운명과 방향을 스스로 결정할 수 있는 나라, 곧 민주공화국이 되어야 한다는 데 대해서는 당시 독립을 꿈꾸던 대부분 인사들 사이에서 조금도 논란이 없었다. 그와 같은 이행은 말하자면 너무나 자연스러웠는데, 조선이 채택했던 바와 같은 동아시아적 양식의 원형적 공화정이 민주적인 공화정으로

---

* “융희 황제가 삼보(三寶)를 포기한 경술년(1910) 8월 29일은 곧 우리 동지가 삼보를 계승한 날이니, 그 사이 대한의 삼보는 한 순간도 빼앗기거나 쉰 적이 없다. 우리 동지들이 대한국을 완전히 상속한 사람들이다. 저 황제권이 소멸한 때가 바로 민권이 발생한 때다.”(「대동단결선언」, 이주영 다듬음, 『독립선언서 말꽃모음』, 단비, 2019.)

나아가기 위해서 무슨 대단한 역사적 곡예가 필요한 것은 아니었던 것이다.

공화주의에 대한 이런 접근법에서 특히 중요한 것은 내가 '공동선의 정치'라고 부르고 싶은 정치적 지향과 양식이다. 앞에서도 이미 언급했지만, 이것은 결코 서구의 정치적 전통에만 뿌리를 두고 있는 것이 아니다. 그러한 정치는 아마도 동서를 막론하고 '모든' 인간적 정치공동체가 평화 속에서 번영을 누리며 사회적 삶의 문제들을 제대로 해결하기 위해서 반드시 필요하다. 그리고 우리는 그 연장선에서 민주공화국의 보편성도 이해할 수 있다.

정치에서 공동선이 중요한 이유는 어떤 정치공동체도, 일상적인 정치 수준에서는 물론이고 근본적인 헌정적 수준에서, 다양한 사회 및 정치 세력들 사이에 나름의 공동선에 대한 합의 속에서 일정한 타협과 균형이 성립하지 않으면 지속적인 안정성을 확보할 수 없을 것이기 때문이다. 어떤 정치공동체라도 서로 이해관계나 정치적 지향을 달리하는 다양한 집단들이 있게 마련이고, 이들 모두를 하나로 묶는 공동의 지향과 가치가 있어야 이 정치공동체가 제대로 유지될 수 있을 터이니 말이다. 그렇지 않다면 공동체의 평화와 통합은 유지되기 힘들 것이다. 이런 인식의 연장선에서 보면 공화정은 기본적으로 모든 정치공동체가 내재화하고 있을 수밖에 없는 사회적 갈등 속에서 주요 사회 세력들 사이에 일정한 타협과 균형이 성립한 곳이라면 어디서나 탄생할 수 있는 정체라고 할 수 있다.

그러니까 민주적 공화정은 정치에 대한 공화적 접근이 필요한 정치적 전제들이 실현되는 과정에서 인민, 곧 평범한 사람들의 정치적 주도성이 인정될 때 그 필수적인 제도적 형식들이 마련되면서 탄생한 것이라 할 수 있다. 한 정치공동체에서 사회구성원들이 나름의 정의에 대한 합의 속에서 공유하게 된 공동선에 대한 인식을 실현하기 위해서는 무엇보다도 권력의 집중을 제한하고 사회구성원들 사이에 권력을 나누는 일정한 헌정적 틀이 마련될 수밖에 없을 것이다. 가령 공직자에 대한 '선거' 제도의 도입 같은 것도 이런 맥락에서 이해할 수 있지 않을까 한다.

물론 그 구체적 모습과 지향은 어떤 단일한 경로를 따르기보다는 역사적 전통과 국지적인 정치적 실천 양상에 따라 다양하게 나타날 수밖에 없을 것이다. 이런 맥락에서 보면 대한민국은 그러한 민주공화정의 다양한 역사적 실현태 중의 하나라고 할 수 있다. 대한민국이라는 민주공화국은 단순히 우리가 서구로부터 수입하여 모방하고 구현하려는 정치적 목적태가 아니라, 나름의 역사적 맥락 속에서 고유한 자기 동학을 가지고 발전하고 있는 국가 형식인 것이다.

이 민주적 공화정에서는 기본적으로 평범한 사람들의 정치적 중심성과 모든 시민의 평등한 존엄성의 보장이 가장 근본적인 정치적-규범적 토대를 형성한다고 할 수 있다. 민주공화국이 추구해야 할 도덕적 목적, 헌정적 원리와 제도, 일상적인 정치적 규범과 양식 등은 바로 이런 토대 위에 서 있어야 한다. 그러나 그러한 토대는 역사적 조건과 상황에 따라 다양한 방식으로 해석되고 실현될 수 있을 것이다. 서구에서도 다양한 도덕적 초점과 정치적 지향을 가진 공화주의 전통이 있었으며, 그 원리의 이해와 실현의 양식은 우리에게도 열려있는 문제다. 우리는 우리의 공화주의를 발전시켜야 한다. 그리고 그 바탕 위에서 대한민국이라는 민주공화국을 발전시켜야 한다.

## 능력주의적 과두정

그러나 현실적으로 한반도에 민주공화국을 건설하는 일은 처음부터 쉽지는 않았다. 임시정부에 이어 일제에서 해방되어 민주공화국을 국체로 규정한 헌법을 가진 대한민국 정부가 실제로 수립된 이후에도, 우리나라는 오랫동안 제대로 된 민주공화국으로서 면모를 갖추지 못했다. 왕조라는 역사적 경험은 왕에 버금가는 권한을 가진 대통령을 두는 민주주의 형식을 택하게 했고, 식민지 시대의 '부일 귀족'과 '군부'에 뿌리를 둔 소수 엘리트(곧 현대의 귀족)가 신생 민주공화국의 사회적, 정치적 삶을 주도하고 지배하는 상태가 상당한 기간 지속되었다.

그러니까 대한민국은 그 헌법적 정체성 규정에도 불구하고 오랫동안 제대로 된 '민주' 공화국이 되지 못하고 모종의 '(유사-)귀족적' 공화국 상태에 있었다고 해야 한다. 비록 슘페터 같은 학자는 민주주의조차 결국은 경쟁적 선거를 통해 엘리트 지배자를 번갈아 가며 선출하는 정치 제도일 뿐이라고 냉소하기도 했지만, 우리의 경우 그런 선거조차 제대로 할 수 없는 상태에 오랫동안 머물러 있었다. 대한민국이라는 공화국은 그냥 단적으로 귀족적이었다.

그런 의미에서 1987년의 민주화는, 비록 많은 한계를 갖고 출발하긴 했어도, 대한민국을 비로소 민주공화국이라는 정체 규정에 좀 더 부합하는 나라로 만드는 첫걸음이었다고 할 수 있다. 그 민주화를 통해서 시민들은 주권자로 인정되고 투표나 시위 같은 절차를 통해 엘리트들의 권력 행사를 얼마간이나마 통제할 수 있는 위치에 설 수 있게 되었다. 물론 아직 시민들이 민주공화국의 주권자로서 온전한 역할을 충분히 할 수 있게 되었다고 말할 수는 없지만 말이다.

민주화 이후 어느 정도의 공화적인 정치 체제가 만들어지긴 했지만, 평범한 시민들의 압력 속에서 기득권 세력이 양보하는 가운데 성립된 그 체제는 제대로 숙고하여 설계되지 못했다. 무엇보다도 대통령 직선제를 도입하는 데만 초점을 두었지, 권력 분립이나 견제와 균형의 체제 마련에는 충분한 고려를 하지 못했다. 그 결과가 지금도 우리 사회에서 큰 정치적 고질병을 낳고 있는 이른바 '제왕적 대통령제'다. 그 밖에도 정치적 결과에 대한 별다른 이해나 고민도 없이 단순다수결 소선거구제를 도입했고, 검찰에는 기소권과 경찰지휘권 및 수사권을 독점하게 하면서 무소불위의 권한을 부여했다.

게다가 우리 사회의 엘리트들, 특히 경제, 행정, 사법, 언론, 종교 등의 영역에서 확고한 사회적 권력을 가진 이들은 민주화 이후에도 자신들의 권력에 대한 시민들의 정치적 통제를 최소화하려 했다. 그래서 그들은, 이제 민주적 정당성을 내세우며, 정치 권력마저 움

켜쥐고 자신들의 지배적 역할을 포기하지 않으려 했다. 1990년 이른바 '3당 합당'을 통해 탄생한 민주자유당 이후 한나라당이나 새누리당을 거쳐 지금의 국민의힘에 이르기까지 이 나라의 수구적 보수정당의 기본 역할이 그것이었다. 이를 위해 그들은 언론이나 종교 등을 통한 사회적 영향력을 활용하고 지역주의를 조장했으며, 분단이라는 민족적 비극을 정치적으로 오도했다. 지난 대통령 선거에서는 남성과 여성, 기성세대와 청년 등을 갈라치기함으로써 지지를 얻으려는 포퓰리즘 전략마저 동원하는 모습을 보였다.

우리 사회의 오랜 유교적 전통에 뿌리를 둔 능력주의는 여기서도 큰 역할을 한다. 중국에서 수입된 능력주의는 성리학의 기반 위에 세워졌던 조선시대 이후 이 땅에서도 아주 깊이 뿌리를 내렸다. 특히, 근대에 들어서도 메이지 유신을 주도한 일본의 유교적 사무라이들이 근대적 과거 제도로 만들어 우리에게 전해 준 '고시' 제도는 지금까지도 정치 영역을 중심으로 우리 사회 전반에 큰 영향을 미치고 있다.

그러니까 그런 능력주의적 배경 위에서 우리 사회에서는 정치도 그런 고시 합격자나 다른 차원의 고학력자처럼 오직 능력 있는 사람만이 할 수 있고 또 그래야 마땅하다는 사회적 인식이 깊이 뿌리를 내렸다. 다시 말해 정치적 능력주의 전통이 오늘날의 민주주의 시대까지도 이어지고 있다. 우리나라의 민주 정치에서는 옛날의 과거 급제자들에 비유되곤 하는 법조인 출신들이 압도적 주류를 차지하고 있는데, 이는 결코 우연이 아니다.

서구 사회에서 능력주의는 혈통에 따른 사회적 지위의 세습을 비판하고 거부함으로써 일정한 방식으로 모든 시민의 사회적 지위의 평등이라는 이념에 기초하는 민주주의의 초석을 놓기는 했다.[28] 우리나라의 경우도 마찬가지다. 그러나 정치적 차원의 능력주의는 시민들 사이의 정치적 불평등을 정당화함으로써 점점 더 민주주의 원리와 상충할 수밖에 없게 된다. 더구나 능력 있는 사람만이 정치를 잘 할 수 있다는 정치적 능력주의의 발전은 민주주의가 전제하는 평범한 보통 시민들의 정치적 참여와 판단을 불신하고 배제하는 쪽으로 이어질 수밖에 없다.

오늘날 일단의 학자들은 민주적 선거와는 다른 선발 과정을 거친 소수 엘리트가 실력과 전문성을 내세우며 지배하는 중국과 같은 권위주의 정치 체제를 미화하며 정치적 능력주의(현능정치)라고 규정하는데,[29] 이는 이 정치적 능력주의가 보통 시민들의 주권성이라는 이념에 기초하는 민주주의와는 근본적으로 다른 원리를 갖고 있음을 단적으로 보여준다. 그런 체제는 새로운 종류의 과두정, 곧 '능력주의적 과두정'일 뿐이다. 안타깝게도 오늘날 전 세계적으로 많은 민주주의 체제도 이런 식의 과두정으로 전락할 위험에서 자유롭지 못한 것 같고, 특히 오랜 유교적 전통에 침윤되어 있던 우리 사회의 민주주의 체제에서는 아주 강하게 능력주의적 엘리트들이 지배하는 과두정의 성격이 깊어지고 있다. 윤석열 검찰 정부는 바로 그 과정의 어떤 정점에서 탄생했다고 볼 수 있다.

## 선거민주주의의 한계

물론 우리나라는 민주공화국이라는 헌정적 틀을 가지고 있다. 이 헌정적 틀은 우리 사회를 새로운 과두정으로 만들고 싶어 하는 그 귀족적 기득권 세력에 맞서 힘없는 보통 사람들 또는 '평민' 세력이 자유와 존엄을 지키기 위한 지속적인 투쟁을 통해 그 기득권 세력의 일정한 양보를 얻어냄으로써 만들어진 것이다. 1987년에 이루어진 민주화의 역사적 성취다.

이렇게 성립한 우리 민주주의 체제에서는 크게 보아 두 세력이 정치적으로 각축하고 있다. 여기서 경제적 부, 정치권력, 높은 학력과 학벌, 다양한 인적 네트워크 등과 같은 '사회적 권력' 자원을 많이 가진 기득권 세력은 보수정당인 '국민의힘'(노무현 대통령 당시 '한나라당')이라는 정당에 모여 있고, 평민적 세력은 진보적인 '민주당'(노무현 대통령 당시 '열린우리당')을 정치적 구심점으로 삼고 있다. 이 두 세력은 이 민주주의에서 물리적인 폭력이 아닌 선거라는 민주적 절차를 통해 다양한 수준의 국가 기구(대통령, 국회, 광역 및 기초 지방 정부)의 권력을 통제할 수 있는 권한을 얻기 위해 서로 경쟁한다.

이런 민주주의는 서로 경쟁하는 이해관계들의 갈등을 인정하고 협상과 타협을 통해 그 갈등을 잘 관리할 수 있는 체제로 이해된다. 곧 민주주의란 불가피하게 서로 다를 수밖에 없는 개인들의 이해관계나 지향의 집적을 통해 잠정적으로 다수를 형성한 사람들이 지배하는 체제다. 그리고 정치는 기본적으로 일정한 규칙과 절차에 따라 그렇게 서로 다른 이해관계나 지향을 조율하는 데 그 요체가 있다. 투표 같은 절차를 통해 잠정적인 다수가 확인되면, 소수는 그 결과에 승복하고 나중에 스스로 다수가 될 기회를 모색해야 한다.

그러나 우리 사회의 민주주의는 이런 방식으로 작동하지 않는다. 물론 우리 사회에서 선거민주주의는 어느 정도 잘 정착해 있다고 평가할 수 있다. 1987년 민주화 이후 우리나라에서는 평화적 정권교체가 정착되고 안정적인 헌정체제가 유지되고 있다. 국제적 평가도 나쁘지 않다. 그래서 예를 들어 영국 『이코노미스트』지의 '인텔리전스 유닛(EIU)'이 발표하는 '민주주의 지수'는 우리 민주주의가 '충분한(완전한) 민주주의(full democracy)' 수준에 도달했다고 평가하기도 한다.[30] 그러나 우리 사회 구성원 중에 그런 평가에 안도할 이는 많지 않을 것이다. 우리는 사실 우리 민주주의가 너무도 심각한 병에 걸려 있음을 스스로 잘 알고 있다. 특히 '정치적 양극화'의 문제가 심각하다. 그런 지수는 이런 문제를 제대로 포착하지 못한 것처럼 보인다.

우리의 신생 민주주의는 처음부터 평화적 사회갈등을 가능하게 한다고 기대된 민주주의의 문법에 따라 운영되지 못했다. 군부 독재세력에 의해 악용됨으로써 우리 사회에 깊게 뿌리 내린 지역주의, 그것을 극복하기는커녕 오히려 악화시키기만 한 소선거구제, 선거에서 이기기만 하면 막강한 제왕적 권력을 독점할 수 있는 대통령중심제 등이 그런 민주적 문법의 작동을 방해하고 있다. 게다가 이 민주주의 체제가 구현하고 있는 두 세력 사이의 힘의 균형 관계는 결코

정적인 것이 아니었다. 그 균형 자체도 여전히 한 쪽으로 많이 기울어져 있는 상태에서, 아예 그 균형을 깨려는 끊임없는 시도가 이루어졌다. 민주적으로 선출된 노무현 대통령을 기득권 세력이 사소한 사안을 트집 잡아 탄핵하려 했던 일은 그 전형적 사례다.

물론 그 탄핵 시도가 시민들의 저항 때문에 좌절된 뒤에는 민주주의 체제 속에 어느 정도는 안착한 균형을 근본적으로 흔들어 파괴하려는 시도는 사그라진 것처럼 보인다. 그러나 그 속에서 사회적으로 생산된 부와 권력을 어떻게든 최대한 더 많이 자기 몫으로 챙기려는 쟁투가 완전히 사라진 것은 아니다. 시민사회 수준에서든 정치권에서든 여전히 거칠고 날카로운 적대주의적 언어들이 난무하고, 자기 이익을 챙기려는 사생결단의 쟁투가 끊이질 않는다. 내가 볼 때 바로 이것이 노무현 대통령으로 하여금 대연정을 고민하게 한 배경이 되었던 지역주의 기반의 정치적 양극화라는 문제 상황의 핵심이다. 그리고 지금도 우리 사회는 그 상황에서 조금도 벗어나지 못하고 있다. 아니, 오히려 문제는 악화되기만 하고 있다. 도대체 무엇이 문제일까?

우리는 여기서 오로지 선거에만 초점을 두고 민주주의를 이해하는 선거민주주의 모델의 한계를 냉철하게 성찰해 볼 필요가 있다. 이 모델은 민주주의에 대한 다수결주의적, '선호집약적' 이해를 바탕으로 하고 있다.[31] 자유주의에 뿌리를 두고 있는 이 민주주의 모델에서는 정치 과정과 민주적 의지 형성의 정당성은 개인들의 이해관계나 선호를 최대한으로 보호하고 증진하는 데서 성립하는 것으로 이해하고, 고립된 개개인들의 이해관계나 선호의 집적 정도를 반영하는 다수결의 원칙이 가장 중요한 민주주의 원칙이라고 본다. 여기서 민주주의는 선거와 투표에 의한 대표의 선출 및 의사결정을 그 절차적 핵심으로 갖고 있다.

이 민주주의 모델에서 집합적 의사결정은 기본적으로 집적된 '숫자'의 많고 적음을 가림으로써 이루어진다. 극단적인 경우 단 한 표의 차이가 집단 전체의 중요한 사안을 특정한 방향으로 결정할 수 있다. 이렇게 되면 때때로 많은 정치적 결정의 민주적 정당성에 심각한 의문이 제기될 수도 있다. 왜냐하면 투표는 다수와 소수, 승자와 패자에 대한 냉정한 판단은 잘 내릴 수 있지만, 그 자체로는 그 판단이 옳은지 그른지, 사회를 정의롭게 만드는지 아닌지, 사회의 미래를 위해 정말 바람직한지 아닌지 하는 등의 문제에 대해서는 좋은 판관이 될 수 없기 때문이다.

그 때문에, 냉정하게 보면, 이런 민주주의 모델에서 사회적 갈등은 말하자면 봉합될 수 있을 뿐 결코 제대로 해소될 수 없다. 선거나 투표를 통한 의사결정 과정에서 '패배한' 소수는 그저 '승리한' 다수의 뜻에 어떻게든 승복하고 다음번에는 다수가 되기 위해 절치부심해야 한다. 하지만 선거에서 패한 쪽이 이긴 쪽에게 승복한다고 하더라도, 그것은 올바른 근거에 따라 제대로 설득당한 것이 아니기 때문에, 근본적 대립 구도 자체는 변하지 않는다. 특히 대선이 끝날 때마다 우리 사회에서 목도했던 것처럼, 패배한 진영에서는 단지 숫자가 모자라서 졌다고 생각하면서 선거 결과의 정당성 자체를 의심하기도 한다.

이런 민주주의 모델에서는, 특히 우리나라에서처럼 권력 분립이 덜 된 상태에서 승자독식을 허용하는 단순다수결 선거제도를 운용하는 곳에서는 더더욱, 정치적 양극화를 쉽게 피하기 힘들어 보인다. 지난 20대 대선에서는 겨우 25만 표 차이로 거의 제왕적인 권력을 독점적으로 행사할 수 있는 행정부 수반이 결정되었다. 야당이 국회의 절대 다수석을 차지하고 있어도 대통령과 여당의 권한은 여전히 막강하다. 이러다 보니 어떻게든 다수파가 되어 권력을 독차지하기 위해 진영 사이에 극한적 투쟁이 일상화되고, 정치 밖의 영역에서도 사회의 분열과 갈등이 심화하고 만다.

물론 다수결 원칙 자체가 잘못된 것은 아니다. 어떤 민주주의에서도 언제나 무슨 만장일치의 방식으로 의사결정을 내릴 수는 없을 터이다. 어떤 관점에서 보면, 다수결 원칙은 한 정치공동체에서 이해관계의 다원성이나 극단적인 의견 불일치 상태에서도 구속력 있는 의사결정을 내릴 수 있게 해 주는 유일한 민주적 장치일 수도 있다. 그리고 다수결 원칙을 따르더라도 승자독식이 아니라 권력을 분점하고 기본적으로 협상과 조율을 통해 의사결정을 하는 제도적 시스템과 문화가 확립된 곳에서는 우리 사회에서 나타나는 식의 정치적 양극화가 쉽게 일어나지 않을 수도 있을 것이다. 문제는 단순한 다수결주의 그 자체라기보다는 그것을 작동시키는 민주주의의 틀이다.

독일의 정치학자 볼프강 메르켈(Wolfgang Merkel)은 단순한 선거

민주주의를 넘어서는 더 온전한 민주주의를 '착근된 민주주의(die eingebettete Demokratie)'라고 개념화한다.[32] 그에 따르면 이 착근된 법치국가적 민주주의는 1) 민주적 선거 체제, 2) 정치적 참여권 체제, 3) 시민의 자유권 체제, 4) 권력 통제에 대한 제도적 보장, 5) 실효적인 정부 권력을 민주적으로 선출된 대표가 통제한다는 보장 같은 5개의 부분체제(Teilregime)로 구성된다. 이 부분체제들이 어떻게 서로 의존하면서도 독립해서 효과적으로 기능하는가에 따라 민주주의 체제의 온전성 정도가 평가될 수 있다.

여기서 선거 민주주의는 온전한 민주주의의 중심에 있긴 해도 다른 여러 요소 중의 단지 하나에 불과한 것으로 이해된다. 다른 부분 체제들이 선거체제를 보완하고 지지하지 않으면 선거민주주의 만으로는 온전한 민주주의를 만들어 낼 수 없다는 게 기본 인식이다. 여기서 이 지구상에는 민주주의의 외관을 갖고 있지만 그런 착근 과정이 없어 많은 결함을 지닌 '결손 민주주의'가 넘쳐난다는 진단이 나온다.[33] 나는 우리 민주주의도 그런 결손 민주주의의 하나라고 생각한다. 우리 민주주의는 이런 상태를 어떻게 벗어날 수 있을까?

## 한국 민주주의의 공화화라는 과제

사회를 구성하고 있는 여러 세력, 특히 두 주요 집단의 사회적, 정치적 갈등 자체를 아예 없앨 수는 없을 것이다. 그런 갈등은 모든 정치 체제에 본래적으로 내재한다고 해야 한다. 민주공화국은 그런 갈등이 없는 국가가 아니라 민주주의라는 원칙 위에서 다양한 사회 세력들이 서로 갈등하고 투쟁하면서도 타협하고 양보하면서 평화적인 균형 관계를 형성한 공존의 체제라고 할 수 있다. 이런 관점에서 보면, 우리 민주주의는 그런 공존 체제로서의 공화국을 아직 제대로 못 만들어 냈을 뿐만 아니라, 더 극단적으로 그런 체제를 허물어 버리려는 원심력에 의해 지배되고 있다. 이를 극복하지 못하면 우리 사회의 미래는 결코 밝을 수가 없다. 나는 대연정을 시도했던 노무현 대통령의 고민도 바로 이런 문제와 연결된다고 이해한다.

안타깝게도 노무현 대통령의 시도는 실패했다. 어쩌면 그의 시도는 좀 더 문제의 근본을 파고들지 못해 실패했는지도 모른다. 그러나 사실 우리 사회는 아직도 그 답을 모르고 있다. 내 생각에 문제는 단순히 아직도 덜 된 민주화에 있는 것도 아니고, 서구에서 수입된 자유민주주의 체제가 충분하지 못한 착근 과정 때문에 왜곡되어 있다는 데 있는 것도 아니다. 우리는 아직 제대로 된 민주공화국을 수립해서 갖고 있지 못하다는 게 진짜 문제다. 우리 사회에도 선거 민주주의는 어느 정도 확립되어 있다. 그러나 이 민주주의는 충분히 공화화되지 못했고, 지금 우리 대한민국의 다양한 정치적 병리들은 바로 그 결과라고 해야 한다. 노무현 대통령은 바로 이 문제들을 어떻게든 해결해 보려 했던 것이다.

그동안 우리는 민주화라는 과제에 집착했고 또 여전히 그 민주화 노래를 부르고 있지만, 올바른 민주화는 제대로 된 공화화를 통해서만 가능하다는 것은 놓치고 있었다. 민주주의조차도 대통령 직선제 같은 매우 협애한 틀 안에서만 이해했지, 오늘날의 조건에서 민주주의가 착근해야 할 공화정의 원리와 의미에 대해서는 최소한의 성찰도 없었다. 이제 노무현 대통령의 문제의식을 되새기며 새롭게 방향을 설정해 나갈 필요가 있다.

물론 인민주권/시민주권의 실현이라는 민주적 이상을 더 나은 방식으로 추구할 수 있어야 한다는 과제가 이제 더 이상 중요하지 않다고 이야기하려는 건 아니다. 그렇더라도 우리는 이제 그런 이상이 정제되지 못한 시민적 열망의 바다에서 허망하게 흩어져 버리지 않고 국가 권력에 대한 이성적이고 실질적인 시민 통제로 이어질 수 있게끔 잘 작동하는 헌정적이고 제도적인 틀과 장치들을 함께 고민하고 정비하는 방향으로 가야 한다. 더 많은 민주주의를 위해서라도, 이제 우리는 이 민주주의의 공화화를 제대로 이루어 나가야 한다.

공화라는 말 자체가 자칫 오해를 불러일으킬 수도 있는데, 민주주의를 공화화하자는 건 흔히 민주화를 통해 그 권력을 약화시켜야 할 대상으로 이해되는 기득권 세력에게 일방적으로 투항하고 양보하자는 이야기가 결코 아니다. 또 다양한 정치 세력이 어떻게든 타협하고 양보하는 정치 양식만이 무조건 바람직하다는 이야기도 아니다. 나름의 정의에 대한 지향과 실현 없는 공화 체제는 성립할 수도, 작동할 수도 없을 것이다. 적절한 견제와 저항이 없다면 기득권 세력은 모든 걸 마음대로 하려 들면서 쉽게 지배의 관계를 확대하고 심화하려 들지 모른다. 그래서 기득권 세력의 타협과 양보를 얻어내기 위해서도 부패와 불의에 대한 날카로운 저항과 견제는 꼭 필요하다.

그러나 그런 저항과 견제가 극단적인 정치적 양극화로 귀결되고 다른 수단에 의한 전쟁으로 나아가서는 안 된다. 안타깝게도 엘리트 기득권 세력이 아예 존재하지 않는 그런 사회는 이룩하기 어렵다. 지금은 어떤 세습이 용인되는 계급 사회가 아니며, 단선적인 계급 적대는 성립할 수 없다. 그런 세력도 민주주의 체제의 정당한 한 축임을 인정하고, 공존하고 공생할 수 있는 정치공동체의 틀을 만들어야 한다. 어떤 정치 체제에서도 근본적 이해관계를 달리하는 사회 집단들 사이의 갈등과 대립은 불가피하다. 문제는 우리가 그 갈등과 대립 상태를 파국이 아니라 생산적 긴장 상태로 어떻게 승화시킬 수 있을 것인가이다. 이에 대한 해법을 찾자는 것이지 무원칙한 타협이 요점은 아니다.*

## '제7공화국'을 위하여

사실 어떻게 보면 민주주의와 공화국(정)은 쉽게 어울릴 수 있는 개념들이 아니다. 민주주의 개념이 인민(시민)의 직접적인 주권성과 참여를 강조하는 반면, 본디 혼합정을 의미했던 공화정의 개념은 평범한 시민과 엘리트(귀족) 사이의 타협과 균형에 대한 지향을 담고 있다. 민주주의와 공화주의라는 민주공화국의 두 축은 역사적

---

* 이 문제에 대해서는 나중에 "닫는 글"에서 조금 더 논의할 것이다.

기원도 얼마간 다를 뿐만 아니라 그 정치적 원리도 보기에 따라서는 대립적일 수도 있을 정도로 서로 다른 초점을 갖고 있다. 현실의 민주공화국에서도 그와 같은 긴장은 어떤 식으로든 표출될 수밖에 없다.

역사적으로도 그랬지만 오늘날의 조건에서도 순수한 민주주의는 불가능하기도 하고 반드시 바람직하다고만 볼 수도 없다고 해야한다. 고대 그리스부터 근대에 이르기까지 민주정은 합리적 이성이 아니라 선동에 취약한 대중들의 정서에 좌우되는 '중우정치'와 동일시되며 매우 부정적으로 평가되었다. 오늘날의 조건에서도 그러한 사정이 완전히 달라졌다고 하기 힘들다. 최근 선진 민주주의국가들을 괴롭히는 포퓰리즘 문제도 이런 차원에서 이해할 수 있다.[34] 미국의 건국 과정에서 보듯이, 근대 민주주의의 부활 과정에서 민주주의를 공화정의 틀 속에 안착시킬 때도 그러한 사정에 대한 성찰은 중요한 역할을 했다. 그래서 조화와 안정을 추구하면서 헌정체제와 법치주의의 중요성을 강조했다. 그러나 이런 공화주의적 지향은 시민들의 민주적 요구를 외면하는 엘리트의 과두적 지배체제로 전락할 위험에 자주 노출되곤 한다. 이를 막기 위해서는 더 많은 민주주의가 필요할 수도 있다.

이런 맥락에서 민주공화국은 민주주의와 공화주의 사이의 어떤 '생산적 긴장'의 산물이라고 이해할 수 있다. 그리고 그런 맥락에서 민주주의의 공화화와 공화 체제의 민주화가 동시에 긴장 속에서 이루어지며 서로를 견제하면서도 강화하는 관계 속에서만 민주공화국은 건강하게 유지되며 발전할 수 있다. 민주와 공화라는 두 원리는 서로 길항하면서도 서로를 전제하고 보완하는 가운데 민주적 공화국의 발전 동학을 구성하는, 말하자면 어떤 변증법적 관계에 있는 것이다. 공화화를 무슨 민주화의 반대라는 식으로 이해하면 안 된다. 오히려 제대로 된 민주화가 바로 공화화라고 이해하는 게 맞다.

 이런 식으로 작동하는 민주주의와 공화주의의 생산적 긴장의 결과물인 민주공화국의 안정적인 존립과 번영을 위해서는 무엇보다도 그 안에서 대립하는 사회 집단들이 갈등하는 지점이나 서로의 차이를 분명히 하면서도 모두가 공유할 수 있는 규범과 어느 쪽에도 일방적으로 유리할 수 없는 경쟁의 절차를 확립하고 지키는 것이 필요하다. 또 경쟁의 승자라도 모든 것을 차지할 수 없도록 하는 권력의 분점도 요구된다. 그런 바탕 위에서 서로의 존재를 존중하고, 대립하는 상대가 '절멸시켜야 할 적'이 아니라 더 나은 공동선의 모색을 위해 '경합하는 상대'일 뿐임을 인정하며,* 35 때에 따라서는 공동선을 위해 특정 개인이나 집단의 이익을 양보하는 정치 규범과 문화가 확립되어야 한다.

 그러나 지금 우리 민주주의는 이런 맥락에서 충분히 공화적이라고 할 수 없다. 노무현 대통령의 대연정 고민에서도 얼마간 인식되고 있었지만, 소선거구제와 제왕적 대통령제 같은 정치 제도부터 문제다. 이런 제도는 기본적으로 승자독식을 원리로 하고 있으며, 또

---

* 우리는 샹탈 무페(Chantal Mouffe)를 따라 이런 민주주의를 '경합적 민주주의'라 할 수 있다.

그런 만큼 경쟁하는 세력이나 집단 사이에 극한적인 대결을 유도할 수밖에 없다. 이긴 쪽과 진 쪽이 얻는 보상의 격차가 그야말로 하늘과 땅만큼 차이가 나다 보니, 경쟁 과정에서 어떤 수단과 방법도 불사하게 한다. 이런 배경 위에서 우리 사회에서는 정치권만이 아니라 사회적, 문화적 수준에서도 극단적인 분열과 대결이 일상화되어 있다. 민주적으로 정의로운 절차를 통해 권력을 분점하고 적극적으로 공동선을 모색할 수 있도록 민주주의의 제도적 틀 자체를 바꾸지 않으면 안 된다.

단순히 정치 제도만이 문제는 아니다. 지금 우리 사회에서 법은 기득권 세력의 통치 수단이 되어 법치는 그저 '법에 의한 지배'를 의미할 뿐이다. 역시 나중에 좀 더 보겠지만, 우리 사회에서는 민주적으로 통제되지 않는 사법 권력의 자의적 지배를 의미하는 '사법통치(체제)(Juristocray)'의 경향은 물론, 검찰이 수사권과 기소권의 독점에 이어 정치권력마저 차지하고 있는 유례없는 '검찰통치(체제)(Prosecutocracy)'까지 실현되고 있다. 이런 상황 역시 선거를 넘어서는 민주주의의 공화적 차원에 대한 별다른 고민 없이 설계된 사법 제도 탓이라 할 수 있다. 그밖에 우리 사회의 극단적인 사회경제적 불평등과 빈약한 사회보장제도도 우리 민주주의의 실패한 공화화라는 맥락 속에서 이해될 수 있다. 우리 민주주의를 공화화해야 한다는 제안은 이런 차원의 개혁 과제도 포함하고 있다.

이제 우리는 우리가 갖고 있는 민주주의 체제 자체를 돌아보며, 어떻게 이 체제를 제대로 공화적으로 만들 수 있을지를 고민해야 한다. 흔히 '87년 체제'라고 불리는 지금의 '제6공화국' 정치 체제가 강요하는 적대적 양당제 속의 정치 양식으로는 우리 사회가 해결해야 할 어떠한 근본적 개혁 과제도 해결하기 힘들고, 또 마주하게 될 어떠한 미래의 도전에도 제대로 대응할 수 없으리라는 게 점점 더 분명해지고 있다. 우리는 지금의 87년 체제를 끝내고, 새로운 공화적 민주주의 체제를 만들어야 한다. 새로운 공화국, 곧 '제7공화국'의 비전이 필요하다. 나는 노무현 대통령도 바로 이런 꿈을 꾸었다고 생각한다.

돌이켜 보면, 민주공화국은 우리 대한민국의 가장 근원적인 정체성이고 우리 시민들은 '대한민국은 민주공화국'이라는 노래까지 불러가며 우리 민주주의 체제를 지키고 발전시켜 왔다. 그러나 안타깝게도 우리 정치권과 시민들은 우리 민주주의 체제를 제대로 공화화해야 한다는 과제를 인식조차 하지 못했다. 이제라도 우리는 새삼 우리 민주공화국을 제대로 민주공화국답게 만드는 일에 모두가 나서야 한다. 내가 말하는 민주적 공화주의는 바로 이런 과제를 감당하기 위한 기획이다. 다음 장부터 그 핵심 지향들을 하나하나 살펴보기로 하자.

# 3. 사람 사는 세상

"앞으로는 하고 싶은 일을 하고 사는 시대가 온다, 그런 시대로 간다. 또는 경쟁이 공정해지는 사회로 간다. 그다음에 당당하게 눈치 보지 않아도 되는, 말하자면 권력에 눈치 보고 강자에게 줄 서지 않아도 되는 사회로 간다" - 『진보의 미래』, 135쪽

"제가 생각하는 이상적인 사회는 더불어 사는 사람 모두가 먹는 것, 입는 것 이런 걱정 좀 안 하고, 더럽고 아니꼬운 꼬라지 좀 안 보고, 그래서 하루하루가 좀 신명나게 이어지는, 그런 세상이라고 생각합니다."

-1988년 초선의원 시절 대정부 질문 중


노무현 대통령은 여러 가지 이유로 '사람 사는 세상'이라는 상징적 어구와 연결되곤 한다. 노무현 대통령은 자신의 개인 홈페이지를 바로 이 '사람 사는 세상'이라는 이름으로 불렀고, 노무현을 추모하고 그 정신을 계승하기 위한 "노무현 재단"은 아예 이 어구를 재단 이름으로 사용할 정도다. 그러나 어떤 계기로 그 어구가 노무현의 상징이 되었는지, 그 어구의 참된 뜻이 무엇인지는 잘 알려져 있지 않다.

어떤 전언에 따르면,[36] 노무현은 이 상징적 어구를 부산 동구의 국회의원 선거에서 처음 구호로 사용하기 시작했다. 그는 선거운동을 하면서 부산의 대표적인 달동네 중의 하나인 동구의 좁은 골목길을 지나가다 좁은 방 한 칸에 많은 식구가 모여 살고 있는 모습을 보게

되었다고 한다. 이때 그는 '이런 달동네 사람들조차 사람대접받는 세상이 되어야겠다'는 다짐을 했다고 하는데, 이 경험을 계기로 정치 생활에서 '사람 사는 세상'을 구호로 내세우기 시작했다고 한다.

한편 그가 즐겨 불렀다는 작자 미상의 민중가요 '어머니'에도 이 표현이 나온다. 지금도 유튜브를 찾아보면, 그가 이 노래를 부르는 장면이 나온다. 혹시라도 언론이 시비를 걸까 봐 '해방'이라는 가사를 얼버무리며 노래를 부르는데, 이 장면도 인상적이다.

> "사람 사는 세상이 돌아와
> 너와 내가 부둥켜 안을 때
> 모순덩어리 억압과 착취
> 저 붉은 태양에 녹아 버리네
> 사람 사는 세상이 돌아와
> 너와 나의 어깨동무 자유로울 때
> 우리의 다리 저절로 덩실
> 해방의 거리로 달려가누나
> 아아~~ 우리의 승리
> 죽어간 동지의 뜨거운 눈물
> 아아~~ 이글거리는 눈빛으로
> 두려움 없이 싸워나가리
> 어머니 해맑은 웃음의 그날 위해"

노무현 대통령이 꿈꾸었던 이 사람 사는 세상이 어떤 세상일지 직관적으로 이해하는 건 어렵지 않다. 달동네의 방 한 칸에 아마도 적지 않은 수의 온 가족이 모여 살아야 하는 사람들도 사람대접받으며 살 수 있는 세상은 사실은 누구든, 아무리 힘없고 가난해도, 그런 열악한 주거 환경 속에서 살지 않아도 되는 세상일 것이다. 저 노래의 가사를 인용하자면, '모순덩어리 억압과 착취'가 모두 녹아 사라져 버렸기에 '어머니가 해맑게 웃을 수 있는 세상'이 사람 사는 세상이다. 거칠게 말해서, 사람 사는 세상은 사람들을 억누르는 억압과 착취가 사라져 달동네에 사는 힘없고 가난한 사람들도 그 존엄성을 누리며 살아갈 수 있는 세상 정도를 의미한다고 이야기할 수 있다.

노무현 대통령은 초선의원 시절 대정부 질문을 하면서 그런 세상을 "더불어 사는 사람 모두가 먹는 것, 입는 것 이런 걱정 좀 안 하고, 더럽고 아니꼬운 꼬라지 좀 안 보고, 그래서 하루하루가 좀 신명나게 이어지는, 그런 세상"이라고 말했다. 또 다른 곳에서는 이런 사람 사는 세상에 대한 직관을 누구든 자신이 "하고 싶은 일을 하고 사는" 세상이라고도 표현했다. 또 그런 사회가 되면 "당당하게 눈치 보지 않아도 되는, 말하자면 권력에 눈치 보고 강자에게 줄 서지 않아도 되는 사회"가 될 것이라고 했다. 그러니까 그는 누구든 자신이 하고 싶은 일을 하면서 살 수 있는 사회, 또 그래서 생존하기 위해 힘 있는 사람들에게 굽신거리며 살지 않아도 되는 그런 세

상 또는 사회를 꿈꾸었다. 그리고 그런 세상을 위해 '권력에 맞서 당당하게 싸우는' 삶을 살았다.* 37

나는 이 '사람 사는 세상'의 이상을 우리의 정치공동체, 곧 대한민국이라는 민주공화국이 지향하는 어떤 도덕적 목적이라는 차원에서 이해해 보자고 제안하고 싶다. 이 민주공화국에서는 모든 사람이, 그러니까 달동네에 살 수밖에 없는 가장 힘없고 가난한 사회적 약자들도, 인간으로서 존엄성을 평등하게 누리며 인간답게 살 수 있어야 한다. 그리하여 여기서는 누구든 힘이 없다거나 돈이 없다는 등의 이유로 차별이나 멸시를 받지 않고 자신의 재능을 마음껏 펼치면서 당당하게 살아갈 수 있어야 한다. 우리는 이런 도덕적 목적을 모든 시민이 그 인간적 '존엄성'을 평등하게 보장받고 실현할 수 있는 사회에 대한 이상으로 바꾸어 이해할 수 있을 것이다.

우리는 앞 장에서 민주공화국 대한민국은 오랜 내적-역사적 전개과정의 산물로서, 단순히 서구로부터의 어설픈 수입품이기만 한 것이 아니라는 사실에서 출발했다. 우리가 확인한 대로 민주공화국은 한국 근현대사가 낳았던 숱한 수수께끼에 대한 답이었다고 해야 한다. 하지만 우리는 또한 어쩌면 아직 한 번도 제대로 된 민주공화국을 가져 본 적이 없고, 우리 사회의 온갖 문제들과 민주주의

---

*. 노무현이 정치 생활을 시작한 이래 오랫동안 참모로 일했던 황이수는 정치에 임했던 노무현의 기본 자세를 '약관대 강당당', 곧 약자에게는 관대하고 강자에게는 당당한 태도라고 설명했다.

의 결함도 바로 이 때문이라는 게 내 생각이다. 아직 가야 할 길이 멀다는 이야기다.

우리의 건국 선조들은 나름의 역사적 필연성을 따르긴 했지만, 일단 서구의 전범을 따르고 모방하는 방식으로 민주공화국을 추구하지 않을 수 없었다. 그러나 당연히 허점이 많을 수밖에 없었을 것이다. 민주적 공화정을 발전시켜야 한다는 당위와 지향은 분명했지만, 그 지도적 철학이나 원리는 무엇인지, 그 이념을 구체적으로 어떻게 제도화해야 할지는 충분히 분명하지 않았을 것이다. '대동사회'와 같이 오랫동안 우리 사회의 지식인들에게 익숙했던 유교의 정치적 이상을 민주공화국의 이념과 어떻게 연결해야 할지, 그리고 서구의 여러 모델을 다른 역사적 맥락과 상황 속에서 어떤 식으로 모방해야 할지와 같은 문제들에 대해 답을 제시할 수 있는 뚜렷한 전망이 있었다고 보기도 힘들다. 이는 식민지 시절을 포함하여 건국 이후의 우리 헌정사가 겪어 온 숱한 혼란이 방증한다.

그런 만큼 우리가 추구하고 실현해야 할 민주공화국의 이상이 무엇인지부터 다시금 물어보고 그에 비추어 우리가 가야 할 길을 가늠해 보는 일을 하는 건 새삼스러울 수도 있지만 꼭 필요해 보인다. 비록 이제는 나름의 역사적 맥락 속에서 적지 않은 기간 동안 반편이나마 민주적 공화정을 경험해 왔고 우리가 모방하려 해 왔던 서구 여러 나라의 제도와 실천에 대해 꽤 깊고 많은 앎이 축적되었다고 할 수는 있지만, 우리는 여전히 우리나라의 역사와 상황과 맥락에 맞는 가장 바람직한 민주공화국의 모델이 무엇인지에 대해 충분히 자각하고 있다고 말하기는 힘들다. 우리는 여전히 서구의 모델을 절대화하고 이상화하면서 대한민국이 그에 미치지 못하고 있음만 한탄하는 수준을 벗어나지 못하고 있다. 이제 이런 상태를 벗어나야 한다. 노무현의 사람 사는 세상에 대한 꿈은 이를 위한 좋은 출발점을 제공한다.

아래에서 나는 이 사람 사는 세상이라는 도덕적 이상을 단순히 어떤 추상적이고 막연한 유토피아가 아니라 우리의 정치적 실천이 끊임없이 확인하고 참조해야 할 '도덕적 나침반'이 가리키는 기준점 같은 것으로 재구성해 보고자 한다. 흥미롭게도 서구의 공화주의자들도 늘 다른 사람의 눈치를 보지 않고 당당하게 자기가 하고 싶은 일을 하면서 살 수 있는 사회를 꿈꾸었다. 그들은 이런 사회를 '지배로부터 해방된 자유', 곧 '비-지배 자유'의 이상으로 표현했다. '해방'은 무슨 불순한 단어가 아니다. 여기서부터 출발해 보자.

## 비-지배 자유

우리가 이렇게 노무현의 사람 사는 세상에 대한 꿈을 매개로 대한민국이라는 민주공화국의 도덕적 목적부터 분명히 할 필요가 있다는 데서 출발하는 것은 우리가 정치에 대해 무슨 도덕주의적 관심을 가져야 해서 그런 것은 아니다. 국가의 도덕적 목적이 무엇이냐는 질문은 국가는 어떤 경우에 정당성을 지닌다고 말할 수 있는지를 묻는 것이다. 또는 국가는 시민 개개인의 삶과 관련하여 어떤 역할을 하거나 하지 말아야 마땅한지, 국가의 법과 제도는 어떤 원칙이나 원리에 따라 마련되어야 하는지, 우리는 어떤 경우에 어떤 기준으로 국가의 정책을 좋다/옳다 혹은 나쁘다/틀렸다고 평가할 수 있는지를 묻는 것이다.

다르게 표현하면, 그러한 물음은 앞 장에서 이야기한 공화의 체제가 단순히 무분별한 타협의 체제가 아니라 나름의 분명한 정의의 체제라는 것을 어떻게 보여줄 수 있는가에 관한 것이라고도 할 수 있다. 지금 우리가 살고 있는 대한민국이라는 민주공화국이 가진 결함을 평가하고 고쳐 나가기 위한 준거도 그런 물음에 대한 답을 통해서만 제대로 얻을 수 있다. 이것은 결국 우리 정치, 특히 노무현이 대변하고자 했던 바와 같은 진보 정치의 궁극적 지향에 관한 것이라 할 수 있다.

이런 물음과 관련하여 우리가 자연스럽게 떠올릴 수 있는 답은 국가는 모든 시민의 자유를 보호하는 데 일차적인 목적이 있다는 것이다. 우리가 서양에서 배워 와서 익숙하게 알고 있는 '자유주의'의 대답이다. 이것은 우리 시민들은 국가의 성립 이전부터 자연 상태에서 이미 자신들이 하고 싶은 것을 마음대로 하며 살아갈 자유와 그에 대한 권리를 가지고 있다는 인식에서 출발한다. 그런 출발점에서 보면 국가는 어떤 필요악 같은 것이다. 다시 말해 국가는 전쟁이나 범죄 따위로부터 안전을 보장받는 정도의 이유로 시민들이 불가피하게 자신들의 자연적 자유를 제약하는 데 동의한 결과로 탄생한 것이다.

따라서 국가는 그런 종류의 불가피한 이유를 제외하고는 가능한 한 최소한으로만 시민의 삶에 간섭해야 한다. 시민 개인의 삶에 대한 지나친 간섭은 자유에 대한 침해이며, 불의한 일이다. 특히 '시장'에서 이루어지는 시민들의 자유로운 경제 활동에 대한 보장이 중요한데, 이에 대해서 국가는 가급적 별다른 규제나 제약을 가하지 말아야 한다. 세금을 많이 걷는 것도 그런 불의의 하나이며, 상속 같은 일도 가능한 한 자유롭게 이루어져야 한다.

그러나 서구의 공화주의 전통, 그중에서도 특히 고대 로마공화국의 역사와 경험에 뿌리를 두고 있는 신로마공화주의는 우리의 물음에 그런 자유주의와는 얼마간 다른 결의 대답을 제시한다.[38] 물론 여기서도 시민의 자유를 보호하는 게 국가, 곧 공화국의 일차적인 목적이라고 이야기하기는 한다. 그러나 이때 자유의 개념이 약간 다르다. 자유주의에서는 자유를 '불간섭(non-interference)'이라고 이해한다. 곧 개인의 선택이나 행위 등에 대해 외부의 사회나 공동체 등의 간섭이 없는 상태가 자유다. 그러나 공화주의는 자유가 '지배가 없는 상태 또는 지배로부터 해방된 상태(비지배; non-domination)'라고 이해한다. 국가는 시민의 삶에 가능한 한 간섭하지 않는 데 목적을 둘 게 아니라, 모든 시민이 다른 이에게 지배당하거나 예속되지 않도록 보호하는 데 그 존재 이유를 가져야 한다. 국가가 그런 목적을 달성하려면 때로는 시민의 삶에 정의로운 법이나 규제 방안을 마련해서 제법 간섭해야 할 때도 많다.

이런 자유 개념은 애초 고대 로마 시대의 노예 제도를 배경으로

한 것이다. 거기서 자유로운 사람은 노예가 아닌 사람이었다. 노예는 단지 주인이 자신의 삶과 행동에 간섭하지 않는다고 해서 자유롭다고 할 수 없었다. 아주 자비로운 주인이 있다고 해보자. 이 주인은 노예가 사는 일상적인 삶에 어떤 간섭도 하지 않는다. 하지만 이 주인은 법적으로 노예를 소유하고 있으므로 자신이 원한다면 언제든지 그 노예의 자유를 빼앗을 수 있다. 언제든 필요하다면 노예를 마음대로 부릴 수 있는 주인에게 주어진 법적 권한 그 자체만으로도, 그 권한이 실제로 행사되지 않는다고 해도, 노예는 예속 상태를 벗어날 수 없다. 노예는 단지 주인의 자비나 은총이 있을 때만 제대로 살 수 있을 뿐이다.

그래서 이 전통에서 참된 자유는 간섭의 부재보다는 더 많은 것을 의미한다. 나는 내 삶의 주인일 때만 자유롭다. 그래서 나는 내 삶의 입법자여야 한다. 노예의 주인같이 나의 삶과 행동에 '제멋대로' 간섭할 수 있는 권한을 가진 사람이 아무도 없는 상태에서 내가 살 수 있어야 나는 비로소 온전하게 자유롭다. 그런 식의 자의적인 간섭 또는 권력의 행사가 바로 '지배'다. 그래서 국가는 모두에게 적용되는 법을 통해 우리의 삶이 그런 지배에 노출되지 않도록 해야 할 도덕적 책무를 진다고 할 수 있다. 공화주의적 법치 또는 법의 지배 이념의 기본적인 출발점이다.

법은 자유를 보장하지만, 불가피하게 간섭을 포함한다. 중요한 것은 나의 선택이 타인의 자의적 의지에 종속되지 않는 것이다. 누군가 내 삶에서 특정한 대안을 선택하지 못하도록 막거나 위협할 수 있다면 그런 자의적 간섭이 일어난다. 노예는 대부분의 일상에서 주인의 간섭이 없어도 결코 자유롭지 못하다. 그래서 누군가가 내 삶에서 그런 주인 같은 위치에 있지 않아야 나는 자유롭게 살 수 있다. 이를 위해 필요한 것이 법치인데, 이 법치가 이루어질 때 우리 모두는 법에만 복종하고 타인에게 예속되지 않는 진정한 자유를 누릴 수 있다. 공화주의가 군주제를 거부하는 것은 바로 사람들이 왕이라는 한 사람의 자의에 의존하는 삶을 살아서는 안 되기 때문이다.

물론 지금 시대에 노예는 없다. 그러나 사람들 사이에 지배의 관계는 도처에 있다. 우리나라에서라면 가령 '갑질' 문제를 생각해 보라. 돈이든 지위든 무언가 권력 자원을 가진 사람들은 자주 그렇지 못한 사람들에게 부당한 요구를 하고 못살게 굴곤 한다. 이런 식으로 사람들 사이의 사적 관계에서 일어나는 부당한 권력 행사, 곧 지배(고대 로마인들은 이를 dominium이라고 불렀다)는 권력의 차이가 발생할 수 있는 모든 관계에서 언제든지 일어날 가능성이 크다. 가정, 학교, 회사 등 거의 모든 삶의 공간에서 그런 식의 지배 관계가 생겨날 수 있다. 국가는 법과 제도를 마련해서 그런 지배가 일어나지 않도록 최대한의 노력을 해야 한다.

이 과제가 결코 달성되기 쉽지 않다는 점은 조금만 생각해 보면 분명해진다. 오늘날의 자본주의 사회에서 피고용 관계에 있는 많은 이들은 독립적인 삶을 살 수 있는 물질적 토대가 부족해서 열악한 노동 조건이나 환경을 감수한다. 노무현 대통령이 말한 대로 '먹는 것, 입는 것'을 충분히 가지지 못해 '더럽고 아니꼬운 꼬라지'를 늘 보면서 사는 사람들이 많다. 그런 상황 자체가 이미 지배 관계를 품고 있다고 할 수 있다.

어떻게 하면 이런 지배 관계가 생겨나지 않도록 할 수 있을까? 누구든 '더럽고 아니꼬운 꼬라지'를 안 보고 살려면 모두가 물질적으로 풍요로워서 먹고사는 문제를 전혀 고민하지 않으면서 살 수 있으면 된다. 그러나 그게 쉬운 일은 아니다. 어쨌든 현실적으로 사람들은 대부분 노동자로 다른 사람에게 고용되는 삶을 살아야 한다. 만약 내가 노동자라면, 나는 다양한 차원에서 고용주에 맞서 대항할 힘을 가질 수 있어야 자유롭게 살 수 있다. 예를 들어 최소한 노동조합을 결성하고 파업 등의 쟁의 수단을 활용할 수 있어야 한다.

더 좋기로는 고용주가 아주 불합리한 갑질을 일삼는다면 그 피고용 관계에서 최소한 당분간이라도 빠져나와 얼마간 정상적인 삶을 유지할 수 있는 물질적 독립 수단을 어느 정도 갖출 수 있어야 한다. 내가 충분한 기본소득을 받고 있거나 좋은 직장에 다시 취업하기까지 충분한 실업 수당을 받을 수 있다면, 나는 '더럽고 아니꼬운 꼬라지' 안 보고 자유로운 삶을 살 수 있을 것이다. 이로부터 나오는 '시민적 기획'으로서의 복지국가에 대해서는 나중에 좀 더 살펴볼 것이다.

그런데 지배는 단지 사적인 관계에서만 발생하지는 않는다. 시민들 사이에 비지배 관계를 보장하기 위해서는 법이라는 수단을 가진 국가 권력이 제대로 작동해야 한다. 안타깝게도 우리 사회에는 아직 시민들 사이의 지배 관계를 막기 위한 적절한 법이 없어서 문제가 되는 경우가 많다. 그러나 법적 보호 장치가 있다고 모든 문제가 해결되는 건 아니다. 이번에는 국가 그 자체가 지배의 원천이 될 수 있어서다. 이처럼 시민들이 국가 권력과 맺는 공적인 삶에서도 지배 관계는 아주 쉽게 일어날 수 있다(고대 로마인들은 이런 수직적, 공적 지배 관계를 imperium이라 불렀다).

우리나라에서는 과거 군부 독재 시절 국가 권력은 너무도 무도하게 시민들에 대해 그런 지배 관계를 행사했다. 경찰은 물론이고 심지어 보안사 같은 군사 조직이나 정보기관들도 국민을 일상적으로 감시하고 사찰하며 통제했다. 단지 정치적으로 다른 의견을 가졌다고 사람들을 미행하고 잡아다가 폭행하고 고문하며 반국가 사범으로 몰기 일쑤였다. 1980년 5월 광주에서는 군대가 나서 독재 권력에 항의하는 수많은 시민을 너무도 잔인한 방식으로 학살하기까지 했다.

민주주의가 의미 있는 것은 바로 이 지점이다. 여기서 민주주의는 한 마디로 시민들이 그런 국가 권력의 담지자와 그 행사 방식을 자기 의사와 의지에 따라 통제하는 것이라 할 수 있다. 이런 민주주의에서는, 앞서 이야기했던 영화 "변호인"에서 노무현을 모델로 했던 주인공 송변호사가 분노했던 그런 방식으로, 국가 권력이 주권자인 시민들을 상대로 공권력을 제멋대로 행사하는 일은 상상하기 쉽지 않을 것이다. 민주화 이후 우리나라에서 경찰이 시민을 상대로 고문을 하는 따위의 일이 사라진 건 너무도 당연한 일이다.

물론 문제가 그리 단순하지는 않다. 우리나라만 보더라도, 민주화 이후 노골적인 형태는 사라졌는지는 모르지만 은밀한 형태 또는 변형된 형태의 공적 지배는 끊임없이 계속되었다. 국가정보원 등에 의한 민간인 사찰 같은 게 오랫동안 없어지지 않았고, 경찰 역시 자주 살수차 같은 걸 동원해서 시위대에 폭력을 행사하곤 했다. 가장 심각한 형태는 최근까지 수사권, 경찰지휘권, 기소권 등을 독점하고 있던 검찰의 자의적 권력 행사다. 검찰은 자주 정치적 목적으로 그런 권한을 남용하며 검찰을 민주적 선출 권력 위에 있는 사실상의 최고 권력 기관으로 만들었다. 검찰은 그 과정에서 노무현 대통령을 죽음으로 내몰기도 했다. 우리는 이런 과정에서 민주주의 사회에서는 바로 법이 총칼임을 확인할 수 있었다. 법은 민주 사회에서도 시민들을 억압할 수 있는 폭력적 수단이 될 수 있다.

　이런 경험을 되새기며 문재인 정부에서 검찰 권력을 합리적으로 조정하려는 개혁을 시도했지만, 안타깝게도 여러 이유로 실패하고 말았다. 당시 윤석열 검찰 총장은 검찰개혁에 앞장섰던 조국 전 법무부 장관과 그 가족에 대해 조선시대의 '멸문지화'에 가까운 사법적 징치를 내리는 등 사실상의 쿠테타(검란)를 일으켰고, 이를 '공정'으로 포장함으로써 대통령이 되기까지 했다. 윤석열 정부 시대, 검찰 권력의 자의적 지배는 민주 정치를 새로운 권위주의적 통치로 대체하는 수단이 되고 있다. 사법부는 그런 검찰의 행태를 견제하기는커녕, 자주 보조자로 발을 맞추기도 한다. 지금 우리 사회에서는 자의적 인치를 막는 법치의 체제가 아니라 권력자들이 사회적 약자들을 '법을 수단으로 삼아 지배하는 통치(rule by law)'의 체제가 자리를 잡고 있다. 우리는 앞으로도 이 문제가 얼마나 심각한지를 계속해서 따져 볼 것이다.

어쨌든 시민들이 국가 권력을 통제하는 일은 결코 단순한 문제가 아니다. 주기적인 선거를 통해 권력자를 선출한다고 해서 그 권력자가 시민의 뜻대로 움직인다는 보장이 없다. 경찰이나 검찰 같은 권력 기관의 담당자들 모두를 민주적 선거를 통해 견제하는 일은 현실적이지도 않을 뿐만 아니라, 전혀 바람직하지도 않을 것이다. 우리나라에서는 무소불위의 권력을 가진 검찰이 민주적으로 선출된 권력을 압도하고 있다.

민주주의를 통한 공적 지배의 극복은 다차원에서 아주 세심한 제도적 설계와 지속적인 시민 견제 등을 통해 언제나 아슬아슬하게만 이루어질 수 있다. 시민들의 자유를 보장하는 법치는, 권력이 집중될 수 없고 서로 다른 사회적 힘들이 상호 견제의 관계를 맺는 속에서, 보통의 시민들도 일정하게 권력에 대한 접근 권한을 갖고 입법과 실현 과정에 대한 동의와 이의를 제기할 수 있는 절차를 마련해야 한다. 이런 '민주적 혼합정'의 이상에 대해서는 천천히 살펴보기로 하고, 여기서는 우선 공화주의적 자유 개념이 검란으로 집권한 윤석열 대통령이 외치고 있는 (신)자유주의적 자유 개념과 구체적으로 무엇 다른지 조금 더 보기로 하자.

## 윤석열의 자유와 공화주의적 자유

윤석열 대통령은 취임사에서부터 무려 35번 자유를 언급하더니, 이후 거의 모든 연설에서 수십 번이나 자유라는 단어를 반복하며 마치 자신이 무슨 자유의 전도사라도 되는 양 포장한다. 그는 어떤 연설에서 진정한 자유는 "속박에서 벗어나는 것만이 아니라 자아를 인간답게 실현할 수 있는 기회를 갖는 것"이라고 역설하며, 자신이 갖고 있는 자유의 철학을 강조한다. 그렇다면 이런 자유는 우리가 여기서 말하는 비-지배 자유와 무엇이 같고, 무엇이 다를까?

윤대통령이 자유에 대해 무슨 논문을 쓰거나 책을 쓴 게 아니니 그가 어떤 자유 개념을 가졌는지 단정하기는 어렵다. 그러나 밀턴 프리드먼(Milton Friedman)을 좋아한다는 그의 고백이 단순한 둘러대기가 아니라면 또 그가 평소 내비친 정치적 신념과 행보를 보면, 그는 모종의 '(신)자유주의적 자유 개념'을 가진 것처럼 보인다. 이 자유 개념은 앞에서 우리가 간단하게 살펴본 적이 있다.

여기서 자유는 기본적으로 타인이나 외부의 간섭이 없는 상태, 곧 불간섭으로 이해된다. 자기가 마음먹은 대로 행동하는 게 자유고, 이때 그 행동의 선택지가 어떤 이유로 제한되면 자유에 대한 침해가 일어난다. 누구든 외부의 간섭 없이 개인적 이익을 추구하는 게 제일 중요한 지향이다. 어떻게 보면 오늘날 많은 사람이 흔히 가진 자유에 대한 이해도 이런 것이다. 이제 이런 자유 개념이 구체적으로 어떤 식의 정치적 함의를 가지는지 보자.

이 자유 개념에서 가장 중요하게 여기는 것은 최대한으로 보장되는 시장적 자유다. 여기서는 어떤 형식의 계약이든, 가령 계약의 당사자가 극한적 빈곤에 시달리는 절대적 약자라도, 아무런 간섭 없이 체결되면 자유를 실현하는 것이다. 그래서 '노예계약'과 유사한 착취적 노동계약이나 일본이 조선에 강제했던 식의 식민지와 맺는 불공정 계약 같은 것도 자유로운 계약이라고 정당화하기도 한다. 그런 계약 기반의 시장 관계는 가장 보편적인 자유의 전범이기에, 국가는 이에 대한 개입을 최소화해야만 한다. 그런 관계가 아무리 착취나 수탈에 기초하고 있더라도 말이다.

윤대통령은 대통령 선거 과정에서 가난한 사람은 '불량식품이라도 사 먹을 수 있는 자유'가 있어야 한다고 말한 적이 있는데, 아마도 이 자유 개념의 현실적인 정치적 귀결을 가장 잘 보여주는 예가 아닐까 싶다. 그 이야기는 쉽게 말하면 돈 없는 사람은 싸구려 불량식품을 먹어 탈이 날 수 있는 위험을 감수하면서라도 배고픔을 면해야 하는 만큼, 불량식품에 대한 국가의 규제는 옳지 않다는 것이다.

비슷한 맥락에서 또 그는 주52시간제에 대해 부정적 인식을 보이며 집권 후 '69시간 노동제'를 '노동개혁'의 이름으로 밀어붙인 적도 있다. 물론 이 개혁은 여론의 강력한 반대로 무산되기는 했지만, 이역시 그 자유 개념의 귀결이다. 그에 따르면 가난한 이들은 생존을 위해서라면 자신을 갈아 넣을 정도로 일을 할 수도 있어야 하고, 고용주는 필요하면 노동 시간을 마음대로 정해서 원하는 이윤 창출을 할 기회를 가질 수 있어야 한다. 바로 이런 자유 개념 위에서 윤석열 정부는 걸핏하면 기업 활동을 위해 불필요한 규제를 풀겠다고 목소리를 외치고, 세수 부족에 허덕이면서도 종부세나 법인세 등에 대한 이른바 '부자 감세'를 밀어붙였다.

이런 관점에서 보면 부자들에게 많은 세금을 매겨 그 돈으로 가난한 사람들을 돕는 복지 정책은 결국 국가가 부자들에게 자선 행위를 강요하는 부당한 일이다. 다시 말해 부자들은 자신들이 번 돈으로 하고 싶은 것을 마음대로 하면서 살 수 있어야 하는데, 세금은 기본적으로 그러한 자유를 침해한다는 것이다. 이런 생각은 통상의 자유주의보다 훨씬 더 극단적으로 시장과 개인의 자유를 옹호하는 '자유지상주의(libertarianism)'으로 이어진다.

그런데 이 자유 개념에 따르면 모든 종류의 법은 어떤 강제를 함축하고, 따라서 자유로운 사회에서 법은 질서의 유지 같은 최소한의 수준에서만 필요하다. 그리고 기본적인 법과 질서만 지켜지면, 개인들 사이의 권력 불균형 등에서 생기는 어떤 결과도 정당하다. 고전적 자유주의에서 이른바 '야경국가' 개념이 나온 배경인데, 오늘날에는 윤대통령도 강조하는 '작은 정부'에 대한 지향으로 발전했다. 그러나 여기서 법은 질서의 유지를 위한 수단일 뿐, 그에 대한 민주적 통제의 필요성은 없다. 이런 차원에서 보면 윤대통령이 맹신하는 (신)자유주의는 반드시 민주주의가 필요하지 않은데, 그의 권위주의적 통치 행태는 이런 차원에서 설명될 수 있지 싶다.

그는 대통령 취임 이후 달랑 시행령 하나를 고쳐 행안부 산하에 경찰국을 신설하고 법을 무시한 채 검찰 권한을 강화하는 등 이른바 '시행령 통치'를 즐기고 있는데, 이는 바로 이런 맥락에서 이해될 수 있을 것 같다. 모든 시민의 보편적 자유를 존중한다면 경찰과 검찰 같은 권력기관을 다룰 때 최소한의 민주적 정당성이 있어야 할 텐데, 이를 완전히 무시하고 있으니 말이다.

그러나 여하튼 질서 유지는 사회의 중요한 과제이고, 그래서 불법을 저지르는 사람들에 대한 감시와 엄단은 철저하게 이루어져야 한다. 그래서 그는 늘 '이권 카르텔'을 타파하겠다며 목청을 높이고 있다. 어쩌면 '검찰주의자' 윤 대통령은 바로 이런 맥락에서 검찰의 중요성에 대해 자부심을 느끼는 것 같고, 또 그래서 검사 출신들을 정부 요직에 등용시키는 게 법치의 일환이라고 강변하는 것이지 싶다.

물론 당장 의문이 든다. 가령 어떤 학생의 진학 과정에 쓰인 자기소개서나 표창장마저 하나하나 법의 잣대로 판단해서 그 과정을 도운 부모와 관련자를 기소하고 감옥까지 보낸 그의 검찰 시절 전력은 과연 이런 자유 개념에 얼마나 부합할지 모르겠다. 국가는 개인의 삶에 최소한으로만 개입해야 한다는 자유 개념과 그의 그런 행보는 거리가 멀어도 한참이나 멀어 보인다.

게다가 그의 자유 개념은 지나치게 편향적이기도 하다. 그는 2022년 대우조선해양의 하청 업체 노동자들이 파업할 때 '불법 파업을 용납하지 않겠다'며 엄포를 놓고, 건설노동자들을 '건폭'이라는 신조어로 부르기까지 하며 건설현장의 많은 관행을 불법이라고 처벌했다. 자못 법질서 수호를 외치는 검찰 출신다운 행보 같지만, 경제발전에 대한 공헌을 이유로 범죄자 재벌들을 대대적으로 사면한 그였다. 그동안 그는 너무도 노골적으로 사회의 기득권 세력이나 강자 편에 섰다. 그가 말하는 자유는 말하자면 기업가들이 별다른 규제 없이 약자들을 착취하고 돈벌이를 할 수 있는 자유는 될 수 있어도, 노동자들이 "자아를 인간답게 실현"하며 살아갈 수 있는 자유는 아닌 게다. 그의 자유는 이렇게 메마르고 차갑다. 그는 노동자들의 그런 열망은 왜 그렇게 불법이라며 매몰차게 무시하고 말았을까?

"당당하게 눈치 보지 않아도 되는, 말하자면 권력에 눈치 보고 강자에게 줄 서지 않아도 되는 사회"를 지향했던 노무현 대통령은 틀림없이 그런 윤석열식 자유 개념에 동의하지 않았을 것이다. 공화주의에 따르면, 우리가 누구든 '당당하게 눈치 보지 않는' 삶을 살 수 있으려면 권력자의 자의적 간섭, 곧 지배로부터 벗어난 상태로서의 자유가 법적 질서로 확고하게 보장되는 사회에 살 수 있어야 한다. 그런 질서가 바로 '공화국'이고, 그런 의미에서 참된 자유는 공화국에서만 가능하다고 할 수 있다.

이 공화국에서는 누구든 거리에서 다른 사람을 만나도 두려워하거나 주저할 필요가 없는 당당한 삶을 살 수 있는데, 그것은 누구든 자기 삶의 주인으로서 살 수 있는 자유가 단순히 주관적 인식 차원에서만이 아니라 객관적으로 보장되고 인정되기 때문이다. 다시 말해 모든 시민이 평등한 법적 권능과 존엄성을 갖고 있다는 사실이 제도와 문화에 의해 확고하게 보장되고 인정되기 때문이다.

누구든 이런 의미의 자유를 누릴 수 있는 사회는, 예를 들어 가장이 아내와 자녀를 제 맘대로 때리는 일이 허용되지 않고 고용주가 자기 마음대로 노동자를 해고하거나 부당한 지시를 가하는 '갑질'을 일삼는 일이 금지되는 사회다. 또는 공무원이 자신의 지위를 이용하여 시민들이 누려야 할 정당한 권리를 침해하지 않고, 검찰이 기소권과 수사권을 자의적으로 사용하면서 시민들을 괴롭히고 정치적 목적을 달성하려 하는 일이 허용되지 않는 법치가 행해지는 사회다.

우리 사회의 현실은 어떤가? 고용 안정성과 임금 인상 등을 요구하며 파업을 벌였던 대우조선해양의 하청 노동자들에 대해 원청인 대우조선해양이 이 파업이 불법이라며 노동자들에게 470억 원이라는 거액의 손해배상청구소송을 제기했던 일을 보자. 회사가 원청임을 인정하지도 않은 상태에서 파업 때문에 많은 손해를 봤다며 개별 노동자들이 도무지 감당할 수 없는 천문학적 액수의 배상을 요구하는 소송이었다. 이런 소송은 개별 노동자들의 권리와 인간다운 삶을 짓밟는다. 어처구니없는 '가진 자들의 횡포'가 아닐 수 없다. 그래서 이른바 '노란봉투법'을 법제화하여 기업이 노동자들의 정당한 파업에 대해 거액의 손해배상을 청구하는 식으로 보복하는 것을 막아야 한다는 요구가 거세다. 바로 이런 것이 공화주의적인 방식으로 시민들의 자유를 보호하는 방식이다.

당연히 기업들은 크게 반발한다. 그런 법은 기업 활동의 자유와 재산권을 침해한다는 것이다. 자유의 투사를 자임하는 윤석열 대통령 정부와 국민의힘도 아주 당연하게 그런 기업들 편에서 이 법에 반대한다. 사실 신자유주의적 자유 개념으로 보면, 이런 법은 어떻게든 노동자들을 착취하고 싶어하는 기업에게는 심각한 자유의 침해일 수 있다. 신자유주의 사회에서는 기업의 많은 업무를 이윤을 위해 정규직 노동자들을 고용하지 않고 비정규직 노동자들을 고용하는 하청업체에 일을 맡기는 게 일상화되어 있는데, 이런 일을 기업 마음대로 하는 게 자유이니 말이다. 그래서 노란봉투법 같은 것은 심지어 위헌이기까지 하다고 목청을 높인다.

그러나 공화주의적 자유 개념에서 보면, 기업들이 노동자들에게 감당하기 힘든 손해배상을 청구하는 소송을 남발하는 일은 노동자들을 경제적으로 위협하여 어떻게든 기업의 부당한 횡포에 굴복시키려는 자의적 권력 행사, 곧 전형적인 지배 행위다. 저 옛날 서구의 노동 운동에서 규정했듯이, 그렇지 않아도 노동자들은 기본적으로 고용주의 자의적인 통제에 노출된 임금-'노예' 상태에 있다고 할 수 있다.[39] 그런데 지금 많은 노동자들은 그런 기본 상태에 더해 신자유주의가 발명한 복잡한 원하청 관계 같은 노동 통제 장치들 때문에 역사적으로 확보해 온 여러 노동 기본권을 행사할 수 없어 더 심각한 예속 상태에 처해 있다. 이런 지배 상태에서 벗어날 자유는 그런 노동자들에게 너무도 절실한 가치가 아닐 수 없다. 법은 바로 이런 자유를 보장하기 위한 것이어야 한다.

그런데도 그동안 민주당을 포함한 우리 사회의 진보 진영 일반은 자유라는 가치를 색안경을 쓰고 보아 왔다. 그건 기본적으로 우리 보수가 자주 자유 개념을 악용해 왔기 때문이다. 가령 유신체제를 자유의 이름으로 옹호한다거나 재벌과 기업이 시장논리를 앞세울 때처럼 말이다. 자유민주주의는 우리 보수 세력이 항상 앞세우는 가치이며, 진보 진영이 이를 제대로 추구하지 않는다고 늘 이념 시비를 건다. 아마도 이런 사정 때문에라도 자유는 민주당과 진보 진영이 내세울만한 가치가 아니라고 여기는 걸 게다.

그러나 민주당이나 진보 진영이 이 자유라는 가치를 보수 진영이 독점하게 내버려 두는 건 철학적으로도 옳지 않고 정치적으로도 어리석은 일이 아닐 수 없다. 왜냐하면 자유는 그 본성상 사회적 약자나 피억압 계층이 권력자들과 기득권층의 부당한 지배에 맞서 싸우기 위한 가장 중요한 정치적 무기이기 때문이다. 물론 이때의 자유 개념은 윤 대통령이나 보수 진영이 강조하는 바와는 매우 다른 내용과 지향을 가지지만 말이다.

사실 많은 시민들은 일상적으로 기득권자들과 권력자들의 자의적인 간섭과 횡포에서 벗어나는 자유를 꿈꾼다. 언제 해고될지 몰라서 또는 복잡한 원하청 관계 때문에 이런저런 부당한 대우를 감수해야 하는 비정규직 하청 노동자들이 그렇고, 자칫 일감을 배정받는 데서 불이익을 당할까봐 불리한 요구에 응할 수밖에 없는 플랫폼 노동자들이 그렇다. 수사권과 기소권을 독점하고 있는 검찰의 무소불위 권력 때문에 언제 범법자로 전락할지 몰라 전전긍긍하는 시민들이 그렇고, 공무원들의 선의가 없으면 최소한의 생존을 위한 복지 혜택조차 받을 길이 없어 세상을 등지도록 강요받는 시민들이 그렇다.

문제는 자유 그 자체가 아니라 어떤 자유인가 하는 것이다. 우리가 자유라는 가치를 제대로 이해하기만 하면, 그 가치는 결코 기득권 세력의 편이 될 수 없음을 아주 쉽게 알 수 있다. 제대로 이해된 자유는 언제나 기득권층의 불의를 드러내는 잣대로 작용하고 사회 변화를 끌어내기 위한 시민들의 동기가 될 수 있다. 우리가 윤 대통령의 저 메마르고 차가운 자유 때문에 자유라는 가치를 멀리할 이유는 조금도 없다. 자유를 윤 대통령과 보수 세력에게 빼앗기지 말자.

## 비-지배 자유와 인간의 존엄성

 적어도 지금까지 살펴본 서구 유래의 공화주의 관점에서 보면 우리의 민주공화국이 추구해야 할 도덕적 목적의 깊이와 넓이는 매우 심대하다고 할 수밖에 없다. 공화국을 단지 군주제가 아닌 나라라는 정도의 의미로만 이해해서는 그 도덕적 이상을 조금이라도 제대로 담아내기 힘들 거라는 점은 분명하다. 통상적인 자유주의적 관점 역시 공화국과 민주주의의 의미를 너무 왜소화시켜 보고 있다는 점도 확실하다.

 그런데 혹시 이런 접근법이 서구에서 발전한 공화주의 이념을 전혀 다른 맥락과 조건 속에서 발전한 한국의 상황에 무비판적으로 투영한 결과는 아닐까? 우리 건국의 아버지들은 그런 서구적 공화주의 정치철학을 잘 알지도 못했고(사실은 우리나라의 건국 당시 서구에서도 공화주의 전통은 서서히 잊히고 있었으며 자유주의로 대체되고 있었다) 지금 와서 우리가 새삼 그런 이상을 무턱대고 따라야 할 이유도 없지 않을까?

그러나 우리의 민주공화국 대한민국은 어떤 의미에서는 태생적으로 또는 내재적, 본원적으로 비지배 자유의 이상을 추구했다고 할 수 있다. 왜냐하면 대한민국은 일제에 의한 주권 침탈의 상태로부터 독립을 선언하는 맥락에서 건국되었고, 그러한 주권 침탈은 가장 현저한 지배의 예이며 그런 상태로부터의 독립이란 그 자체로 우리 민족의 집합적, 집단적 수준에서의 비지배 자유 상태를 의미하기 때문이다.

　임시정부의 수립과 함께 이루어진 대한민국의 건국은 일제에 대한 전 민족의 집단적 항거인 3.1운동의 결과였다. 이 운동에서는 그냥 단순히 민족주의적인 반일 의식이 표출된 것이 아니었다. 그보다는 우리 민족이라는 집합적 단위 수준에서 가해졌던 일제의 자의적 지배에 대한 '집단적 자유[40]'를 향한 열망이 분출된 것이라고 봐야 하고, 그런 의미에서 3.1운동은 한반도에 공화국을 수립하려했던 최초의 '민주주의 혁명'이었다. 거기에는 개개인의 자유롭고 존엄한 삶은 결코 개개인의 수준에서는 확보될 수 없고 자기-지배가 행사될 수 있는 집합적 주권이 보장될 때만 가능하다는 당시 한반도 인민 전체의 민주적 자각이 바탕에 있었다.

　물론 이는 서구에서와 같은 개인이라는 행위 주체를 중심으로 형성된 비지배 자유의 이념이었다고 할 수는 없다. 그러나 그 집단적 자유의 이념은 그대로 개인적 비지배 자유의 이념으로 연결되었다. 내 생각에 우리 민주공화국 건국의 이론적, 사상적 중추에 있었던 조소앙의 '삼균주의'가 추구했던 3가지 차원의 균등, 곧 개인과 개인, 민족과 민족, 국가와 국가 사이의 균등 이념은 이를 명백하게 보여준다. 여기서 균등은 무엇보다도 개인이든 집단이든 상호 관계에서의 권력의 평등과 대칭성을 의미하는 것일 텐데, 이런 인식은 관계에서 힘의 불균형 또는 불균등이 조선의 일제 예속이라는 지배 상태를 낳았다는 성찰로부터 나왔을 것이다. 또 그로부터 자연스럽게 개인 수준에서도 그런 방식의 지배-예속 관계를 만들어 내지 않을 균등, 곧 평등한 관계가 보장되어야 한다는 인식이 도출되었으리라.

이렇게 보면 비지배 자유 이념의 보편성은 인권 이념의 보편성과 같은 차원에서 이해될 수 있다.[41] 확실히 발생론적 차원에서 볼 때, 인권 이념이 서양에서 발전했음을 부인할 수는 없다. 그러나 모든 사람에 대한 보편적 존중이라는 지향을 담은 인권 이념이 단지 서양에 대해서만 타당하다고 할 수 없다. 우리 인간은 오늘날 결코 회피할 수 없는 삶의 조건인 국가 권력이나 시장 같은 사회적 관계 때문에 아주 쉽게 상처 입을 수 있는 존재다. 인권의 이념은 그런 취약성으로부터 인간의 존엄성을 잘 보호하기 위해서는 보편적으로 부여되고 적용되는 권리 형식의 특별한 정치적, 법적 장치가 필요하다는 인식에서 출발한다. 그렇다면 인권 이념은 비서구 사회의 맥락에서 보더라도 그동안 서양의 제국주의적 침략 때문에 심각하게 고통을 받아왔던 약자인 비서구인들의 목소리를 듣고 그 존엄성을 보장해 주어야 한다는 규범적 요청을 담고 있다고 해야 한다. 그런 만큼 그 이념이 서구에서 유래했다고 해서 그것을 부정하거나 그 타당성에 제한을 두어야 한다는 식의 접근은 설득력이 없다. 비지배 자유의 이념 역시 동일한 방식으로 이해될 수 있다.

물론 비지배 자유의 이념은 서구에서조차 아주 명료한 형태로 공화국의 이념으로 추구되었다고 보기는 힘들지 모른다. 그러나 그 이념이 지향했던 사회 상태의 매력은 너무도 압도적이다. 그래서 그 이념을 오늘날의 조건 속에서 새롭게 가공하고 오늘날의 사회가 처한 다양한 병리적 부자유의 문제에 대한 답을 찾아내려는 시도는 그 자체만으로도 충분히 의미가 있다. 우리라고 이를 폄훼할 이유는 없다.

물론 이런 비-지배 자유의 이념은 서구와는 다른 역사와 물질적 조건 및 문화를 가진 우리나라에서는 얼마간 다른 초점을 갖고 얼마간 다른 방식으로 해석되고 실천될 수밖에 없긴 할 것이다. 비록 노예 제도를 배경으로 서구 사회에서 발전한 비지배 자유의 이념이 오늘날의 조건에서 문자 그대로 노예 상태를 벗어나기 위한 지향이라는 식으로만 이해될 필요는 없을 것이지만, 그렇다고 그 규범적 지향의 의미가 본질적으로 달라진다고 말할 수는 없을 것이다. 마찬가지로 서구 사회를 배경으로 발전한 이념이라고 해서 우리 같은 사회에는 그 규범적 가치가 덜하다고 할 수도 없다. 어떤 사회적, 문화적 조건에서라도 사람들의 사회적 관계는 물론 개인과 국가 사이의 관계도 지배와 예속의 관계로 발전할 가능성이 있기 마련이고, 또 그러한 지배로부터의 자유는 어떤 경우에도 바람직한 인간적 선을 이룬다고 해야 한다. 그런 한에서 그러한 자유의 이념은 문화를 초월하여 타당하다고 보아야 한다.

그러나 이 비지배 자유의 이념을 조건 없이 우리 민주공화국이 추구해야 할 도덕적 지향의 중심에 세우는 데 선뜻 동의하지 못할 다른 이유가 없는 것은 아니다. 그것은 소극적 차원에서 이 이념이 서구의 전통 속에서 확립되었기 때문이 아니라, 이 비지배 자유의 이념이 그동안 우리나라와 유교의 정치적 전통이 추구해 왔던 정치적 이상 전부를 충분히 다 포괄하지 못할 것 같아서다.

물론 그런 유교적인 정치적 이상을 새로운 민주공화국이 반드시 따라야 할 이유는 없다. 민주공화국 대한민국은 전통적인 유교적 정치 질서와의 일정한 단절 위에서만 가능하다. 그러나 우리가 앞서 살펴본 대로 오늘날 대한민국이라는 민주공화국의 정치적 자양분을 이루었던 유교 전통의 요소들, 그러니까 19세기 말 민란이나 동학농민전쟁 그리고 다양한 독립운동 및 현대의 민주화 운동의 저변에 흐르고 있는 사회적, 정치적 정의에 대한 지향 모두를 비지배 자유라는 가치로 환원할 수 있는가는 전혀 다른 차원의 문제다.

내 생각에 한국의 근현대사에서 민주주의를 향한 열망과 투쟁 속에서 표현된 규범적 지향은, 자유가 암시하는 독립적이고 자율적인 개인적 주체에 대한 이상이라기보다는, 동아시아의 유교 전통이 강조했던 관계적 존재로서 인간이 사회 속에서 누릴 수 있는 인간적 삶, 곧 존엄한 삶에 대한 추구로 나타났다고 해야 한다. 가령 동학농민전쟁이 제시한 '인내천' 같은 이념, 현대 한국의 노동 운동의 효시인 전태일의 '우리는 기계가 아니다'라는 구호에 담긴 가치 지향은 독립적 개인으로서 누려야 할 자유보다는 모두가 평등하게 누려야 할 '인간의 존엄성'에 대한 것이라고 보는 게 더 적절하지 않을까 한다. 특히 노무현 대통령이 추구했던 '사람 사는 세상'은 그 자유라는 가치를 배제하지는 않지만, 그보다는 더 포괄적인 차원의 가치를 함축하고 있다고 생각한다.

유교가 지배했던 동아시아의 도덕적-문화적 전통에서는 개개인이 누려야 하는 독립성과 위엄이 그 자체로 결정적인 인간적 삶의 최고 가치라고 보기는 힘들다. 이 전통에서는 오히려 인간의 본원적 취약성과 의존성이 국가의 정치적 질서가 해결해야 하는 최우선적인 과제라고 인식했던 것 같다. 그런 취약성과 의존성은 말하자면 불가피한 인간학적 사실이라고 할 수 있는데, 내 이해에 따르면 유교 전통이 추구했던 이상적인 사회, 곧 대동(大同)사회의 이념은 무엇보다도 그런 문제들에 대한 궁극적 해결을 지향했다.

이 대동사회에서는 혼자의 힘으로는 결코 생존할 수 없는 유·아동기의 유약함과 생리적 노화 및 병듦, 그리고 홀아비나 과부가 되며 고아가 되거나 늙어 혼자가 되는 '환과고독(鰥寡孤獨)'이라는 사회적 외로움에 이르기까지 누구든 인간이라면 겪을 수밖에 없는 삶의 불가피한 상처 또는 고통을 그대로 방치하지 않아야 한다.* 유교

---

* "대도(大道)가 행해지는 세계에서는 천하가 공평무사하게 된다(모두의 것이 된다). 어진 자를 등용하고 재주 있는 자가 정치에 참여해 신의를 가르치고 화목함을 이루기 때문에, 사람들은 자기 부모만을 친하지 않고 자기 아들만을 귀여워하지 않는다. 나이 든 사람들이 그 삶을 편안히 마치고 젊은이들은 쓰이는 바가 있으며 어린이들은 안전하게 자라날 수 있고 홀아비·과부·고아, 자식 없는 노인, 병든 자들이 모두 부양되며, 남자는 모두 일정한 직분이 있고 여자는 모두 시집갈 곳이 있도록 한다. 땅바닥에 떨어진 남의 재물을 반드시 자기가 가지려고 하지는 않는다. 사회적으로 책임져야 할 일들은 자기가 하

전통에서는 인간의 그런 취약성과 의존성에 대해 '인(仁)', 곧 베풂과 돌봄이라는 도덕적 이상으로 대응할 수 있어야 한다고 보았고, 그런 이상에 따른 정치를 '인정(仁政)'이라고 했다. 여기서는 인간의 취약성이나 타인에 대한 의존성 그 자체가 어떤 사회적 악은 아니었고, 오히려 그 사실이 지시하는 돌봄의 필요나 상호적 유대 및 호혜의 당위가 정치가 감당해야 할 중요한 도덕적 과제로 인식되었다.

이 유교 전통에서 중시되었던 온전한 인간적 삶의 이상에서는 단순한 물질적 욕구의 충족을 넘어 인간이 살아내야 할 도덕적 삶의 영위가 가장 결정적이다. 맹자가 강조한바, 누구든 제대로 된 사람이라면 사회적 약자나 곤경에 처한 사람에 대한 인간적 배려(측은지심惻隱之心-인仁), 사회 정의에 대한 추구(수오지심羞惡之心-의義), 타인에 대한 존중(사양지심辭讓之心-예禮), 올바른 앎(시비지심是非之心-지智)이라는 사회적, 도덕적 의무를 다하면서 살아갈 수 있어야 한다. 그러한 삶은 개인의 독립성과 자유만을 추구하는 삶이라기보다는 타인과 사회 또는 국가에 대한 헌신의 의무를 다하는 삶이다.

물론 그와 같은 인간의 존재론적 취약성은 타인에 대한 의존성의 근거가 되고, 그것은 다시 사람을 예속 상태에 빠뜨릴 가능성이 크다. 그런 맥락에서 서구의 공화주의 전통이 추구했던 비지배 자유

---

려 하지만, 반드시 자기만이 할 수 있다고 생각하지는 않는다. 이 때문에 간사한 모의가 끊어져 일어나지 않고 도둑이나 폭력배들이 생기지 않는다. 그러므로 문을 열어 놓고 닫지 않으니 이를 대동이라 한다"(예기, 예운 편) 번역은 한국정신문화연구원(한국학중앙연구원)이 간행한 『한국민족문화대백과사전』의 대동세계(大同世界) 편(이기동 집필)을 따랐다. 괄호 안은 내가 덧붙였다.

의 이상은 그런 인간 존재의 관계성을 부정하기보다는 그것이 억압이나 예속의 관계로 나아가지 않게 하는 건강함을 지향했다고 이해할 수 있다. 그리고 그런 면에서 비지배 자유의 이상은 유교적 대동 사회나 인정의 이념과 일정하게 통한다고 할 수 있다.

이렇게 보면 서로 다른 도덕철학적 배경에서 나온 두 접근법이 지닌 서로 다른 초점의 차이는 서로 보완적인 측면을 갖고 있다. 비지배 자유의 이상이 개인의 자율성과 독립성에 더 많은 무게를 둔다면, 유교 전통은 관계성과 의존성을 강조한다. 그러나 두 초점은 서로 배타적이지 않다. 사랑이나 우정과 같은 풍부한 인간적 관계를 제대로 경험한 사람만이 건강하게 자율적이고 독립적인 주체로 잘 성장할 수 있을 것이다. 그리고 그 어떤 자율적이고 독립적인 존재도 늙고 병들면 다른 누군가에게 의존해야 하고 돌봄을 받아야 한다.

국가의 도덕적 목적으로서 인간의 존엄성이라는 가치는 관계성과 의존성 두 측면 모두를 모순 없이 포괄할 수 있고 또 그래야 한다. 비지배 자유에 대한 이상은 모든 개개인이 지닌 평등한 존엄성을 전제로 할 때 더 큰 설득력을 지닌다고 해야 한다. 다시 말해 인간은 누구든 존엄하기 때문에 노예적 예속은 극복해야 할 상태가 될 수 있다는 것이다. 거꾸로 말하면 노예적 예속 상태에 있는 누군가를 우리는 존엄한 인간이라고 볼 수 없다. 타인의 지배에 예속되지 않을 자유는 존엄성의 가장 중요한 일부다. 인간의 본원적인 취약성과 의존성에 대해서도 마찬가지로 이야기할 수 있다. 국가는 마땅히 그런 취약성과 의존성이 타인에 대한 굴종과 예속을 통해 인간으로서의 존엄성의 상실로 이어지지 않도록 하는 데 그 중요한 도덕적 목적을 두어야 한다.

## 사람답게 사는 삶

하지만 정치철학적 수준에서나 현실 정치에서 민주공화국 대한민국의 도덕적 목적으로 인간의 존엄성을 내세운다는 게 무엇을 의미하는지가 언제나 분명한 것은 아니다. 보기에 따라서는 매우 모호하고 추상적인 인간의 존엄성 개념은, 수사적이고 선언적인 수준에서는 몰라도 현실적으로는, 정치적으로나 법적으로 아무런 의미가 없는 공허한 개념일 수도 있다. 우리는 실제로 서로 다른 정치적 지향이나 입장들이 모두 인간의 존엄성에 호소하는 일을 숱하게 봐왔다. 가령, 낙태를 찬성하거나 반대하는 사람들 모두 이 인간의 존엄성 개념에 호소한다. 우리는 이 개념을 우리의 정치적 실천을 구체적으로 이끌어 줄 지침이 되도록 가공할 수 있어야 한다.

인간의 존엄성 개념에 대해서는 다양한 차원의 철학적 논의가 있지만, 우리는 여기서 인간은 누구든 기본적으로 다양한 방식으로 '상처입을 가능성(vulnerability; 취약성)'을 지닌 약하고 의존적인 존재라는 데서 출발하자. 배고픔은 하루에도 몇 번씩 찾아오고, 숱한 병균들이 건강을 위협한다. 예기치 않은 수많은 재난에도 노출되어 있다. 건강하게 살아도 모든 인간은 언젠가는 죽게 마련이다. 그러나 어떤 인간도 혼자서는 이런 취약성에서 벗어날 수 없다. 인간은 누구든 함께 사는 다른 사람들과, 서로 협력해서, 문제를 해결한다. 인간은 그 본 원적 취약성 자체를 없앨 수는 없지만, 그런 상호부조와 협력을 가능 하게 하는 사회적-정치적 관계를 형성함으로써 말하자면 삶을 견딜 만하게는 만들 수 있다. 가능한 대로 상처를 덜 받게 하고, 불가피한 상처는 치유하거나 서로 위로함으로써 살아간다. 인간의 존엄성이라 는 건 바로 이런 정치적 과정의 결과일 뿐이다.

그러니까 그 본질에서 사회적이고 관계적인 존재인 인간은 상호 부조와 협력을 통해 특정한 사회적 질서를 형성함으로써만 상처 입을 가능성/취약성으로부터 인간을 지켜낼 수 있다. 바로 그 결과 로 인간은 '비로소' 존엄한 존재가 되어 인간적 삶의 다양한 가능 성을 실현할 수 있다. 바로 이런 게 인간이 만들어 내는 정치적 질 서의 도덕적 본성이다. 곧 정치공동체는 사람들 사이의 상호부조와 협력을 체계화하고 다양한 사회적 관습, 법, 제도 등을 활용하여 최 우선으로 인간의 그러한 근원적인 취약성이 공격받아 인간적 삶이 위축되거나 파괴되지 않도록 해야 한다. 바로 이것이 국가라는 사회 적-정치적 질서가 지닌 일차적인 도덕적 목적이며, 그 목적이 달성 될 때 우리 인간은 풍부한 가능성을 지닌 존엄한 존재가 될 수 있 다는 것이다. 한 마디로 국가라는 도덕적 질서 덕분에 우리는 존엄 한 인간이 될 수 있다.

이렇게 말해 보자. 인간은 그냥 나면서부터 존엄한 존재인 것이 아 니라 단지 인간적인 방식으로만 존엄한 존재가 될 수 있다. 다시 말해 인간은 서로를 평등한 도덕적 주체로서 상호 존중하고 인정하는 관계를 구성함으로써만, 곧 특별한 종류의 도덕적-정치적 질서를 형성함으로써만 비로소 존엄한 존재가 될 수 있다. 다양한 방식으로 관계를 맺으며 함께 살아가는 동료 인간들이 서로서로 존엄한 존재로 인정하고 인정받을 수 있을 때, 모두는 존엄한 존재가 될 수 있는 것이다. 그런 일은 사회적, 정치적 질서 속에서만 가능하다.

우리는 이런 사회적, 정치적 질서 속에서 일반적으로 기대할 수 있는 가능한 최대한의 수준에서 그리고 가능한 최선의 방식으로 모두가 평등하게 소중한 존재로 대우받을 수 있어야 한다고 기대한다. 여기서 그 어떤 구성원도 존엄한 존재로서 존중받아야 할 대상의 범위에서 제외되어서도 안 되고, 다양한 차이들에도 불구하고, 누구도 존엄성의 정도에서 차별적인 대우를 받아서는 안 된다.

여기서 중요한 것은 누구든 다른 모든 사람 또는 구성원과 똑같이 소중한 존재로서 대우받을 수 있어야 한다는 것이다. 그것은 평등이 그 자체로 결정적인 도덕적 가치여서가 아니다. 누군가를 불평등하게 대우한다는 것은 그를 존중하지 않고 그의 존엄성을 부정하기 때문에 올바르지 않다. 모든 사람은 그가 사람이라는 이유만으로도 존중받아야 하며, 정당한 이유 없이 차별적으로 대우받아서는 안 된다. 누군가에 대한 차별이나 불평등 대우는 그에 대한 존중의 거부이자 그의 존엄성에 대한 부인이다.

그렇다면 이런 인간의 존엄한 삶 또는 사람답게 사는 삶은 구체적으로 어떤 삶일까? 역시 다양한 이해와 접근이 가능할 것이다. 우리는 인간이라면 누구든, 그가 어느 시대 어느 사회에서 어떤 문화적 배경 속에서 살든, 어떤 식으로든 충족시키지 않을 수 없는 가장 '기본적인 필요(basic needs)'를 가지고 있다는 데서 출발하자. 인간은 누구든 가령 기본적인 의식주의 문제를 해결함은 물론이고, 늙고 병들 수밖에 없는 취약성 앞에서 적절한 보호와 돌봄을 받을 수 있을 때만 비로소 사람다운 삶을 산다고 할 수 있다. 이게 제대로 충족되지 못할 때 우리 인간은 누구든 곤궁에 빠지고 고통을 겪을 수밖에 없다. 인간으로서의 존엄한 삶은, 우리가 만들어 내는 도덕적 질서가 사람이라면 누구나 가짐 직한 그런 기본적 필요를 충족할 수 있도록 보호하고 보장해 줌으로써 비로소 가능하다고 할 수 있을 것이다.

그런데 우리 인간은 누구든 혼자서는 그런 기본적 필요를 충족시킬 수 없다. 사회적, 정치적 존재인 인간은 그런 필요를 단지 사회적, 정치적 공동체를 형성함으로써만 충족시킬 수 있다. 그런 점에서 정치공동체는 바로 그런 근원적인 인간적 필요를 충족시켜 주는 데 그 기본적인 도덕적 목적을 갖는다고 할 수 있다. 이런 인식은 서양에서는 아리스토텔레스가 강조했던 바이고, 유교 역시 대동사회의 이상을 그런 차원에서 이해했다고 할 수 있다.

그러니까 사람답게 사는 삶, 존엄한 인간적 삶은 사회정치적 환경과 제도의 함수다. 그런 의미에서 사람 사는 세상은 그런 존엄한 인간적 삶이 가능한 사회라고 할 수 있다. 마샤 누스바움(Martha Nussbaum)의 논의를 빌리자면,[42] 그것은 인간의 '가능성

(capability)[*], 곧 "인간이 실제로 할 수 있고 또 될 수 있는 것"이 제대로 보장될 수 있는 사회다.[43] 이렇게 보면 사람답게 사는 삶, 누군가가 사람대접을 받으며 살아간다는 것은 더 이상 추상적이고 모호하지 않고 분명하고 구체적인 함의를 가질 수 있다.

이런 접근법에 따르면 우리는, 조선시대든 오늘날이든, 미국에서든 한국에서든 북한에서든, 예를 들어 사람이라면 누구나 자신이 살고 있는 사회가 제공할 수 있는 기본적인 수준의 영양 공급이나 의료 지원을 받을 수 있어야 존엄한 삶을 살아간다고 말할 수 있을 것이다. 물론 조선시대에는 사회의 생산력이나 기술, 의학 등의 수준이 현저하게 낮아 오늘날과 그런 가능성이 보장되는 양적, 질적 수준을 비교할 수 없다. 조선시대에는 바이러스의 존재를 몰라 특정 질병에 대한 백신 예방은 누구도 받을 수 없었다. 그러나 그 시대에도 주어진 조건이나 상황에서 가능한 기본적인 수준에서는 누구든 그런 지원을 받을 수 있어야 한다고 기대할 수는 있다. 물론 우리의 역사적 지식에 따르면 조선시대에 그런 가능성의 보장은 오랫동안 심각하게 제약되어 있었지만 말이다.

나아가 존엄하게 살아간다고 말할 수 있는 사람들은 예컨대 인간

---

* 우리나라에서는 이 개념을 보통 '역량'이라고 번역한다. 그러나 이 번역어는 교육학 등에서 competency의 역어로 사용되는 역량 개념과 혼동될 뿐만 아니라, 그러한 혼동이 잘 보여주듯이 주로 개개인이 교육 등을 통해 획득한 주관적인 능력의 의미를 담고 있다. capability 개념이 이런 능력을 포함하기는 하나 이는 누스바움이 원래 염두에 두었던 개념과는 달리 사회적, 경제적, 정치적 조건을 드러내는 데 한계가 있다. 따라서 나는 capability 개념을 그냥 '가능성'이라고 번역한다. 이 가능성은 개인의 잠재 역량을 포괄하지만, 항상 객관적 조건을 함께 지시한다.

적인 주거 조건을 가질 수 있어야 하며, 충분히 교육받을 기회를 누릴 수 있어야 하고, 의미 있는 사회적 기여를 하는 존재가 될 기회들을 가질 수 있어야 한다. 또, 자신의 신념에 따라 자기 삶의 주인으로서 살아갈 수 있어야 하고, 모욕당하지 않고 존중받는 삶을 살 수 있는 사회적 토대를 가질 수 있어야 하며, 온전한 자연환경 속에서 자연과 교감하며 살 수 있어야 하고, 충분한 여가도 누리며 살 수 있어야 할 것이다.

이런 접근법은 우리가 인간의 존엄성에 대한 구체적 상을 아주 직관적으로 그릴 수 있도록 해 준다. 누스바움은 이런 요구를 '핵심적 가능성'이라고 부르면서 사회는, 최소한의 사회정의로서, 모든 사람이 그러한 가능성을 적어도 일정한 기본적 '문턱 수준(threshold level)' 이상으로는 실현할 수 있게 해야 한다고 이야기한다.[44] 그 수준 아래에서는 사람이 제대로 된 인간다운 삶을 산다고 할 수 없을 것이고, 그래서 사회는 그 정당성 토대를 가진다고 주장할 수 없을 그런 문턱 말이다.

이 접근법에서 존엄한 삶을 살아간다고 할 수 있는 사람은 그 사회가 허용하는 최소한의 수준에서는 누구든 인간적 삶의 그러한 가능성을 보장받을 수 있어야 한다. 그리고 모든 사회는 그 기본적 수준만큼은 그런 가능성을 모든 개인에게 주어진 조건 속에서 가능한 최대한으로 보장할 수 있어야 정의롭다고 또는 그 도덕적 목적을 제대로 달성하고 있다고 말할 수 있다. 이런 방식으로 접근하면 우리는 인간의 존엄성을 추상적인 가치로서만이 아니라 그 실현과 침해의 정도를 구체적으로 확인할 수 있는 가치로 다룰 수 있다.

물론 이때 모든 시민이 모든 가능성을 똑같이 누리고 행사할 수 있어야 한다는 게 요점은 아니다. 개인마다 보장된 자율적 선택의 결과, 어떤 사람은 예컨대 술이나 담배에 탐닉하며 자신에게 주어진 건강한 삶의 기회를 스스로 박차버릴 수도 있다. 그것은 개인이 책임질 일이다. 또 누군가가 예기치 않은 불운 때문에 심각한 병을 앓을 수도 있다. 이런 일을 막을 수 있는 사회는 어디에도 없다. 그러나 만약 그가 병이 들었는데 경제적인 이유로 그에게 적절한 치료의 기회가 제공되지 않는다면, 그의 삶은 존엄하고 인간다운 삶이라고 말할 수 없다.

## 사람사는 세상을 위한 존엄의 정치

우리 인간은 지금의 조건에서는 그와 같은 존엄한 삶의 가능성을 단지 특정한 개별 정치공동체 속에서만 기대할 수 있다. 이 개별 정치공동체는 다양한 차원의 법과 제도는 물론 관습과 문화를 통해 모든 구성원이 존엄한 존재로 살아갈 수 있도록 해 주어야 한다. 우리에게는 대한민국이라는 민주공화국이 바로 그러한 이상을 실현해야 할 구체적 삶의 공간이다. 노무현 대통령이 추구했던 '사람 사는 세상'은 그러한 공간의 다른 이름이라고 할 수 있다.

이 민주공화국은 그 속에서 살아가는 사람들이 누구든 존엄한 인간적 삶을 살 수 있도록 하자는 특별한 정치적 기획의 산물이다. 사람들은 누구나 다양한 종류의 상처 입을 가능성에 노출되어 있을 수밖에 없지만, 적절한 사회적, 제도적 보호 장치를 만들어 그로부터 인간의 존엄성을 지켜내고 실현할 수 있게 하자는 것이다. 곧 민주공화국은 모든 성원의 존엄성이 훼손되지 않도록 하는 도덕적 목적을 지닌 정치 질서다. 그리고 이 도덕적-정치적 질서는 그 구성원들 모두가 주권자로 참여하여 형성하는, 곧 '제헌적' 실천을 통해 만들어 낸 것이다. 나는 그런 도덕적 목적을 실현하기 위한 우리의 정치적 기획과 실천을 '존엄의 정치'라고 부르려 한다.

인간의 존엄성은 어떤 신의 은총 같은 것이 아니다. 그것은 민주공화국이라는 특별한 사회정치적 질서의 구성을 통해 비로소 실현될 수 있다. 사람들은 서로를 평등하게 존엄한 존재로 인정하는 사회정치적 질서를 실제로 만들어 냄으로써 우리가 '시민'이라고 부르는 그 주체, 곧 주권자가 되고, 그 결과 비로소 모두가 평등한 존엄성을 지닌 인간이 될 수 있다. 존엄의 정치는 바로 그런 민주공화국을 만들어 그 구성원이자 주체인 우리 시민들 모두의 평등한 존엄성이 실현되는 사회, 곧 사람 사는 세상을 만들기 위한 정치다.

그러나 안타깝게도 현실의 민주공화국에서 모든 시민의 평등한 존엄성을 실현해야 한다는 이상은 한꺼번에 완전하게 실현될 수는 없다. 현실은 언제나 불완전할 수밖에 없고, 언제나 부족하고 미흡한 부분이 있을 수밖에 없다. 무엇보다도 그 실현을 방해하고 역사적 성취를 되돌리려는 사람이나 세력이 언제나 있게 마련이고, 그들과 맞서 싸워야 하는 일도 피할 수 없다. 이상과 그 구체적인 실현 양태 사이의 간극은 언제나 너무 크고 일상적이기 마련이다. 그러나 어떻게든 그 간극을 메우고 좁혀야 한다는 사회정치적 압력 또한 언제나 거셀 수밖에 없다. 존엄의 정치는 바로 이런 압력을 해소하기 위한 끊임없는 실천적 노력으로 표현된다.

인간의 존엄성은 다양한 차원에서 다양한 방식으로 훼손될 위험에 처해 있다. 그러나 그 존엄성은 사람들의 상호인정을 통해 존립하게 되는 만큼, 그 훼손 위험은 기본적으로 바로 우리가 함께 살아가면서 관계를 맺고 있는 동료 시민들과 그들과 함께 만든 사회적-정치적 질서에서 온다. 그러한 훼손의 핵심은 그러한 인정의 질서에서 누군가를 배제하는 것이다. 다시 말해 누군가를 존엄한 존재로 인정하기를 거부하거나 그를 무시하기 때문에 그러한 훼손이 일어난다는 이야기다.

이스라엘의 철학자 아비샤이 마갈릿(Avishai Margalit)의 논의를 빌리자면,[45] 존엄성의 훼손에서 핵심은 '모욕', 곧 사람을 사람이 아닌 무슨 사물이나 '짐승' 같은 존재로 대우하거나 다른 사람들과 평등하게 대우받을 자격이 있음을 부정하는 것이다. 물론 사람이 사람을 문자 그대로의 의미에서 어떤 '사물'이나 '동물'로 취급할 수는 없을 것이다. 요점은 인간의 인간성을 '무시'하는 것, 곧 사람을 심각하게 결함이 있는 '열등한 인간'으로 보는 것이다. 그에 따르면, 모욕은 어떤 사람이 정당한 이유로 자신의 '자기-존중(self-respect: 자존감)'이 상처를 입었다고 여기게 하는 모든 종류의 행위나 조건을 말한다.

개인들이 사람을 대하는 주관적인 심리적 태도나 느낌이 문제는 아니다. 중요한 것은 사람들이 모욕을 느끼는 이유다. 열악한 삶의 조건도 모욕의 정당한 이유가 될 수 있다. 그러나 그것은 사람의 행위나 불찰의 결과일 때에만 모욕적이다. 예컨대 가끔 재해를 일으키는 자연은 그 자체로 사람들을 모욕하지 않는다. 오직 사람들의 행위들만이, 그리고 그들이 만든 제도들만이 사람들을 모욕한다.

세월호 참사나 이태원 참사에서 유족과 시민들을 더 슬프고 참담하게 만들었던 것은 단순히 사람들이 감당하기 힘든 재난이 일어났다는 사실 그 자체가 아니었다. 진짜 문제는 그 재난을 일어나게 했던 과정이나 수습하는 과정에 개입된 사람들의 무책임과 이윤 등을 앞세운 다른 사람에 대한 존중의 거부였다. 유족과 시민들은 국가로부터 무시당하고 모욕을 느끼지 않을 수 없었다. 문제는 사회적 차원이고, 삶의 조건이나 제도 및 법 그리고 사회적 관행 등이 구성원들에게 가하는 '체계적 모욕'이다. 마갈릿은 이런 종류의 모욕이 없는 사회를 '품위 있는 사회(the decent society)'라 불렀는데, 사람 사는 세상은 또한 그런 체계적 모욕이 없는 품위 있는 사회일 것이다.

앞서도 잠시 언급했지만, 나는 서구 공화주의 전통이 극복해야 할 근본적인 사회적 불의이자 부-자유의 상태로 이해했던 지배-피지배 관계도 바로 이런 모욕, 곧 존엄성에 대한 부정이라는 맥락에서 새롭게 자리매김될 수 있다고 생각한다. 모욕은 결국 어떤 사람을 인간의 공동체에서 배제하고 평등한 구성원으로 인정하기를 거부하는 것인데, 바로 그런 배제와 거부가 지배로 나타난다고 할 수 있다. 노예가 주인에 의해 지배당했던 것은 사회가 노예를 인간의 범주에서 제외했기 때문이다. 꼭 노예제 사회가 아니더라도 인종, 재산, 능력, 성적 지향 등을 이유로 사람을 차별하는 사회에서 지배는 모욕과 함께 일상이 된다. 그리고 그것은 공화주의적 자유의 부재를 의미하고, 그 부자유의 상태에 놓인 사람은 자신의 근본적인 이해관계도 제대로 지킬 수 없는 처지에 놓이게 된다.

민주공화국의 이상을 추구하는 존엄의 정치는 인간의 평등한 존엄성을 부정하고 위협하는 모든 종류의 모욕과 불평등과 부자유와 억압과 배제에 맞서야 한다. 민주공화국에서는 누구든 다른 모든 시민과 평등한 존엄성을 지닌 존재로 인정되어야 한다. 만약 우리 삶의 현실이 이런저런 차원에서 누군가를 모욕하고 무시하며 배제한다면, 존엄의 정치는 그런 현실을 고발하고 그에 맞서 싸우며 필요한 법과 제도를 만들어 이를 교정하기 위한 사회정치적 조치를 마련해야 한다.

민주공화국은 모든 시민의 존엄성을 비로소 가능하게 하고 실현시키려는 연대적인 삶의 양식에 대한 다른 이름이다. 그것은 모든 시민의 평등한 자유와 존엄성을 실현하고 보호하고자 하는 지향을 가진 하나의 시민적 공동체다. 그런 민주공화국은 시민들의 인간적 존엄성이 훼손되거나 모욕당할 가능성으로부터 시민들을 보호하기 위한 어떤 정치적 동학을 구조적으로 내장해야 한다. 민주적 헌정체제가 필요한 이유이고, 사회적 삶의 기본적인 틀을 짜고 실제로 작동시키는 정치 과정에 대한 시민들의 참여와 감시가 중요한 이유다. 그래서 존엄의 정치는 그 본성에서 '시민정치'일 수밖에 없다. 이에 대해서는 나중에 좀 더 살필 것이다.

존엄의 정치는 오늘날 자본주의 사회 일반에서 지배적인 정치철학, 곧 (신)자유주의와는 근본적으로 다른 정치적 지향을 가질 수밖에 없다. 그 정치철학에서 옹호하는 정치는 기본적으로 국가나 사회의 부당한 침해나 간섭에서 개인의 이해관계를 보호하는 데 초점을 두는 정치다. 그러나 존엄의 정치는 모든 시민이 존엄성을 훼손당하고 모욕당하는 일이 없이 당당하고 위엄 있는 존재로 자기실현을 추구할 가능성과 기회를 가질 수 있어야 한다는 데 관심을 가지는 정치다.

존엄의 정치 역시 기본적으로 '자유의 정치'다. 그러나 이때의 자유는 비-지배 자유로서, 존엄의 정치는 단지 형식적인 차원에서만이 아니라 문화적, 법적-제도적 그리고 사회적-경제적 조건들과 관련된 실질적인 차원에서 지배의 가능성으로부터 해방된 자유의 실현 가능성을 모색한다. 예를 들어 장기적인 실업 상태에서 살아가야 하거나 비정규직같이 제대로 된 법적 보호를 받지 못한 채 지속적인 고용 불안 속에서 살아가는 시민들은, 자유주의적 자유를 충분히 누리더라도, 존엄하고 인간다운 삶의 조건들을 충분히 확보했다고 말할 수 없다. 존엄의 정치는 그런 조건들의 부재 상태와 맞서 싸우는 정치다.

인간의 존엄성은 사람들 상호 간의 일상적이고 사회적인 관계 속에서 다양한 방식으로 침해당할 수 있다. 시장을 중심으로 한 경제 생활에서의 실패, 고용-피고용 관계에서의 권력의 비대칭성, 다양한 종류의 차별, 범죄, 자연재해의 사회적 결과 같은 것들이 사람들의 존엄성을 침해할 수 있다. 국가의 법과 제도는 본디 그런 침해로부터 인간의 존엄성을 보호해야 하지만 그것들이 다시 개개인의 존엄성을 침해하는 방식으로 작동할 수 있다. 존엄의 정치는 이런 모든 존엄성의 침해와 싸우는 정치다.

민주공화국의 시민이 된다는 것은 이제, 적어도 지금의 조건에서 한 사회가 연대적 방식으로 개입할 수 있는 수준에서는, 그렇게 사람들이 피할 수 있거나 겪지 않아도 되는 위협이나 위기로부터 인간으로서의 존엄성을 지키며 살 수 있게 된다는 것을 의미한다. 물론 이것은 하나의 이상이다. 그러나 그런 이상은 단순히 천명된 목적이나 기대 수준에 머물러서는 안 되고, 무엇보다도 민주공화국의 주권자인 시민들이 만들어 내는 법과 제도를 통해 체계적으로 보장되도록 해야 한다. 그러니까 민주공화국의 법과 제도를 인간의 존엄성을 지켜내는 도구 또는 수단으로 만들어야 한다. 그게 정치가 해야 할 일이다. 사람 사는 세상은 그렇게 만들어질 수 있을 것이다.

그러나 이런 존엄의 정치가 반드시 어떤 '인간중심주의'를 함축해야 하는 것은 아니다. 여기서 인간 존엄성에 대한 이해는 인간의 상처 입을 가능성이라는 근본적인 '자연적 사실'에서 출발한다. 그것은 인간 자신이 바로 자연의 일부, 아니 자연 그 자체이기도 하다는 사실을 인정하는 것이다. 이런 출발점에서 보면, 온전한 자연의 존재는 존엄한 인간적 삶의 필수적 전제일 수밖에 없다. 따라서 인간 존엄성의 보호와 실현이라는 국가의 도덕적 목적은 또한 자연 또는 생태의 보호와 유지라는 차원을 반드시 포함해야만 한다. 여기서 자세히 다루지는 않겠지만, 그래서 존엄의 정치는 오늘날 이른바 '인류세'가 낳은 심각한 기후 위기와 임박한 파국 앞에서 요구되고 있는 '생태민주주의'의 이상과도 모순 없이 연결될 수 있음을 언급은 해 두자.

# 4. '반칙'과 '특권' 없는 사회

"반칙과 특권이 용납되는 시대는 이제 끝나야 합니다. 정의가 패배하고 기회주의자가 득세하는 굴절된 풍토는 청산되어야 합니다. 원칙을 바로 세워 신뢰사회를 만듭시다. 정정당당하게 노력하는 사람이 성공하는 사회로 나아갑시다. 정직하고 성실한 대다수 국민이 보람을 느끼게 해 드려야 합니다." (2003년 2월 25일, 노무현 대통령 취임사 )

"문재인과 더불어민주당 정부에서 기회는 평등할 것입니다. 과정은 공정할 것입니다. 결과는 정의로울 것입니다. 특권과 반칙이 없는 세상을 만들겠습니다." (2017년 5월 10일, 문재인 대통령 취임사)

　　노무현 대통령의 정치적 지향을 상징하는 또 다른 키워드는 '반칙과 특권의 타파'다. 그것은 인생 전체에 걸쳐 우리 사회를 지배하고 있는 반칙과 특권에 맞서 싸워 온 그의 이력을 압축적으로 보여준다. 고졸 출신인 그는 변호사 시절부터 이미 명문대 출신들이 지배하던 법조계의 눈에 보이지 않는 멸시와 차별에 시달렸다고 하는데, 아마도 이런 경험이 바탕에 깔려 있을 것이다. 그는 정치인이 되어서도 우리 사회의 주류 기득권 세력과 이를 지원하는 정치인들의 비아냥과 조롱을 견디며 굴하지 않고 자신의 신념을 지키려 했는데, 그는 이를 반칙과 특권에 맞선 싸움으로 이해했을 것이다. 어쨌든 그는 그 대가로 혹독한 정치적 실패를 감내해야 했다. 그러나 바로 그렇게 기득권 세력의 반칙과 특권에 맞서 싸워 온 삶이 많은 시민들에게 깊은 감명을 주었고, 덕분에 그는 대통령이 될 수 있었다. 그만큼 노무현 대통령에게 반칙과 특권에 맞선 싸움은 가장 핵심적인 정체성이라고 할 수 있다.

대통령으로서 그가 보인 다양한 개혁정치적 행보들도 바로 우리 사회의 일그러진 소수 기득권 세력, 곧 '과두 특권 세력'의 이런 일상화된 반칙을 가능하게 하는 제도적 토대를 어떻게든 허물어 보려는 시도였다고 평가할 수 있다. 그는 어떻게든 검찰이나 국가정보원 같은 권력 기관을 개혁하려 했고, 지역균형발전 정책을 통해 수도권 중심주의를 혁파하려 했으며, 국가보안법을 없애고 남북 평화를 확립하여 고착화된 분단 체제를 허물고 그 기생 세력과 싸우려 했다. 또 예컨대 임기 말까지도 사립학교법을 개정하여 우리 사회에 깊고 넓게 똬리를 틀고 있는 불의한 사학비리 세력의 토대를 깨트리려 했다. 어떻게 보면 그는 그 과정에서 과두 특권 세력의 완고한 저항과 정치적 복수 때문에 비극적으로 생을 마감해야만 했는지도 모르겠다.

그가 꿈꾸던 반칙과 특권 없는 사회는 어떤 사회일까? 아마도 우리는 그런 사회가 '사람 사는 세상'의 가장 중요한 특징 또는 단면을 가리킨다고 이해해 볼 수 있을 것이다. 그는 취임사에서 그런 사회를 '원칙이 바로 선 신뢰 사회'나 '정정당당하게 노력하는 사람이 성공하는 사회' 또는 '정직하고 성실한 대다수 국민이 보람을 느낄 수 있는 사회'라고도 했는데, 이는 사람들이 흔히 이해하는 '사회정의'의 이상을 가리킨다. 그래서 노무현의 정치적 계승을 다짐했던 문재인 대통령도 취임사에서 그런 사회의 이념을 '기회의 평등, 과정의 공정, 결과의 정의'라는 말로 표현했을 것이다.

이런 반칙과 특권 없는 사회에 대한 지향, 곧 공정하고 정의로운 사회에 대한 정치적 지향은 물론 노무현과 문재인 두 대통령만의 전유물일 수는 없다. 멀리는 독재자 전두환도 '정의 사회 구현'을 통치 이념으로 내세웠고 이명박 대통령도 '공정 사회'를 강조했으며, 윤석열 대통령도 공정의 기치를 내걸어 선거에서 이겼다. 이는 그들이 실제로 얼마나 정의롭고 공정한지와는 무관하다. 이것은 그저 그만큼 우리 사회의 시민들 사이에 공정과 정의에 대한 열망이 강하다는 것을 방증한다. 다시 말해 누구든 그런 열망을 수용하여 마치 자신의 지향인 것처럼 포장할 수 있어야 정치적으로 성공할 수 있다는 이야기다. 뒤집어 보면 이것은 우리 사회가 사실은 온통 반칙과 특권에 찌들어 있기 때문이라고 할 수 있다.

그러나 정치인들이 공정과 정의를 내세운다고 모두가 똑같은 지향을 가지지는 않는다. 노무현 대통령의 반칙과 특권 없는 세상에 대한 꿈은 이명박과 윤석열 대통령이 이야기하는 공정한 세상을 향한 지향하고는 매우 다를 것임이 틀림없다. 한마디로 그들이 이야기하는 공정이나 정의의 철학적 기반 자체가 다르다고 해야 한다. 이런 맥락에서 노무현 대통령이 꿈꾸던 반칙과 특권 없는 세상이 정확히 어떤 정의론적 지향을 담아내고 있는지를 민주적 공화주의의 관점에서 좀 더 분명히 해 두는 것도 큰 의미가 있겠다.

## '개천에서 용 나는 사회'의 꿈과 '인국공 사태'

물론 쉬운 일은 아니다. 노무현 대통령이 이 문제와 관련하여 언급한 이야기나 서술이 별로 없기 때문이다. 하지만 그가 '정정당당하게 노력하는 사람이 성공하는 사회' 또는 '정직하고 성실한 대다수 국민이 보람을 느낄 수 있는 사회'를 꿈꾸었던 배경을 짐작하는 건 그리 어렵지 않다. 그런 꿈은 아마도 그 자신이 살아 온 삶에서 깊이 우러나온 것이리라. 상고를 나와 대학 경험도 없이 사법 시험에 합격하여 변호사가 되고 국회의원에 당선된 뒤, 많은 시련을 겪긴 했어도 결국 대통령이 된 그의 삶의 이력은 보기에 따라서는 엄청나게 성공적인 삶이었다. 그는 어떻게 보면 전형적인 '개천에서 난 용'이라고 할 수 있고, 여기서 그는 자연스럽게 모종의 능력주의적 신념을 형성했을 것으로 보인다.

어려운 환경에서 태어났어도 결코 좌절하지 않고 자신의 능력을 계발하는 각고의 노력 끝에 성공에 이르는 이런 삶은 많은 이들에게 감흥을 주며 본이 된다. 그리고 사람들은 부모의 배경에 따른 지원 같은 게 아니라 개인의 능력과 노력이 성공을 위한 참된 열쇠가 되는 사회를 바람직하다고 여긴다. 앞에서 우리는 주로 정치적 차원에서 능력주의에 관해 이야기했지만, 오늘날 민주적 자본주의 사회에서 이 능력주의는 바로 이렇게 사회경제적 차원에서 그런 능력과 노력에 따른 분배를 정당화하는 신념 체계로 자리 잡고 있다. 우리나라를 비롯한 동아시아 사회들에서는 정치적 능력주의를 발전시켰던 유교 전통의 영향으로 이런 사회경제적 차원의 능력주의도 깊게 뿌리를 내린 것으로 보인다.

여기서 기회는 기본적으로 누구에게나 평등하게 주어져 있거나 그래야 한다고 여겨진다. 그러나 개개인은 자신이 지닌 능력이나 업적 등이 어떤가에 따라 그 기회를 잡을 수도 있고 그러지 못할 수도 있다. 능력이 없는 사람은 성공할 기회가 주어져도 제대로 잡을 수 없고 또 그래야 마땅하다. 누군가의 성공은 그런 능력과 노력의 함수여야 하며, 개인의 성공에 부모의 배경이나 상속은 가능한 한 영향을 미쳐서는 안 된다.

돌이켜보면, 한국의 근대화 과정은 이 땅에 뿌리 내린 그 능력주의 문화에 크게 힘입었다. 우리 국민은 누구든 능력을 계발하는 데서 게을리하지 않는 사람들만이 성공할 수 있다는 믿음 아래 열심히 공부하고 실력을 갖춤으로써 기적적인 경제발전의 원동력을 만들었다. 우리 사회는 다른 어느 사회에서도 보기 힘든 높은 학구열과 대학 진학률을 보이며 경제발전에 필요한 풍부한 인적 자원을 확보했고, '적자생존'을 정당화하는 치열한 경쟁문화에 익숙해졌다. 그 결과 놀랍도록 효율적인 경제를 발전시키며, 빠르게 세계 10위권의 경제 대국이 될 수 있었다.

나아가 이 능력주의는 우리 사회의 민주주의를 발전시키는 데도 큰 역할을 했다. 우리 시민들은 지배 엘리트들의 이런저런 '반칙'과 '특권'에 대해 원초적인 능력주의적 거부감을 보이며 저항함으로써 민주화를 이루어 냈고, 이후의 민주주의 퇴행도 막아냈다. 이승만의 부정선거에 맞선 4.19혁명은 물론이고, 박정희 유신 체제와 전두환 폭압 체제 아래에서 이루어진 민주화운동, 그리고 노무현 대통령 탄핵 반대 운동이나 최근의 박근혜 대통령 탄핵 과정에서 바로 그런 능력주의 기반의 시민적 비판이 큰 역할을 했다.

그러나 이런 능력주의가 언제나 바람직한 모습으로만 나타나는 것은 아니다. 최근 우리 사회에서 일어난 이른바 '인국공(인천국제공항공사) 사태'는 그 능력주의가 어떤 기괴한 모습으로 나타날 수 있는지를 적나라하게 보여준다. 이 사태의 발단은 문재인 정부가 제1의 공약인 '비정규직 철폐'를 실현하기 위해 제1호 사업장으로 정한 인천국제공항공사의 다양한 비정규직(보안요원, 청소부, 공항 내 버스 운전기사 등)을 정규직화하는 정책을 펼친 일이었다. 놀랍게도 이 정책에 대해 공사의 기존 정규직부터 시작하여 우리 사회의 많은 청년이 반발했고, 그것은 결국 민주당 정부에 대한 청년 세대 전반의 지지 철회로 이어졌다.

명분은 공사 정규직들의 반대 시위에서 사용되었던 '기회의 평등 Yes, 결과의 평등 No'라는 슬로건에 집약적으로 표현되어 있다. 여기서 기회의 평등은 그야말로 형식적인 것이다. 곧 이런 논리다. 흔히 '신의 직장'으로도 불리는 공사에 입사해서 안정적인 삶을 살 수 있는 기회는 누구에게나 공평하게 열려 있다. 그런데 정규직인 자신들은 열심히 공부해서 그 기회를 잡았지만, 비정규직들은 그렇지 못했다. 따라서 그들은 정규직과는 다른 여러 불리한 조건에서 근무하는 게 공정하다. 그런데 정부는 이를 무시하고 공사 시험도 치지 않은 그들을 정규직화하려 하니 부당하다. 이후 이 사실이 언론을 통해 알려지면서 노량진 학원가 등에서 공사를 비롯한 각종 정규직 입사 시험을 준비하던 많은 청년 세대가 그런 반대를 지지하는 여론을 형성했다.

인천공항공사 비정규직의 정규직화는 기존의 정규직이 누리던 여러 혜택을 줄여 재분배하는 방식이 아니었다. 그와는 다른 새로운 정규직 트랙이 도입되었다. 그래서 기존 정규직에게는 어떤 피해도 주지 않았다. 그런데도 기존 정규직이 격렬하게 반대한 것은 시험을 통과하지 않은 자들에 대한 정규직 제공 자체가 불공정하다는 기괴한 공정 개념 때문이었다. 학원가의 청년들 역시, 새로 생겨나는 정규직 트랙은 공사 시험 합격자에게 주어지는 정규직 트랙과는 전혀 다름에도 불구하고, '공사의 정규직이 되기 위해 누구는 열심히 시험공부를 해야 하는데 누구는 시험도 안 보고 알음알음으로 정규직을 얻게 된다'는 매우 비논리적인 이유를 들어 그 반대에 동참했다. 우리 사회에서 성공적 삶을 보장하는 기회는 어떤 경우에도 시험이라는 바늘구멍을 통과하는 이에게 주어져야만 정당하고 공정하다는 지극히 편협한 공정성 개념이 바탕에 깔려 있어서다.

확실히 좋은 교육을 받을 기회나 많은 수입, 사회적 명예 등을 보장하는 좋은 직장을 얻을 기회는 많은 이들에게 '좋은 삶'을 살아가기 위해 꼭 필요하다. 그러나 그런 기회가 사회의 일부 구성원에게만 보장되고 나머지를 배제할 때, 그 나머지는 사회를 정의롭지 못하고 불공정한 사회로 인식할 것이다. 그런데 현대 사회는 전통적인 카스트 사회나 신분 사회가 아니다. 일부 계급이나 계층만 좋은 삶을 누릴 기회를 가지는 게 허용되어 있지 않다는 이야기다. 모든 시민의 지위의 평등을 전제하는 민주주의 사회에서는 누구든 그런 기회를 얻을 수 있어야 한다. 능력주의가 정의의 이상으로서 강한 보편적 호소력을 가지는 지점이다.

우리 청년들의 공정 관념도 바로 이런 능력주의에서 출발한다. 그러나 여기서 능력주의는 지독한 함정을 숨기고 있음이 드러난다. 능력주의는 성공적 삶을 위한 개인의 능력과 노력이라는 계기를 강조하면서 사회적 경쟁에서 실패한 사람들을 무시하고 폄훼한다는 이면을 갖고 있다. 그러니까 누구든 능력 있는 사람만이 기회를 잡을 수 있고, 누군가 기회를 잡지 못했다면 그건 그가 제대로 능력을 계발하여 갖추지 못한 탓일 뿐이다. 심각한 사회경제적 불평등조차도 불의한 사회 구조가 아니라 못난 개인이 문제라는 것이다.

우리 사회에서 이 능력주의는 기괴한 '시험능력주의'[46]의 형식으로 나타난다. 여기서 핵심은 성공을 위한 기회를 잡을 수 있는 그 능력은 학벌이나 자격증 같은 객관적 시험으로 검증되어야 한다는 것이다. 그래서 그런 기회를 얻는 과정에서 형식적 조건이 준수되는 걸 공정성 그 자체와 동일시하는 경향을 보인다. 그러나 그런 능력주의적 신념의 타당성이나 한정된 기회를 향한 경쟁 자체의 정당성은 따지지 않는다. 또 승자독식을 정당화한다고 이해된 그 경쟁에서 실패한 이들의 인간다운 삶의 가능성 같은 문제는 전적으로 외면한다. 오히려 그들에게 그런 가능성을 보장한다는 것은 공정 원칙에 대한 중요한 위반으로 인식한다.

청년 세대 일반의 이런 공정성에 대한 인식의 배경은 기본적으로 성공적인 삶을 위한 제한된 기회 때문이라고 할 수 있다. 이때의 제한은 두 가지 차원에서 이야기할 수 있다. 우선, 의사, 변호사, 대기업 사원, 은행 직원, 공사 직원, 교사, 공무원 등 고수익과 직업적 안정성이 보장되기에 청년들이 선호하는 직업군에 진입할 기회의 수가 너무 제한적이다. 그리하여 그런 기회를 잡기 위한 경쟁이 너무 치열하다. 청년들은 그런 제한된 기회를 얻지 못하면 저임금은 물론 직업적 불안정성에 시달리는 비정규직으로 돌아다녀야 한다.

그러다 보니 우리 청년들은 왜 우리 사회에 그런 비정규직이 그득한지 그리고 왜 '동일노동 동일임금' 같은 근대 이래 자본주의 사회 일반에서 확립된 노동과 관련된 분배 원칙 같은 게 지켜지지 않아도 되는지 등의 문제는 따지지도 않으면서 주어진 제한된 수의 기회를 잡고자 집요하게 매달린다. 또 누가 어떻게 그런 기회를 얻는 게 정당한지의 문제에만 집중한다. 그러나 그들은 학교 교육 과정에서 익숙해진 대로 객관적으로 확인될 수 있는 방식으로 치러지는 시험의 합격이라는 '정답'만 알고 있을 뿐이다. 그 정답에 조금이라도 어긋나 보이면 '불공정하다'고 여긴다. 문재인 정부와 인천국제공항공사의 정책은 바로 그런 시험도 없이 비정규직을 정규직화하려 했기에 우리 청년들에게 불공정의 화신이 되고 말았다.

그러나 제한된 것은 단순히 청년들이 선호하는 직업을 얻는 기회의 수만이 아니다. 그렇게 좋은 직업이나 이른바 '품위 있는 직업 (decent job)'으로 인정되는 직업의 수 자체가 제한적이다. 다시 말해, 어느 사회에서나 그렇듯이, 가령 청소부나 택배 기사 같은 직업은 청년들이 선망하는 직업이 아니다. 그러나 꼭 그와 같은 육체노동 영역의 직업만이 문제는 아니다. 예를 들어 다양한 예술 활동 종사자나 인문학자는 물론 중소기업 사무직도 좋은 직업으로 평가받지 못한다. 그런 직업은 우리 사회에서 인정되는 성공적 삶을 보장하지 못한다고 인식되기 때문이다. 성공한 삶은 고수익과 함께 안정성이 보장되는 직업을 가진 사람에게만 보장된다.

이런 인식은 우리 사회를 지배하는 물질주의적-소비주의적 가치관과도 밀접하게 연결되어 있다. 많은 청년들이 높은 수준의 소비 생활을 보장하는 고수익 직업이 아니면 우리 사회에서 인간다운 삶은 불가능하다고 인식하고 있다. 그러나 그런 직업의 수는 제한적일 수밖에 없고, 그 제한된 수의 직업군에 진입하기 위한 기회의 수는 더더욱 적다. 그러다 보니 그런 기회를 얻기 위한 살인적인 경쟁이 불가피하고, 그만큼 그런 경쟁의 승자에게는 승자독식이 보장되어야 하며, 패자에게는 가혹한 삶의 조건이 주어지는 것도 공정하다는 인식이 일반화된 것이다. 물론 그 경쟁은 시험 같은 공정한 절차와 규칙에 따라 이루어져야 한다는 인식과 함께 말이다. 우리 청년 세대 일반의 정치적 보수화도 이런 맥락에서 이해될 수 있지 않을까 한다.

우리 청년들이 가진 이런 인식의 배경에는 우리 사회에서는 단순히 이런저런 직위를 얻기 위한 특정한 기회의 수가 적을 뿐만 아니라 개인의 삶 전반에서 영향을 끼치는 '기회구조'* [47] 전체가 왜곡되어 있다는 사정이 있다. 우리 사회에서는 성공적이라고 인식된 삶을 보장하는 기회도 제한되어 있지만, 그 제한된 기회도 소수의 특권 계층이 독점하는 경우가 많다. 가령 우리 사회에서 명문대 입학의 가능성은 예컨대 많은 비용이 드는 사교육을 뒷받침할 수 있는 부모의 재력에 비례한다. 사회의 좋은 지위를 얻는 데서도 노골적이거나 은근한 부모 세대의 지원이 큰 역할을 한다. 그런 만큼 우리 청년 세대 일반의 공정에 대한 열망은 그 심층에서, 노무현 대통령이 그랬던 것처럼, 반칙과 특권에 대한 강한 거부감을 드러낸 것이라 할 수 있다.

그러나 노무현 대통령은 단순한 능력주의자는 아니었다. 그는 다른 한 편에서는 '공존 시스템 속의 경쟁'[†]을 이야기하며 능력주의를 넘어가려는 정의 지향도 갖고 있었다. 그가 꿈꾸었던 '정정당당하게 노력하는 사람이 성공하는 사회' 또는 '정직하고 성실한 대다수 국민이 보람을 느낄 수 있는 사회'는 단순한 능력주의 사회가 아니다. 물론 그는 더 깊고 많은 이야기를 하지는 않았지만, 나는 이를 노무현 대통령이 사회경제적 차원에서도 공화의 지향을 보였다

---

* 이것은 특정 기회를 분절적으로 다루는 것이 아니라 한 개인의 생애 전체에서 누릴 수 있는 기회 전체를 다루기 위한 피시킨(Joseph Fishkin)의 개념이다.

† "'우리 아이들은 성공할 수 있는가'라는 얘기에서부터 공존의 시스템 안에서만 경쟁이 이뤄져야 한다는 얘기, 경쟁은 공존 시스템의 제약을 받아야 한다는 얘기들을 해보자."(진보의 미래, 118쪽)

는 것으로 이해하고자 한다. 그는 그저 승자독식에 만족하는 정글식 경쟁이 아니라, 사회적 약자도 당당하게 인간적 삶을 살 수 있는 선의의 경쟁이 이루어지는 사회를 꿈꾸었다. 그런 사회는 어떻게 해야 가능할까? 능력주의 문제를 좀 더 천착해 보면서 답을 찾아보기로 하자.[48]

## 능력주의의 두 버전

사회경제적 차원에서 이야기되는 능력주의는 간단히 말해서 '능력에 따른 분배'와 그에 따른 '승자독식' 및 '사회경제적 불평등'을 정당화하고 고취하는 이데올로기다. 이에 따르면 정의로운 사회는 부와 권력과 명예 등과 같은 사회적 재화를 어떤 사람의 타고난 혈통, 신분, 계급 따위가 아니라 오로지 능력에 따라 할당해야만 한다. 능력주의는 근대 이후 자본주의 사회 일반을 지배하고 있는 분배 정의의 한 이상이자 그에 따라 구조화된 사회체제라고 할 수 있다.

앞에서 본 대로, 여기서 기회의 평등은 이런 능력주의 이데올로기가 작동하기 위한 가장 중요한 전제다. 사회의 특정한 집단이나 구성원에게만 중요한 사회적 지위에 접근할 기회가 배타적으로 주어져 있을 경우, 곧 일부의 특권 독점이 허용될 경우 사회적 불평등이 개개인들의 능력의 차이 때문이라고 정당화할 수는 없을 것이기 때문이다. 그래서 기회의 평등은 인정하되, 치열한 경쟁에서의 승리를 강조한다. 기회는 누구에게나 평등하게 열려 있으니, 그 기회를 잡기 위한 경쟁의 결과가 불평등을 낳더라도 그건 공정하다는 것이다. 우리는 이런 원초적인 수준의 능력주의를 '형식적 능력주의(formal meritocracy)'라고 부를 수 있다. 보통 사회적 경쟁 체제에서 손쉽게 승리한 기득권 세력이나 아무런 사회적 제약 없는 '정글 속의 경쟁'만이 공정하다고 여기는 이들이 주장한다. 정치철학적으로 보면, 고전적 자유주의자들과 그를 계승하고 있는 오늘날의 신자유주의자들이 이런 입장을 가졌다.

이런 능력주의는 능력과 그에 따른 기여에 대한 정당한 보상이라는 명분을 내세우며 아주 심각한 수준의 사회적 불평등과 배제조차 정당화할 수 있다고 본다. 의사나 변호사는 보통 청소부나 막노동꾼보다 훨씬 많은 돈을 벌어들인다. 능력주의에 따르면, 이것은 기본적으로 그 직업군에 종사하는 이들의 능력과 그에 따른 기여의 차이 때문이다. 의사나 변호사는 청소부나 막노동꾼보다 훨씬 더 뛰어난 지적 능력을 갖추고 있고, 그 능력을 연마하는 데 더 많은 시간과 노력을 들였으며, 그 바탕 위에서 사회 전체를 위해 더 많이 기여하기 때문이라는 것이다.

이 능력주의는 사회적 경쟁에서 승리한 자들의 이데올로기로 쉽게 변질된다. 그러니까 그것은 승자독식마저 용인하면서 심각한 사회경제적 격차를 고착화하고 정당화한다. 하지만 대중들은 이에 대해 적극적으로 저항하기보다는 오히려 그런 능력주의적 불평등 체제를 '공정하다'라고까지 인식한다. 세습이나 특혜가 아니라 평등하게 기회가 주어져 있는 조건에서 시험이나 자격 같은 객관적 기준으로 평가되는 능력을 근거로 그러한 불평등 체제가 성립했다고 여기는 까닭이다. 비록 그러한 체제에서 성공한 이들은 소수에 불과해도, 경쟁에서 패배한 이들도 그렇게 성공하기를 꿈꾸며 자신들의 무능을 탓하기만 한다. 그들은 그저 치열한 교육열이나 자신을 갉아 먹는 끊임없는 스펙 쌓기 같은 것으로 이 체제에 순응한다. 그러면서 심지어 능력에 따른 사회경제적 차별과 배제를 정당화하는 반평등주의적 의식을 스스로 깊게 내면화한다.

그래서 이런 식으로 사회경제적 불평등을 정의롭다고 보는 인식이 지배적인 사회에서는 사회의 모든 성원이 기본적인 물질적 필요를 무조건적으로 충족시킬 수 있어야 한다는 복지국가의 이념이 쉽게 뿌리를 내리기 힘들 것처럼 보인다. 능력주의는 사회 성원들 사이의 심각한 사회경제적 불평등을 정당화할 뿐만 아니라 사회적 약자들의 처지가 기본적으로 '자기 탓', 곧 개개인의 잘못에서 비롯하는 것이라고 인식하게 한다. 이런 인식 위에서 보면, 사회성원들에 대한 광범위한 복지의 보장은 노력하지 않은 개인에 대한 부당한 보상이고, 사회적 무임승차에 대한 잘못된 방조일 뿐이다.

이런 문화적 배경 위에서 우리 사회 성원들은 자신들의 기본적 삶의 필요를 철저하게 사적인 수준에서 해결할 것을 강요받는다. 우리 사회 성원들에게는 가장 기본적이고 중요한 인간적 필요, 곧 교육이나 주거 및 의료, 장애인이나 노약자에 대한 돌봄과 같은 필요는 기본적으로 사사로이 해결해야 할 문제다. 그런 필요의 충족은 정치공동체 차원의 문제가 아니라 일차적으로는 개인이나 가족의 문제인 까닭이다. 개인의 자기실현 문제가 사사화(私事化)되어 모든 것이 개개인 수준의 노력과 능력과 연고 등의 문제로 인식된다. 개인의 참된 자기실현을 위한 공적, 사회적 조건의 문제는 베일에 가려지고 만다.

그런데 능력주의는 복지국가와 더 많은 분배정의를 지향하는 진보 진영도 사로잡는다. 여기서는 형식적 능력주의와는 달리, 능력주의라는 출발점 위에 서면서도 시민들에게 좀 더 실질적으로 평등한 기회를 보장하기 위한 사회권과 복지의 확대를 주장한다. 서구에서 많은 사회민주주의나 사회적(진보적) 자유주의 운동에서 명시적으로 또는 묵시적으로 채택되었던 입장이었다. 큰 틀에서 보면 김대중 대통령 이래의 민주당 계열의 정치인들도 이에 가까운 인식을 보여 왔다. 우리는 이런 입장을 '실질적 능력주의(real meritocracy)'라고 부를 수 있다.

능력주의는 기회 평등이라는 조건 위에서 이루어지는 '능력에 따른 차등 분배'를 정당화하는데, 이 실질적 능력주의는 그 기회의 평등이 사실은 제대로 된 것이 아니라는 데서 출발한다. 그러니까 형식적인 기회 평등의 원칙만으로는 경쟁 관계의 출발선상에 있는 사람들이 처음부터 갖고 들어가는 능력이나 조건 등에서의 차이 문제를 해소하지 못한다는 거다. 그렇다면 우리는 무엇보다도 교육이나 상속, 가정환경 등과 같은 사회적 배경이 경쟁의 출발선상 이전에 사람들 사이의 능력과 조건의 차이를 처음부터 결정짓지 못하게 해야 제대로 된 공정을 이야기할 수 있지 않겠느냐는 거다.

이런 지향의 요점은 이렇다. 사회적 경쟁체계 안에서 참여자들이 정말로 제대로 자기 능력에 따라 평가받고 또 그것이 정의로운 분배 결과를 낳을 수 있으려면, 그런 능력 형성의 전제 조건이 되는 사회적 배경의 영향이 사람들에게 최소화될 수 있게 해야 한다. 그런 목표를 달성하고자 한다면 사회적 평등화 기제로서의 복지국가가 필요하다. 평등한 공교육 체계가 중요하지만, 그 조건 위에서도 열악한 주거 환경에서 성장을 위한 제대로 된 영양을 공급받지 못하며 적절한 의료적 지원도 받지 못하는 아이들이 다른 아이들과 공정한 성공의 기회를 얻을 수 있다고 말할 수 없을 것이다. 또 고등교육을 위한 경제적 문턱이 높아도 문제다. 그러므로 국가는 교육, 주거, 급식, 의료 등 아동의 적절한 성장을 위한 모든 차원에서 실질적인 기회 평등을 제공하기 위한 제도적 틀을 마련해야 한다.

이런 실질적 능력주의는 자본주의적-시장적 삶의 논리와 형식적 능력주의 이데올로기에 익숙한 대중들에게 복지국가 정책에 대한 동의를 끌어내는 데서 나름대로 매우 강력한 호소력을 가질 수 있다. 공정한 경쟁을 위해서라도 가령 대학 등록금을 무상화하여 누구라도 경제적 걱정 없이 원하는 만큼 공부를 할 수 있도록 해야 한다는 식으로 호소할 수 있다. 물론 이를 위해서는 부유세나 강력한 상속세, 누진적 조세 체계 등을 확립해야 하기에, 이에 대한 기득권 세력의 반발은 만만치 않을 것이다. 반복지 진영에서는 형식적 능력주의의 틀을 벗어나려 하지 않는다. 많은 현대 민주적 자본주의 사회의 정치는 이렇게 서로 다른 능력주의 버전들 사이의 쟁투의 장이 되곤 한다.

## 반칙과 특권의 현상학

그 결과 오늘날의 민주적 자본주의 사회에서는 형식적이거나 실질적인 능력주의적 분배 정의의 이상이 지배하게 되었다. 특히 오랜 유교 전통의 영향을 받았던 한국 사회에서는 그런 능력주의와는 다른 정의의 원리는 제대로 설 자리를 찾지 못하고 아주 심각한 수준의 '능력주의적 폭정(전제)(Tyranny of Merit)[49]이 전개되고 있다. 이런 사회에서는 다양한 차원에서 노무현 대통령이 타파해야 할 적으로 설정했던 '반칙과 특권'이라는 부정적인 병리 현상이 일상적이 된다. 이 문제부터 살피면서, 우리가 이런 병리들을 극복하려면 어떤 대안적 사회를 만들어야 할지를 모색해 보기로 하자.

다시 말하지만, 능력주의는 기회의 평등이라는 전제 위에서만 제대로 작동할 수 있다. 사회적 지위나 필수적인 재화를 얻기 위한 신분적 장벽 같은 것이 더는 존재하지 않는 조건에서 그것들에 대한 접근의 가능성, 곧 기회가 누구에게든 열려 있어야 한다는 건 현대 민주주의 사회의 가장 중요한 정당성의 토대를 형성한다. 그러나 다른 한편 능력주의는 그런 기회 평등 이념의 함정 같은 것이다. 왜냐하면, 누구나 다 좋은 삶을 보장한다고 기대되는 좋은 사회적 지위나 필요한 재화를 얻을 기회를 잡을 수 있는 것은 아니기 때문이다.

여기서 가장 심각한 문제는 성공적 삶을 살기 위한 기회의 수가 제한적이라는 사실이다. 그래서 그런 기회를 얻기 위한 치열한 경쟁은 불가피하고, 단지 필요한 능력이나 업적을 갖춘 이들만이 그 경쟁에서 살아남을 수 있는 것처럼 이해된다. 또 여기서 승자는 그 경쟁의 과실을 독식할 수 있다고 정당화된다. 실패한 이들은 불편하고 불리한 삶의 조건을 감수해야만 한다고 강요된다. 그 때문에 성공을 위한 '생사를 건 투쟁'은 불가피하다.

능력주의적 경쟁은 결국 희소한 성공적 삶의 기회를 위한 경쟁이다. 이런 경쟁은 사회의 기회구조가 어떻게 짜여 있는지에 따라 그 강도와 양상이 결정된다. 한국 사회의 기회구조는 성공적 삶을 보장한다고 인식된 아주 제한적인 수의 사회적 지위나 직업을 정점으로 하층으로 갈수록 힘겨운 삶의 환경을 감당해야 하는 사회적 지위나 직업의 영역이 늘어나는 피라미드 모양을 하고 있다. 그러다 보니 한국 사회에서는 무슨 수를 써서라도 피라미드의 상층에 오르려는 치열한 경쟁이 일상화되어 있다.

이런 경쟁은 본질적으로 '군비 경쟁' 같은 것이다. 그러니까 사람들은 꼭 필요해서가 아니라 어떻게든 조금이라도 남들보다 앞서야 한다는 강박 속에서 경쟁에 유리하다 싶은 수단이나 스펙 등을 갖추고자 한다. 겉으로라도 능력이 있다는 걸 남에게 보여주고 싶어서다. 옷 입는 것도 경쟁이고, 외모도 경쟁이며, 말투도 경쟁이다. 그러나 무엇보다도 '반칙과 특권'으로 요약될 수 있는 온갖 사회 병리들도 만들어 낸다. 이런 병리들은 기본적으로 사회에 주어진 성공적 삶을 위한 기회 자체가 너무 편향적이고 제한되어 있어서 발생한다. 몇 가지 중요한 현상들만 보자.

### 1) 세습체제의 강화

아무래도 우리 사회의 불합리하고 불의한 기회구조가 낳은 가장 중요한 병리 현상 중의 하나는 사회에 만연한 세습 현상일 것이다.

본디 세습은 전근대 사회 일반에서 신분 체제를 공고화하는 기본 기제였다. 근대사회가 발전하면서 함께 사회적으로 증폭된 형식적이거나 실질적인 기회 평등의 요구는 사회의 다양한 영역에서 일반화되어 있던 세습 기제의 타파를 요구했다. 그 결과 혈통에 따른 신분 체제가 허물어진 것은 물론이고, 다양한 공직 역시 반세습적인 능력주의적 선발을 통해 채워졌다. 신분과 무관하게 누구든 능력만 입증하면 공직에 오를 기회를 얻을 수 있다는 게 근대 이후 사회의 인재선발 원칙이었다.

그러나 역설적이게도 기회 평등의 이념을 가장 근본적인 논리적, 사회적 전제로 하는 능력주의는 성공적 삶을 위한 제한된 기회를 둘러싼 치열한 경쟁이 일반화됨에 따라 다양한 차원에서 노골적이거나 은폐된 세습체제를 새롭게 만들어 낸다. 특히 경쟁에서 얼마간 성공한 이들은 자신들이 경험한 그 경쟁의 가혹함을 자식에게는 물려주지 않으려고 자식들을 어떻게든 경쟁 바깥에 위치하게 하려 한다.

'세습'은 능력주의적 기회 평등 이념의 가장 큰 적이다. '은수저를 물고 태어난 사람'이 사회적 경쟁에서 특별한 이익을 얻지 못하게 하는 게 마땅하다는 게 능력주의의 기본 이념이기 때문이다. 그래서 대부분의 서구 자본주의 사회들에서는 최근에 이르기까지 50% 또는 그 이상의 상속세를 매겼다. 우리나라도 마찬가지다. 하지만 능력주의 이념이 더욱 확산하고 그에 기초한 자본주의적 시장경제가 고도화되었지만, 역설적으로 세습 현상은 더 강화되고 있다.

우리나라의 경우 '재벌체제'는 기본적으로 '족벌 지배체제'가 된지 오래고, 대부분의 기업들이 세습 체제로 유지되고 있으며, 대학을 포함한 각급 교육기관들도 대물림되고 있다. 심지어 교회마저 세습되고 있으며, 크고 작은 노동조합들은 노사협상과정에서 자녀 특혜 채용을 관철시키기도 한다. 그 결과 이제 세습은 많은 영역에서 너무도 당연한 사회적 관행으로 자리를 잡고 있다. 최근 들어 서구의 선진 자본주의 국가들, 심지어 스웨덴에서도, 점차 상속세를 없애거나 완화하는 경향이 강해지고 있는데, 이런 경향을 반영하고 있는 것 같다. 그러나 우리나라에서 이런 경향은 그야말로 압도적이라고 해야 한다.

한때 유행하던 청년들의 이른바 '헬조선' 담론과 함께 '조물주 위에 (세습) 건물주가 있다'는 조롱은 이런 세습 체제에 대한 조롱이라고 이해해야 한다. 그런 담론은 청년들에게 엄청난 능력주의적 경쟁 압박을 가하는 우리 사회가 사실은 만연한 세습기제를 통해 그 경쟁으로 통과해야 할 기회 자체를 제한하고 있음을 풍자하는 맥락에서 나온 것이다.[50] 능력주의는 세습체제의 안티테제를 표방하고 바로 그 점에서 정당성을 주장하지만, 과열된 능력주의적 경쟁은 어떻게든 그 경쟁 압박에서 벗어나려는 이들이 세습이라는 피난처를 찾게 했던 것이다.

부모는 자녀들에게 재산은 물론이고 사회적 지위(기업의 대표직, 각종 재단의 이사장, 학교장이나 총장, 목사, 대기업 사원 등)를 대물림함으로써 자식들이 격렬한 능력주의적 경쟁을 벗어난 삶을 살거나 그런 경쟁에서 처음부터 유리한 고지를 점하게 하려 한다. 이는 세계적인 수준에서 보면 토마 피케티(Thomas Piketty)가 말하는 '세습자본주의(patrimonial capitalism)' 현상과 연결되겠지만,[51] 우리 사회의 모습은 기괴하기까지 하다고 해야 한다. 학교도 교회도 세습되는 나라가 우리나라다. 다른 어떤 나라에서 이런 모습을 볼 수 있을까?

### 2) 교육 병리

현대 사회에서 세습은 노골적이고 공식적인 방식으로뿐만 아니라 은폐되고 위장된 방식으로도 이루어진다. 예를 들어, 피에르 부르디외(P. Bourdieu)가 강조한 대로, 문화적 습성이나 취향, 교양, 계급특수적 언어사용방식, 사교와 인맥 같은 것들도 세습되어 개인들의 경쟁에서 일정한 방식으로 긍정적으로 작용한다. '금수저'와 '흙수저'는 단지 물질적 조건에서만이 아니라 문화적 소양 차원에서도 경쟁의 출발선상에서 현저한 차이를 가진다. 그러나 역시 제일 중요한 은폐된 세습 기제는 교육 영역에서 작동한다.

오늘날의 민주적 자본주의 사회에서는 북한이나 싱가포르에서와 같은 정치적 지위의 노골적 세습은 조롱거리가 된다. 다른 사회적 지위의 경우는 반드시 그렇지는 않지만, 능력주의적 원리가 일반화된 사회에서는 그런 사회적 지위의 세습도 쉽게 정당화되기 힘들다. 세련된 포장이 필요하다. 그래서 필요한 것이 자녀들의 학력과 학벌 같은 것들이다. 최소한 대학을 나와야 하고, 가능하면 명문대를 나와야 하며, 필요하면 석, 박사 학위나 외국 대학의 학위가 있어야 한다. 그래야 세습은 정당성의 외양을 가질 수 있게 된다.

그러나 교육 영역에서는 단지 돈만이 기회를 통과하기 위한 열쇠가 아니다. 필요한 경제적 토대가 아예 없어도 좋은 교육을 받기는 힘들지만, 돈만 있다고 '교육 자본'을 얻을 수 있는 것은 아니다. '경제적 자본'을 이 교육 자본으로 전화시키기 위해서는 특별한 과정이 요구된다. 양질의 교육환경은 물론이고, 각종 사교육이 필요하다. 때때로 '봉사 활동 경험' 같은 다양한 '스펙 쌓기'도 요구된다. 우리나라의 경우, 이를 위해 특히 서울 강남 지역으로 대표되는 막대한 규모의 사교육 시장이 형성된다.

한편, 살인적인 경쟁을 뚫고 제한된 기회를 통과하기 위한 가장 중요한 열쇠로 좋은 교육 경험이 자리를 잡기 시작하자 고등교육 기회에 대한 요구와 경쟁 또한 치열해졌다. 우리나라의 경우 대학진학률이 80%에 육박하며 세계 최고 수준을 보이는데, 입시 경쟁을 완화한답시고 '대학설립 준칙주의'를 도입하여 전국 곳곳에 우후죽순처럼 대학 수도 늘어났다. 인구 감소시기를 맞아 지금은 전국의 많은 대학이 문을 닫아야 하는 위기에 몰리며, 또 다른 사회 문제의 원인이 될 정도다.

그러나 대학 숫자가 늘고 대학진학률이 올라간다고 입시 경쟁 자체가 완화되지는 않는다. 명문대학교 학벌을 획득하여 사회적 경쟁에서 유리한 고지를 점할 수 있는 기회 자체는 여전히 제한적이기 때문이다. 모든 대학 졸업생에게 똑같은 기회가 주어지는 것은 아니다. 그래서 우리 사회에서는 심각한 '대학서열화'가 진행되었다. 이른바 SKY 대학들을 필두로 전국의 모든 대학이 거의 일렬로 순위가 매겨졌고, 한쪽에서는 대학들이 문을 닫고 있어도 조금이라도 높은 위치에 있는 대학에 입학하기 위한 기회를 얻으려는 치열한 경쟁은 끊임없이 계속된다. 명문대 학벌이 출세와 성공을 위한 보증수표로 인식되기 때문이다. 최근에는 국내의 명문대 학벌로도 모자라 외국, 특히 미국 명문대의 학벌이 중요한 상징자본이 되었다.

### 3) 서울중심주의와 '강남'의 탄생

사회가 인정하는 성공적 삶을 위한 제한된 기회구조는 사회의 '인문지리' 풍경도 일그러트린다. 노무현 대통령은 특히 이 문제에 깊은 관심을 보였는데, 우리나라에서는 정치, 경제, 문화 영역은 물론이고 교육 영역에 이르기까지 모든 중요한 성공 기회가 서울이라는 지역에 집중되고, 점점 더 그 강도 또한 커지고 있다. 교육, 일자리, 인적 네트워크 등 성공을 위한 지름길로 인식된 기회들이 서울에 집중되다 보니 서울은 블랙홀처럼 전국의 모든 인적, 물적 자원들을 흡수했다. 그 결과 지방은 더더욱 공동화되고 서울로 더더욱 집중이 일어나는 악순환이 일어난다.

그러나 서울도 중심과 주변으로 나뉘었다. 그러한 구분 역시 기회 구조와 관련이 있다. 그중에서도 특히 우리 사회에서 성공적 삶을 위한 기회를 얻는 데 필요한 가장 중요한 자원으로 인식되는 교육 기회, 그러나 평준화된 공교육 기회보다는 개인의 수월성을 강조하는 사교육 기회가 결정적 역할을 한다. 사교육 시장에서도 집적의 효과가 중요하다. 집적이 이루어지면 다양한 사교육을 받기 위해 이동하는 시간과 거리를 줄일 수 있고, 다양한 정보를 손쉽게 교환할 수 있으며, 사교육 시장의 치열한 경쟁을 통한 질적 수준의 향상 또한 기대할 수 있다. 이렇게 형성된 유리한 사교육 환경은 질 좋은 주거 환경과 교통 인프라나 많은 일자리, 손쉬운 사교 생활의 가능성 등과 선순환적 영향을 주고받으며 '강남'을 탄생시켰다.

이런 서울중심주의의 이면은 지방소멸이다. 좋은 기회가 서울 집중의 원인이듯이, 성공적 삶을 위한 부족한 기회는 지방소멸의 근본 원인이라고 할 수 있다. 서울 집중과 지방소멸은 악순환 관계에 있다. 서울의 공간적 한계는 경기도, 그중에서도 서울과 인접한 지역에도 산업과 인적 자원을 집중시킨다. 하지만 경기도 외곽을 포함한 우리나라의 다른 모든 지역은 기회들을 서울에 빼앗기며 점점 더 열악해지고 쇠락한다. 그리고 이 과정은 다시 서울과 수도권에만 기회가 집중되도록 만든다.

그러나 이런 집중이 반드시 서울과 수도권의 거주자들에게 좋은 것만 아니다. 경쟁의 격화, 주거비용의 상승, 교통 혼잡, 환경오염 등의 문제가 심해져서 서울과 수도권 지역은 삶의 질이 떨어진다. 좋은 기회들이 집중되어 있다고는 하지만, 그 기회들은 충분히 좋은 삶을 제공할 수 없다. 출산율 저하 같은 현상도 이런 맥락의 병리 중의 하나로 이해할 수 있다. 엄청난 '기회비용' 때문에 청년들은 결혼과 자녀 출산의 기회조차 쉽게 얻을 수 없는 상황에 처해 있는 것이다. 인구가 지역으로 분산되면 훨씬 더 경쟁 압력이 적은 상태에서 더욱 여유 있고 질 좋은 삶을 누릴 수 있지만, 성공적 삶에 대한 고정된 관념과 그런 삶을 위한 제한된 기회의 수도권 집중은 사람들을 쉽게 수도권에서 벗어나지 못하게 한다. 지방민이라는 건 곧 실패한 인생을 증명한다고 인식되기 때문이다.

### 4) 과두특권체제

그런데 우리 사회의 반칙과 특권은 고립적이고 분절적인 방식으로 작동하지 않는다. 우리 사회에는 그런 반칙과 특권이 조직적이고 구조적으로 행사되게끔 뒷받침하는 '과두특권체제'가 견고하게 확립되어 있다. 지금 우리 사회에서는 소수의 재벌, 부동산 투기 세력 같은 불로소득 지대 추구 세력, 사학귀족, 일부 대형교회 중심의 개신교세력, 검찰을 중심으로 한 법조인 집단 등이 학연이나 혈연 및 지연 등을 매개로 끈끈한 중첩적 네트워크와 폐쇄적 카르텔을 형성하여 사회의 거의 모든 주요 영역을 지배하고 있다.

사회적으로 성공한 사람들을 우리는 흔히 기득권 세력이라고 말하는데, 물론 이 세력에 속하는 모든 이들이 특권을 향유하고 반칙을 일삼는다고 할 수는 없다. 누구는 운이 좋아서, 또 누구는 우리 사회에 대한 탁월한 기여에 대한 보상을 받아서, 다른 사회 구성원들에 비해 좀 더 나은 삶의 질을 누리는 사람들이 있다. 그러나 이들 중 많은 이들은 자신들이 누리게 된 기득권을 자신들이 누려야 할 '응분의 몫'이라 여기면서 당연하게 생각할 뿐만 아니라, 그 기득권을 어떻게든 지속적으로 누리려고 한다. 제도와 정치를 동원해 그 기득권을 요새 속에 두려 한다. 이때 그 기득권은 특권이 되고, 그 과정에서 반칙이 사용된다.

그러니까 우리 사회의 과두특권체제는 현대판 '귀족'이라고 할 만한 소수의 세력이 온갖 '반칙' 또는 '꼼수'를 동원해서 특권화된 기득권을 공고하게 유지하는 체제라고 할 수 있다. 한마디로 특권과 반칙의 융합체제다. 이 체제의 특권 세력은 철저하고 탐욕적인 방식으로 사익을 지키고 추구하면서, 국가 기구와 법 그리고 공공적 제도 및 공론장을 장악하여 그 체제를 영속화하려 하고 있다. 단순히 경제적 권력만이 아니라 문화적 권력은 물론, 정치적 권력마저 거의 독점하고 있다. 그러면서 기묘하게도 그런 독점을 능력주의의 이름으로 정당화한다. 곧 그런 독점은 자신들이 지닌 뛰어난 능력으로 우리 사회에 기여한 바가 큰 까닭에 주어진 것이라는 거다.

이런 과두특권체제의 유지에 가장 큰 역할을 하는 것은 물론 정치다. 정치를 통해 그 체제를 뒷받침하는 권력구조를 유지하고 그 구조를 혁파하려는 모든 노력을 좌절시킨다. 이들은 지금 보수라는 이름으로 '국민의힘'(노무현 대통령 당시 한나라당)이라는 정당에 모여 있다. 이 정당은 민주화 이후에도 대부분 기간에 집권당이었다. 노무현 대통령은 바로 이 보수가 지키려는 과두특권체제와 맞서 싸우려 했고, 그 싸움에 져서 비극적으로 생을 마감해야만 했다. 이제 우리가 이 싸움을 이어가야 한다.

## 민주적 평등주의

그러나 그러기 위해서 우리는 우선 반칙과 특권을 혁파한 정의로운 세상에 대한 올바른 비전부터 세워야 한다. 어떤 사회라야 참으로 정의로운 사회라고 할 수 있을까? 사실 많은 철학자들은 이 문제에 대해 서로 다르고, 때로는 상충하기까지 하는 대답을 내놓는다. 공화주의 역시 이 문제에 대해 일치된 답을 갖고 있다고 할 수없다. 그래도 큰 틀의 방향과 원칙에 대해서는 어느 정도 윤곽을 제시할 수 있다. 노무현 대통령도 이를 지지했을 것이다.

공화주의자들은 누구에게도 예속되지 않는 자유로운 시민적 삶을 추구했고, 노무현 대통령도 '당당하게 눈치 보지 않아도 되는, 강자에게 줄서지 않아도 되는' 삶을 꿈꾸었다. 이를 위해서 무엇보다도 중요한 것은 모든 시민이 일정한 사회경제적 조건을 확보하는 것이다. 서구의 공화주의자들은 '어느 누구도 자신을 팔아버려려 할 정도로 가난해서는 안 되며, 어느 누구도 사적인 혜택을 미끼로 다른 시민들의 굴종을 사버릴 수 있을 정도로 부유해서도 안 된다(루소)[52]

는 사회 정의의 원칙을 공유하고 있었는데, 이는 노무현 대통령의 이상에도 아주 잘 부합한다. 나는 이를 '민주적 평등주의'라는 관점으로 정리해 보고자 한다. 그 기본적인 얼개는 이렇다.

민주적 평등주의는 한 정치공동체를 이루고 있는 모든 시민(인간)의 평등한 존엄성에 대한 인정이라는 대원칙에서 출발한다. 여기서는 어떤 인간도 다른 인간보다 근본적으로 우월하거나 뛰어날 수 없고 그 존엄성에서 평등하다. 비록 사람마다 다 다른 능력에 따라 공동체에 대한 기여의 정도가 다르고 그에 따라 서로 다른 보상이 주어지는 게 어느 정도 불가피할 수도 있지만, 그 때문에 모든 시민의 민주적 평등 관계가 훼손되어서는 안 된다. 모든 시민은 특정한 목적을 위한 능력주의적 경쟁에 앞서 누구든 저마다의 고유한 잠재력을 계발하고 인정받을 수 있어야 하며, 능력주의적 원리에 따른 사회경제적 불평등은 시민들 사이의 민주적 평등 관계를 해치지 않는 범위 안에서만 허용되어야 한다.

민주적 평등주의는 현대 사회, 특히 한국 사회를 강하게 지배하고 있는 능력주의가 모든 시민의 평등한 존엄성을 인정하는 데서 출발하는 민주공화국의 기본적인 도덕적 전제와 어긋난다고 본다. 그런 도덕적 전제에 충실할 수 있으려면, 민주공화국은 개인의 능력에 대한 과도한 보상의 원리가 아니라 사회의 모든 성원이 평등하게 존중받으며 번영할 수 있는 사회적 삶의 조직 원리를 찾아야한다. 미래 세대가 맹목적인 경쟁에만 매몰되지 않고, '공존 시스템 속의 경쟁'이 가능한 교육과 사회 체제를 만들기를 바랐던 노무현 대통령의 꿈도 바로 이런 것을 의미한다고 할 수 있을 터이다.

그런 공존 시스템은 어떻게 가능할까? 이런 시스템에서는 무엇보다도 승자독식의 원리가 경쟁의 기본원리가 되지 않도록 해야 한다. 승자독식은, 그것이 외견상 아무리 정해진 규칙에 따른 경쟁의 결과라고 할지라도, 기본적으로 공정하다고 하기 힘들다. 우리가 의미 있게 반칙과 특권이 전혀 없는 공정한 경쟁을 이야기하기 위해서는, 경쟁에 참여한 사람들 사이에 단지 형식적인 차원에서만이 아니라 실질적인 기회균등이 확보되어야 함은 물론이고, 경쟁에 참여하는 이들의 천부적 재능조차 온전히 그들만의 것이 아니라는 것을 인정해야만 한다. 누구든 자신이 지닌 타고난 재능을 얻는 데 스스로는 아무런 역할을 하지 않았기 때문이다.

그런 만큼 누구든 자신의 재능 때문에 사회적으로 크게 성공했다고 해서 그 성과를 오로지 자기만의 것이라고 독차지하는 것을 결코 공정하다고 할 수 없다. 거기에는 사회 전체가 함께 누려야 할 몫이 많이 들어 있음을 인정해야 한다. 이런 지향은 롤스를 비롯한 서구의 많은 철학자들의 기본 관점이었을 뿐만 아니라, 유교적 대동사회 이념의 중요한 초점이기도 했다. 노무현 대통령이 '공존 시스템 속의 경쟁'을 강조했던 것도 바로 이런 맥락이었다고 할 수 있다.

## 다원적 능력주의

 민주적 평등주의가 실현되려면 사회가 능력주의적 경쟁에 앞서 우선 모든 시민이 자신만의 재능을 온전하게 계발하여 사회 전체를 위해 의미 있게 기여할 평등한 기회를 제공할 수 있어야 한다. 지금 우리 사회에서 시민들은 돈을 많이 벌거나, 의사나 변호사가 되거나, 아니면 올림픽에서 메달을 따거나 해야 높은 사회적 평가를 받는다. 민주적 평등주의는 시민들이 훨씬 더 다양한 차원에서 다양한 방식으로 사회의 소중한 성원으로서 존중받고 평가받을 수 있는 기회가 마련되지 않으면 안 된다고 본다. 왜냐하면 그렇지 않고는 높은 평가를 받는 몇 안 되는 사회적 지위를 위한 치열한 정글식 경쟁은 피할 수 없고, 거기에서 배제된 수많은 시민들은 일상화된 모욕과 무시를 감내하면서 살아가야 할 것이기 때문이다.

 누구든 인간이라면 의미 있고 가치 있는 삶을 살 수 있어야 한다는 데 대해 이의를 제기하기는 쉽지 않을 것이다. 그런데 그런 삶의 의미와 가치는 단지 개인의 주관적인 자기만족을 통해 확보되는 게 아니고, 사회적 관계 속에서 이루어지는 타인들의 평가와 인정을 통해 확인된다. 다른 사람들과 사회가 나의 속성이나 활동이나 역할 등에 대해 가치 있다고 여기고 인정해 줄 때만 나는 비로소 제대로 자신을 신뢰하고 존중할 수 있을 것이다. 만약 사회가 짜 놓은 질서가 인간이 지닐 수 있는 특정한 특성이나 재능만을 평가하고 인정하면, 그러한 특성이나 재능을 갖지 못한 수많은 사람은 큰 좌절감과 모욕감을 느끼며 살아갈 수밖에 없다. 그들은 사회에 별다른 기여도 못 하는 쓸모없는 '잉여'의 존재일 뿐이라고 사회로부터 냉대 받고, 스스로도 커다란 자괴감에 빠져 허우적거리며 살아갈 수밖에 없을 것이다.

능력주의는 기본적으로 개인의 능력과 노력의 정도를 차등적으로 평가하는 특별한 종류의 '인정의 질서'라고 할 수 있다.[53] 다시 말해 예컨대 의사나 변호사가 발휘하는 지적 능력은 사회에 매우 필요하고 소중한 능력이라고 평가받지만 택배나 청소 노동을 위해 필요한 육체적 힘은 별 게 아니라고 보기 때문에 엄청난 소득 격차가 생겨나는 게 옳다는 식으로 보는 게 이 능력주의적 인정 질서다. 그러나 이 능력주의는 능력에 대해 지나치게 좁은 평가의 잣대를 갖고 있다.

우리 사회에서는 주로, 많은 경제적 이익을 가져다주는 기업인, 엄청난 고수익을 올리는 의사, 뛰어난 성취를 남긴 과학자, 국가적 질서의 유지에 기여를 할 수 있는 법조인, 고위 행정 관료 같은 이들이 지닌 개인의 자질이나 속성만을 높이 평가하고 인정한다. 대개 지적인 능력이다. 그렇지만 이런 인정의 질서는 결코 어느 사회에서나 타당한 고정되고 불변하는 자연적 질서가 아니다. 그런 질서는 일정한 사회정치적 과정을 통해 인위적으로 창조되었다고 보아야 한다. 예컨대 수렵 사회 같은 데서는 강한 육체적 힘을 갖고서 사냥하는 데 뛰어난 재능을 가진 이가 가장 높이 평가되었을 테니 말이다.

이런 인정 질서를 바꾸지 않으면 안 된다. 우리는 지금과는 달리 사회의 모든 성원이 평등하게 자기실현의 기회를 가질 수 있는 더욱 다원적인 인정의 질서를 추구할 수 있어야 한다. 누구든 자신이 지닌 다양한 재능과 지향을 제대로 계발하고 발휘할 수 있는 기회를 얻을 수 있는 그런 사회를 만들어야 한다는 이야기다. 단지 좁은 의미의 지적 능력만이 아니라, 가령 춤추고 노래하며 그림 그리고 달리기를 잘하는 재능 같은 것도 존중되는 다채로운 인정의 원리가 작동하도록 해야 한다. 단순히 문화적 수준에서 사람들의 가치 평가 방식이 달라져야 할 뿐만 아니라, 사회의 기본적인 제도들이 그런 일들이 일어나도록 실질적으로 뒷받침할 수 있어야 한다. 나는 이런 사회를 '다원적 능력주의' 사회라고 부른다.

그런 사회가 가능하려면 우선 누구에게든 평등하게 자신의 능력을 계발할 기회가 주어져야 한다. 예컨대 누구든 돈이 없다는 이유로 학업을 포기하는 따위의 일이 있어서는 안 된다. 그러나 더 중요한 건 단지 학업만이 아니라 노래를 부르고 그림을 그리며 달리기를 하는 등의 분야에서 개인들이 가진 여러 재능에 대해서도 충분한 자기계발의 기회가 제공되는 것이다. 가령 예술가들이 가난하게 살 수밖에 없는 사회에서는 사람들이 쉬이 예술가가 되려 하지 않을 것이다. 단지 부잣집 자제만이 아니라 누구든 자신이 좋아하고 잘하는 일을 하면서 공부하고 성공할 수 있는 평등한 기회를 얻을 수 있어야 한다. 나아가 그런 일들도 우리 사회를 위해 의미 있고 가치 있는 일일 수 있음을 인정하고, 그에 따른 적절한 사회적 평가와 보상이 주어질 수 있도록 해야 한다.

이런 접근은 어떤 의미에서는 능력주의적 인정 원리에 대한 내재적 비판에서 출발한다고 할 수 있다. 다시 말해 개인의 사회적 기여의 정도에 따른 공정한 보상과 인정이라는 능력주의적 정의 원리를 받아들이되, 그 능력주의가 현실에서는 생산이나 이윤 같은 획일적 잣대만을 내세우며 많은 사람을 인정의 영역 바깥으로 내몰고 있음을 비판하고, 사회적 기여로 인정될 수 있는 개인의 속성이나 행위의 차원을 다원화하자는 접근이다.

## 기회 다원주의

이렇게 다원적 능력주의는 인정의 질서를 좀 더 다채롭게 재편함으로써 사회적 평가 체계와 연결된 물질적 차원의 보상 체계의 변화도 일어날 수 있게 한다. 그리하여 육체노동에 종사하는 이들은 물론 가령 인문학을 공부하거나 예술 활동에 종사하는 이들도 사회적으로 제대로 인정받을 수 있고 또 그에 따라 안정적인 물질적 생활 수준을 보장받을 수 있도록 하자는 것이다. 그리하여 사람들이 얻고자 원하는 기회의 종류를 다원화하고 그 수를 풍부하게 하는 방향으로 사회의 기회구조 자체를 변화시킬 수 있다. 그리고 제한된 수의 기회를 거머쥐기 위한 생사를 건 투쟁을 약화시켜, 노무현 대통령이 이야기했던바, 공존 시스템 속의 경쟁이 이루어지도록 할 수 있다.

현대 사회를 지배하고 있는 능력주의는, 형식적이든 실질적이든,

기회 평등의 이상에서 출발한다. 그러나 이 이상을 현실에서 실현하기 위해서는 다양한 장애를 제거할 수 있어야 한다. 무엇보다도 개인이 재능을 계발하고 사회의 중요한 기회 관문을 통과하는 데서 아주 큰 역할을 하는 '가족' 같은 사회적 배경의 영향을 줄여야 한다. 실질적 기회균등의 중요성을 강조하는 접근법은 교육 등의 영역에서 그런 사회적 배경의 영향을 중화시킴으로써 기회균등의 이상을 실현하려 해 왔다. 많은 철학자들은 그런 사회적 배경의 영향은 기본적으로 어떤 '운(luck)'일 뿐 성공을 정당화해 줄 수 있는 개인의 자질이나 노력 및 선택과는 무관하다며, 그런 운의 영향을 중화시킬 수 있는 '운 평등주의(luck egalitarianism)'를 정의의 이상으로 제시하기도 한다. 정치적으로는 사회민주주의나 사회적(진보적) 자유주의 진영에서 이런 입장을 지지했다.

그러나 개인의 성공에서 어느 정도가 그런 사회적 배경이나 운의 영향이고 얼마만큼이 순전한 개인의 재능이나 노력의 결과인지를 구분해 내는 것은 칼로 두부를 베듯이 분명하게 이루어지기 쉽지 않다. 아니, 원칙적으로 불가능하다고 해야 한다. 실제로 같은 부모에게서 태어나 비슷한 환경에서 자란 일란성 쌍둥이라 하더라도 둘 다 똑같은 성공의 기회를 얻는 일은 거의 없다고 한다. 개인의 성공에는 너무도 많은 우연적 요소가 작용하기 때문에 경제 수준 같은 요소들만 통제한다고 해서 제대로 된 기회의 평등을 이루어 낼 수는 없다.

그런데 이런 기회의 평등에만 집착하는 접근법은 다른 차원에서 근본적인 맹점 하나를 가지고 있다. 운 평등주의를 포함하여 실질적 기회 평등을 추구하는 많은 접근법은 다양한 복지 정책이나 대학 입학 등에서 소수 인종이나 시골 지역 출신에 가산점을 주는 '적극적 차별시정 조치(affirmative action)' 같은 정책을 통해 사회의 하층 출신도 어느 정도 성공할 수 있도록 도울 수는 있다. 그러나 그런 접근법은 너무 많은 사회 구성원들이 '명문대 입학' 같이 아주 좁고 제한된 기회를 통과하기 위해 치열한 경쟁을 벌여야 하는 데서 오는 문제를 피할 수 없다.

조제프 피시킨(Joseph Fishkin)은 그런 현상을, 여러 방향에서 오는 차들이 좁은 도로로 몰리면서 심각한 교통 체증이 빚어지는 일에 빗대, '병목 사회' 현상이라고 부른다.[54] 사회의 너무 많은 구성원이 아주 적은 수의 기회에 목을 매달며 치열하게 경쟁한다는 것이다. 민주적 평등주의는 그와 같은 경쟁의 병목 현상 자체를 없애거나 완화할 수 있는 조금 다른 기획을 발전시키고자 한다. 나는 그를 따라 그런 기획에다 '기회 다원주의'라는 이름을 붙여보고자 한다.

피시킨이 '중요한 시험 사회(big test society)'라고 부른 한국 같은 사회에서는 누군가가 (명문대) '대학 입시'에 통과하는 것이 성공적인 삶을 사는 데 필수적이다. 그러므로 부모들은 자신들이 가진 경제력 등을 이용하여 어떻게든 자기 자녀가 그런 시험을 통과하는 데 유리하게 작용할 수 있는 '발달 기회'를 극대화하는 데 깊은 관심을 가지지 않을 수 없다. 그리하여 자기 자녀가 어떻게든 다른 아이들보다 더 많은 기회를 가질 수 있도록 자신들이 할 수 있는 최대한의 노력을 경주하려 한다. 우리는 흔히 부모들의 이런 노력을 '극성'이라고 표현하는데, 사실 우리 사회의 많은 '반칙'도 이런 맥락에서 일어난다.

이런 문제를 완화하기 위해 우리 사회는 다양한 입시 제도를 고안하고, '지역균형발전(농어촌학생) 특별전형' 같은 걸 만들어 불리한 처지에 있는 아이들도 명문대에 입학할 수 있는 기회를 늘리는 노력을 했다. 하지만 그래보았자 상류층 자제들이 부모들의 막대한 지원에 힘입어 명문대 입학을 독점하는 일 같은 걸 조금도 막지 못했다. 상류층 출신 학생들이 그렇게 지역균형발전 전형으로 입학한 학생들을 '지균충'이라고 부르며 비하하는 일까지 만연하다. 어떻게든 그런 불평등을 줄이려는 노력을 해볼 수는 있겠지만, 성공적 삶을 위한 한정된 기회의 병목을 그대로 두고서는 치열한 경쟁과 그에 따른 반칙 발생의 유혹을 줄일 방법은 없을 것이다.

우리 사회처럼 좋은 대학을 나오지 않고는 좋은 삶을 살 가능성 자체가 없거나 현저하게 제한된다고 여겨지는 사회에서는, 사람들은 다른 방향의 삶을 위해 자신을 계발하거나 다른 목표를 추구하는 자기만의 고유한 삶의 경로를 개척하려고 나서기 쉽지 않을 것이다. 유한한 삶이 실패로 끝날지도 모른다는 두려움 때문이다. 근본적인 문제는 아주 제한적으로만 주어진 기회의 병목이다. 이 병목을 그대로 둔 채로는 성공을 위한 기회를 누구든 평등하게 잡을 수 있도록 해 보겠다는 식의 접근법은 사회를 조금도 평등하게 만들 수 없다. 우리는 그런 병목들로 짜인 기회구조 자체를 해체하거나 혁신하려고 노력하는 새로운 차원의 기회 평등 개념을 발전시켜야 한다.

이 기획이 기회 평등에 대한 집착을 비판한다고 해서 평등주의적 이상을 아예 포기하자는 건 아니다. 그러나 우리는 지금까지의 많은 평등주의적 기획이 현존하는 기회구조를 당연한 것으로만 전제하고 사회적 약자들이 그 구조가 제공하는 한정된 기회라는 좁은 병목을 더 쉽게 통과하도록 하는 데에만 매달렸다는 한계를 극복할 필요가 있다. 필요한 것은 기존의 주어진 기회구조 자체를 다원화하는 방향으로 혁신하여 사람들이 한정된 기회의 병목을 우회할 수 있도록 하는 것이다. 핵심은 사람들이 좋은 삶을 살기 위해 취할 수 있는 기회의 수 자체를 획기적으로 늘리는 데 있다.

그동안 서구나 우리 사회의 진보정당들은 가족을 비롯한 사회적 배경이 구성원들에게 성공적인 삶을 위한 기회를 제공할 가능성에서 차이를 없애 보려고 많은 정책적 고민을 해 왔다. '개천에서 용이 나는 사회'를 만들겠다며, 사회적 약자들이 좀 더 유리한 조건에 설 수 있도록 지원을 했다. 그러나 '역차별'이라는 식의 정치적 반대도 많았을 뿐만 아니라, 추구했던 정책들이 정말 기대했던 효과를 낼 수 있는지에도 많은 의문이 제기되었다. 설사 얼마간의 효과가 있다 하더라도 승자독식의 원리에 기초하는 능력주의적 경쟁의 체제는 다시금 다양한 차원의 사회적 불평등을 심화시키고 또 정당화한다. 이제 접근법을 바꾸어야 한다. 우리가 그런 경쟁 자체를 아예 없앨 수 없다면, 그런 경쟁에 걸린 '판돈'을 낮추어 그에 대한 유인을 줄여보자는 이야기다.

그러니까 중요하다고 인식되는 대학 입시 같은 출발점에 모두가 매달리도록 하는 대신, 사람들이 의미 있고 가치 있는 인생을 살아갈 수 있는 새롭고 다양한 경로를 더 많이 만드는 방향으로 우리의 초점을 바꾸어 보자는 것이다. 대학을 나오지 않고 가령 기술자나 요리사가 되더라도 충분히 사회적으로 인정받고 인간다운 삶을 살 수 있도록 말이다.

물론 그동안 우리 사회에서 많은 이들이 이런 이야기를 해왔다. 그러나 이런 이야기가 단순한 당위에 머무르거나 개인적 수준에서 결단할 문제로만 받아들여져서는 안 된다. 누구든 정말로 명문대 진학 같은 것에 매달리지 않고 다양한 가치를 추구하며 살아야 하는데, 문제는 이를 위한 실질적인 사회적 조건을 어떻게 만들어 낼 수 있을까 하는 것이다.

## 시민적 기획으로서의 복지국가

솔직히 말해서 민주적 평등주의가 추구하는 다원적 능력주의나 기회 다원주의 기획은 지금 같은 사회의 조건을 그대로 둔 상태에서는 기껏해야 하나의 문화적 유토피아로만 받아들여질 우려를 떨칠 수 없다. 그런 기획이 실현된 사회에서는 결국 사람들이 단순히 어떤 경제적 부나 높은 사회적 지위에만 매달리지 않고 다양한 삶의 목표와 가치를 추구할 수 있어야 한다. 그러나 만약 가장 기본적인 수준의 인간다운 삶조차도 한국 사회처럼 '돈'이라는 도구재가 없이는 보장되지 않는 사회에서는, 누구든 자기만의 삶의 경로를 개척하겠다고 나서기 힘들 것이다. 돈이 없으면 누구에게나 필요한 건강한 삶을 살 수가 없거나 필요한 자기만의 역량을 계발할 기회를 누릴 수 없는 사회에서는, 누구든 먼저 그런 돈을 벌기 위한 일에 매달리지 않을 수 없을 것이다. 이런 상황부터 바꾸지 않으면 안 된다.

그러니까 누구든 적어도 사회적으로 인정되는 최소한의 수준에서는 큰 경제적 어려움 없이 인간다운 삶을 살 수 있도록 하는 배경적인 조건이 먼저 마련되어야 한다. 그래야 사람들의 삶에서 '돈벌이 기회'가 결정적인 병목이 되지 않을 수 있을 것이다. 또 그래야 사람들은 실패에 대한 큰 두려움 없이 자신이 진정으로 원하는 좋은 삶의 기회를 얻을 수 있는 선택을 할 수 있을 것이다. 그러니까 많은 돈은 없더라도 기본적인 인간적 삶의 가능성을 누리며 사는 데는 별 어려움이 없는 정도는 되어야 사람들은 단지 '돈 되는 일'만이 아니라 자기가 좋아하는 일, 하고 싶어 하는 일에 몰두하는 삶의 경로를 선택할 수 있을 것이라는 이야기다.

쉽게 말해서, 사회의 모든 성원에게 인간다운 삶을 위한 최소한의 조건이 큰 어려움 없이 보장되도록 하는 '복지국가' 없이는 다원적 능력주의든 기회 다원주의든 제대로 실현되기 힘든 기획이 될 수밖에 없다. 그러나 이런 복지국가는 사회의 최하층에 지원이 집중되거나 물질적 조건에만 초점을 두는 통상적인 복지국가를 넘어서는,

말하자면 '심층적 복지국가'다. 이 복지국가는 통상적인 복지국가보다 훨씬 넓은 차원에서 시민들의 성공적 삶의 가능성을 보장해야 한다. 다르게 말하면, 이 복지국가는 모든 사회 구성원이 다양하고 풍부한 삶의 기회를 선택하고 포착할 수 있게 지원해 주어야 한다. 그리하여 단순히 물질적 차원이나 자기계발의 기회를 제공하는 수준을 넘어서 사회적이고 문화적인 수준에서도 삶의 다원성이 장려되고 축복될 수 있도록 해야 한다.

지금까지 우리 사회에서 사람들은 많은 경우 그저 자신의 '형편에 맞는' 삶의 기회만을 선택하며 살아왔다. 뛰어난 학문적 재능과 열망이 있어도 집안 형편이 어려워 대학이나 대학원 진학을 포기하고 실업계고등학교나 생계 전선에 뛰어들어야 했던 많은 사람이 있다. 또 어떤 이는 피겨스케이터가 되고 싶고 또 재능도 있지만, 경제적 형편이 좋지 않아 꿈을 포기하기도 한다. 가난한 인문학자는 사회적 인정 질서에서 무시당하기 십상이기에, 학자가 되기 위한 훈련 과정을 포기한다. 심층적 복지국가는 이런 경우들을 최소화하는 국가다. 그런 국가는 본인의 의지와 재능이 있다면 그가 원하는 더 나은 다양한 기회들을 얻을 수 있도록 현실적으로 가능한 최대한의 수준에서 할 수 있는 지원을 다하는 국가다.

물론 쉬운 과제가 아니다. 그런 국가는, 반사회적이거나 지나치게 사치스러운 취향만 아니라면, 사회가 감당할 수 있는 최대한의 수준에서 모든 구성원이 가능한 인간적 삶을 살 수 있는 기초적인 물질적 토대와 함께 다양한 사회적 지원 체계를 제공함으로써 누구든 자신이 원하는 최선의 길을 갈 수 있는 기회를 제공해야 한다. 또 그에 걸맞은 문화적인 환경도 뒷받침해야 한다.

물론 여기서도 성공과 실패는 불가피할 것이다. 피켜 스케이터를 꿈꾸는 모든 사람이 김연아 선수처럼 될 수는 없다. 그러나 이런 복지국가에서는 누가 최악으로 실패한 경우에도 최소한의 인간다운 삶은 보장된다. 실패에 대한 사회적 낙인도 없어야 한다. 그래서 누구든 실패에 대한 커다란 두려움 없이 자신이 원하는 삶에 도전할 수 있다. 예컨대 시장 경제에서 물질적 보상을 크게 기대할 수 없는 인문학이나 예술 분야도 물질적 궁핍에 대한 큰 걱정 없이 진출해서 자신이 추구하는 삶을 살 수 있다.

여기에는 누구든 인간다운 삶을 살기 위해서는 자신이 지닌 그어떤 잠재력이라도 최대한 계발하여 사회와 공동체를 위해 의미 있게 사용할 수 있어야 하고, 그러한 기여는 사회적으로 제대로 인정될 수 있어야 한다는 '시민적 이상'이 바탕에 깔려 있다. 그런 인간다운 삶은 단지 제대로 구성된 민주공화국의 시민으로서만 기대할 수 있고 또 실제로 누릴 수 있을 것이기 때문이다. 거꾸로 말하면 민주공화국은 바로 그 구성원인 모든 시민이 그런 인간다운 삶을 실현할 수 있도록 보장하는 것을 그 도덕적 목적으로 한다. 여기서 복지국가는 민주공화국의 주권자인 시민의 기대와 실천 방향을 나타내는 하나의 '시민적 기획'의 결과물이다.

민주공화국은 모든 시민이 자신들의 존엄성을 서로 인정하고 보호해 주기 위해 만들어 낸 사회정치적 구성물이다. 민주공화국은 무엇보다도 시민 모두의 모욕 없는 삶을 위해, 그래서 모두가 존엄성을 누릴 수 있는 삶을 위해 시민 스스로 만들어 낸 사회정치적 질서다. 여기서 모든 시민은 자연적이고 사회적인 근원적 인간의 필요를, 사회적으로 인정되고 정당화할 수 있는 최소한의 수준으로나마, 충족시킬 수 있어야 한다. 그래서 모든 시민은 시민적, 정치적 권리는 물론 주거, 건강, 교육, 노동 등에 대한 사회적, 경제적 권리도 함께 누릴 수 있어야 한다.

이런 복지국가를 추구하는 존엄의 정치는 특히 시장의 맹목적인 경쟁 논리에 시민들을 무방비 상태로 노출시켜 그들을 시장의 횡포에 희생되도록 내버려 둘 수 없게 한다. 누군가가 시장에서 패배했다고 그의 인간으로서의 존엄성을 부정할 정당한 근거가 될 수는 없다. 시장은 그 광포한 포섭의 힘 때문에 사람 그 자체마저 상품으로 만들려 하는 경향을 내포하고 있다. 그리고 그런 경향은 인간의 존엄성을 다양한 방식으로 위협할 우려가 있다. 민주공화국은 이 근본적인 인간 존엄성에 대한 위협으로부터 시민들을 보호할 도덕적 책무를 지닌다.

## 민주주의적 정의를 위하여

이런 시민적 기획으로서의 복지국가를 위해서는 현재의 자본주의적 소비주의 사회의 근본적인 문화적 변혁과 그것을 뒷받침할 수 있는 다양한 물질적 전제들이 마련되어야 한다. 누구든 먹고살아야 한다는 이유로 고용주나 복지 담당 공무원의 자의적 횡포 또는 갑질을 감내해야 하는 상황에 놓여서는 안 된다. 또 사회의 보상 체계도 바꾸어 정신노동을 하는 사람에게만 과도한 물질적 보상이 이루어지고 육체노동을 하는 사람들을 홀대하는 일도 없어야 한다. 당연히 일부 사회 구성원의 반칙과 특권 행사가 방치되어서도 안 된다.

그러나 이런 복지국가는 단순히 어떤 이상적으로 올바른 분배 정의의 유형이 실현된 나라가 아니다. 우리가 복지국가를 흔히 이해하는 대로 어떤 분배정의 원리의 실현이라는 관점에서만 접근하면, 정작 분배가 이루어지는 구체적인 사회관계 속에서 그 틀을 결정하는 원천적인 권리와 권력의 문제를 놓칠 우려가 있다.[55] 지금 우리 사회의 청년들이, 주어진 분배의 틀은 문제 삼지 않은 채 그 틀 안에서 누가 승자가 될지를 따지면서 공정을 외치는 것처럼 말이다. 중요한 것은 도대체 분배할 대상은 누가 만들었는지, 주어진 분배의 구조와 유형은 누가 결정하는지, 관련 당사자가 그 분배의 구조와 유형을 결정하는 데서 스스로 그 심의 과정에 참여할 권리를 보장받고 그것을 실제로 행사할 수 있는지 하는 것들이다.[56] 바로 이런 게 분배 문제의 진짜 핵심이다.

이 문제는 기본적으로 권력의 문제고, 어떤 원초적인 수준에서 정의의 문제이며, 정치의 문제다. 우리 사회의 불의의 체제, 반칙과 특권이 판치는 세상에서 참된 문제는 부당하고 자의적인 지배의 관계다. 사람들이 공정하지 못하다고 여기는 많은 사회적 관례는 소수 특권 세력의 부당한 권력 행사와 자의적인 지배, 곧 반칙의 결과이지 그 원인이 아니다. 이러한 불의의 체제를 제대로 혁파하려면 불의가 발원하고 형성되는 바로 그 지점, 곧 권력과 지배의 관계로부터 출발해야 한다. 따라서 부당한 권력에 대한 비판과 자의적 지배에 대한 거부가 정의의 참된 초점이어야 한다.

반칙과 특권 없는 세상, 곧 정의로운 사회를 위해서 우리는 우선 시민들 사이에 그런 권력과 정치의 문제에서 부당한 지배와 억압이 없는지를 살피고 그것을 없애는 데 초점을 두어야 한다. 그래야 우리 시민들은 평등하게 우리 사회의 기본적 구조나 분배의 유형 등을 결정하는 과정에 제 목소리를 내며 참여할 수 있을 것이기 때문이다. 바로 이런 차원의 정의가 '민주(주의)적 정의'다.

참된 문제가 권력과 정치의 차원에 있다면, 우리는 시민들의 인간적 존엄성을 훼손하는 불의의 참된 진원지, 곧 정치와 권력과 지배의 장에 집중해야 한다. 여기서 중요한 것은 원칙적으로 사회의 모든 성원이 자기 삶에 영향을 미치는 사회적-정치적 과정에 모두가 평등하게 참가하여 자신의 목소리를 낼 수 있어야 한다는 점이다. 민주공화국의 모든 시민은 원칙적으로 그 정치공동체의 모든 중요한 제도들과 사회적·정치적·경제적 근본 구조를 스스로 효과적으로 규정할 수 있어야 한다. 이를 위한 전제 조건들의 마련이 중요하다.

문제는 모든 시민이 권력이 강제하는 모욕과 억압을 극복하고 당당하고 위엄 있는 주체로서 자신의 삶과 그 사회적 틀을 결정할 가능성을 어떻게 확보할 수 있는가이다. 민주공화국의 모든 시민은 저마다 나름의 방식으로 존엄한 인간적 삶을 살아갈 가능성을 확보할 수 있어야 하는바, 이를 부정하는 부당하고 자의적인 지배와 억압의 관계에 놓이지 않을 정치적-법적 보호 장치들이 마련되어야 한다. 시민적, 정치적 권리의 완전한 보장이 무엇보다도 중요하지만, 모든 시민이 어떤 경제적 곤경 때문에 사회의 중요한 의사결정을 위한 공적 토론과 심의의 과정에 참여하지 못하는 일도 있어서는 안 된다. 이런 맥락에서 복지국가는 민주적 정의를 위한 필수적 전제다. 복지는 시민들에 대한 '시혜'가 아니라 모든 시민의 정의로운 권리다.

# 5. 깨어있는 시민의 조직된 힘

"민주주의 최후의 보루는 깨어있는 시민의 조직된 힘입니다.
이것이 우리의 미래입니다" - 제8회 노사모 총회 축하 메시지

"내가 말하는 시민이라는 것은 자기와 세계의 관계를 이해하는 사람, 자
기와 정치, 자기와 권력과의 관계를 이해하고 적어도 자기의 몫을 주장할
줄 알고 자기 몫을 넘어서 내 이웃과 정치도 생각할 줄 아는 사람입니다.
이런 것을 일반화해서 정치적 사고와 행동을 하는 사람이 시민이라고 보
는 것이죠. 이런 개념에서는 행동을 하는 사람이 시민이고 그 시민 없이는
민주주의가 성립되지 않는다, 이렇게 생각하는 것이죠. 그래서 시민의
숫자가 적다면 시민의 숫자를 늘려야 한다는 것이죠."
- 진보의 미래 295쪽


노무현 대통령은 재임 시절은 물론 퇴임 후에도 '시민'에 관한 이
야기를 많이 했다. 그에게 시민은 모든 정치적 사고의 중심에 있는
개념이라고 할 수 있다. 특히 그의 묘비명에도 새겨져 있는 '깨어있
는 시민'이라는 표현은 그의 정치적 유산을 계승하겠다고 자임하
는 많은 시민들이 자신들을 나타내는 말로 쓰기 시작했다.* 시민이

---

* 흥미롭게도 미국에서도 인종차별이나 불평등에 대한 시민적 각성을 강조하는 구호
로 'Woke(깨어있는)'라는 단어가 자주 사용된다. 안타깝게도 지금 우리나라에서 이 표
현은 '깨시민'이나 '대깨문' 같이 특정 정치 지도자에 대한 맹목적 지지자 정도를 가리키

라는 말은 우리말에서는 일차적으로 '도시의 거주민'이라는 행정적 용어로 쓰여 왔지만 '민주주의의 주체'라는 뜻도 있는데, 이런 뜻의 시민이라는 말의 용법이 공론장 등에서 정착된 것도 노무현 대통령과 일정한 관련이 있지 싶다.

한편 노무현 대통령의 정부 명칭은 '참여정부'였는데, 이 역시 시민 개념과 관련이 깊다. 노무현의 시민은 곧 '참여하는 시민'이었다. 어떤 관점에서 보면, 노무현 대통령은 바로 이 참여하는 시민들의 정치적 성과라고 할 수 있을지 모른다. 노무현 대통령의 탄생 과정 자체가 '노사모'를 비롯한 시민들의 적극적인 참여가 없었다면 불가능했고, 탄핵 이후 대통령으로 복귀하는 과정 또한 광범위한 시민들의 기득권에 대한 저항과 견제를 바탕으로 했으니 말이다. 뒤집어 보면, 우리 시민들이 노무현 대통령에게 열광했던 이유는 그가 바로 이런 시민의 적극적인 정치 참여를 긍정하고 제대로 이해한 보기 드문 정치인이었기 때문이었으리라.

공화주의 정치철학과 전통의 핵심에도 시민 개념이 있다. 비록 이 시민이라는 개념은 자유주의 전통에서도 이야기되지만, 여기서 시민은 적극적으로 참여하는 시민으로 이해되지 않는다. 자유주의에서 시민은 자신들의 이해관계에 민감한 권리의 주체라는 정도의 의미만 있다. 정치공동체의 부패와 타락을 감시하며 적극적 참여를 통해 그 건강함을 유지하는 시민은 공화주의적 시민이다. 앞에서도

---

는 말로 다소 부정적인 뉘앙스를 갖고 사용되는 경우도 많다. 이렇게 된 이유에 대한 (자기) 성찰이 필요하다.

이야기했지만, 공화주의는 '자유는 시민의 영원한 각성의 대가'임을 핵심 신조 중의 하나로 여겼다. 정치를 소수 엘리트에게만 맡겨서는 안 되며, 보통의 시민들이 권력을 감시하고 견제하며 적극적으로 정치 과정에 참여할 때만 참된 자유를 누릴 수 있다는 것이다. 이런 차원에서 보면, 노무현 대통령은 무엇보다도 바로 시민에 대한 인식 때문에 강한 공화주의적 지향을 갖고 있었다고 평가될 수 있다. 이 제 이 시민으로 눈을 돌려 보자. 이것은 결국 노무현 대통령이 추구 했던 민주주의의 본성에 대한 물음과도 연결된다.

## 시민은 누구인가?

사실 아직 우리 사회에서는 시민이라고 하면 일차적으로 '서울 시 민'이나 '부산 시민'이라고 할 때처럼 어떤 '도시의 거주자'라는 차 원에서 이해된다. 민주주의의 주체나 중심 행위자라는 차원의 뜻 으로 시민 개념이 사용되는 경우에도 그 성격과 지향을 이해하는 데서 서로 초점이 맞지 않는 경우도 많다. 이 시민 개념부터 좀 더 명확히 정리하고 시작하자.[57]

서구의 정치적 전통에서 시민은 일차적으로 '권리를 향유하고 의 무를 다하는 특정한 정치공동체의 구성원'을 가리킨다. 이 전통의 기원을 이루었던 그리스가 '도시 국가' 단위로 그러한 정치공동체 를 이루다 보니, 서구 전통에서는 도시 거주자와 정치공동체의 구 성원이 같은 단어를 통해 지칭되었다. 민주주의의 여러 제도들과 관련 개념들을 서구에서 수입하여 배워 온 우리나라에서는 이런 전통이 없다 보니 혼란이 생긴다. 또 그래서 일상적인 맥락에서는, 언론에서든 정치권에서든, 시민보다는 '국민'이라는 용어를 많이 쓴다. 이런 혼란은 어느 정도 불가피해 보인다.

그런데 이 시민이라는 개념은 적극적으로 '민주주의의 주체'라는 뜻으로도 사용된다. 이는 서구의 전통에서 근대 민주주의의 발전과 함께 기본적으로 봉건 시대의 '신민(臣民: subjects)'과 구분하고자 하는 맥락에서 강조되었다. 이는 우리나라의 맥락에서도 어느 정도 의미 있게 수용할 수 있는데, '시민운동', '시민혁명', '시민사회' 같은 용어들을 사용하면서 시민 개념은 이미 적극적으로 민주주의의 주체라는 뜻으로 사용되며 정착해 왔다고 할 수 있다. 이런 맥락에서 이야기되는 시민 개념은 국민 개념과는 다르며, 사람들은 때때로 일상적 용법과 구분하여 '민주시민'이라는 보기에 따라서는 중언부언으로 보일 수도 있는 용어를 사용하기도 한다. 서구와는 다른 정치적 및 언어적 전통을 가진 우리나라에서는 의미가 있다.

'시민성'은 영어 citizenship의 역어다. 이 개념은 정말 우리말로 옮기기 힘든데, 서구의 개념이 우리말로는 '시민임(이라는 사실)', '시민됨', '시민다움' 같은 다양한 차원의 뜻을 함께 함축하고 있어서 그렇다. 시민다움이나 시민적 예의 등으로 번역되는 civility라는 개념도 때때로 시민성으로 옮기는 게 적절할 때도 있다.

시민성 개념은 우선 정치공동체의 구성원으로서 다양한 권리를 누리는 시민의 법적 지위를 나타낸다. 이 경우 우리는 보통 '시민권'

이라고 번역한다. 그러나 시민은 또한 정치적 주체 또는 행위자로서 정치 과정에 적극적으로 참여하기도 한다. 특히 민주주의에서는 이 차원이 중요한데, 이런 차원에서 우리는 '시민다움'이나 '시민정신'을 이야기할 수 있다. 이런 의미의 citizenship은 시민권보다는 '시민성'이라 번역하는 것이 낫다. 물론 이 시민성은 시민권이 전제되지 않으면 발휘될 수 없는 만큼, 시민성은 시민권을 포함하는 개념이라 할 수 있다. '민주적 시민성'은 앞서 말한 '민주시민' 개념과 유사한 맥락에서 시민성의 민주적 차원을 특히 강조하는 표현이라고 할 수 있다. 이 시민성 개념의 다의성은 민주주의에 대해서도 서로 다른 이해를 발전시켰던 서구의 두 핵심 정치철학 전통의 차이와도 연결되어 있다.

공화주의, 특히 아리스토텔레스 전통의 공화주의에서는 시민성을 기본적으로 시민들의 자치 이념과 연결시켜 이해했다. 고대 그리스에서 시민은 누구든 공직을 번갈아 맡을 수 있는 존재 또는 통치와 피통치를 차례로 할 수 있는 존재(아리스토텔레스)로 이해되었고, 근대 이후에는 다른 시민들과 함께 스스로 입법에 참여하는 자율적 주체(루소)로 인정되면서 일반적으로 정치적 의사결정이나 숙의 과정에 적극적으로 참여하는 데에 시민성의 핵심이 있다고 이해되었다. 곧 시민이란 정치공동체의 적극적인 구성 주체로서, 공동선을 지향하는 '시민적 덕성'으로 무장하고서 일상적으로 정치 과정에 참여할 수 있어야 비로소 시민다운 존재가 될 수 있다고 보았다. 이는 시민성 개념의 두 번째 차원과 깊숙이 연결되어 있으며, 이

때의 시민은 때때로 프랑스어로 '시토와엥(citoyen)'으로 지칭되기도 한다. 노무현 대통령이 염두에 두었던 시민 개념은 일차적으로 이 전통의 시민 개념에 가깝다고 할 수 있다.

17세기 이래 서구에서 발전된 자유주의 전통의 시민성 개념은 로마 제국이 로마의 영토를 확장하면서 정복된 영토의 거주민들을 시민으로 수용하는 과정에서 발달했다.[58] 여기서는 시민성의 핵심이 정치에 대한 적극적인 참여보다는 정치공동체 구성원으로서의 법적 지위를 보장받는 데 있다. 광대한 로마 제국의 영토 변방에 사는 사람들이 수도 로마로 가서 정치적으로 참여하는 일은 이미 지리적으로 불가능했던 탓이다. 이 전통에서는 특정한 정치공동체의 시민으로서 누리는 다양한 권리(시민권)가 중요했는데, 그 권리는 공적인 정치적 영역에서보다는 주로 사적 영역에서 행사되는 것으로 이해되었다. 민주주의라는 맥락에서 보면 이 전통은 시민을 국가가 보호해야 할 권리의 담지자 정도로 이해하면서 주기적인 선거에 참여하는 정도가 시민적 책임의 최대치라고 이해했다. 이는 시민성 개념의 첫 번째 차원과 관련이 있으며, 이때의 시민은 때때로 프랑스어로 '부르주아(bourgeois)'라고 지칭되기도 한다. 노무현 대통령의 시민 개념에도 이런 측면이 아예 없다고는 할 수 없다.

큰 틀에서 보아 오늘날 서구적 유형의 헌정적 민주주의에서는 자유주의적 시민성이 지배적인 상태에서 공화주의적 시민성 개념을 새로운 조건에서 부활시켜 보려는 다양한 시도들이 있는 형국이라 할 수 있다. 오늘날의 거대하고 복잡한 사회에서 고대 그리스의 민주정이나 로마의 공화정에서 강조되었던 시민들의 적극적인 정치적 참여에 대한 기대는 쉽지 않다. 이는 자칫 개인적 차원의 자기실현에 몰두하는 시민을 도덕적으로 단죄하는 등 시민성을 '과잉도덕화'할 우려가 있다. 그러나 그럼에도 시민성을 단지 시민의 법적 지위와 그 권리 차원에 묶어 둘 때 시민들의 정치적 무관심이나 심지어 '정치 혐오'가 증대되고, 정치 과정은 몇몇 엘리트 '정치 계급'에 독점될 우려가 크다. 그 때문에 오늘날의 새로운 조건에서 공화주의적 시민성 개념을 부활시키려는 다양한 흐름이 형성되고 있다.[59] 민주적 공화주의는 이런 흐름과 일정하게 궤를 같이하면서 노무현 대통령도 그 일부인 우리 사회의 민주적 전통이 발전시켜 온 시민성 개념을 재구성해 보려 한다.

## 한국의 시민과 시민성

당연하게도 지금까지 살펴본 바와 같은 서구적 개념과 전통을 한국 사회에 그대로 적용하는 데는 커다란 난점들이 있다. 사실 현재 한국 사회에 서구의 민주주의 국가들에서 보이는 바와 같은 성숙한 시민이 충분히 형성되어 있는지에 대해서는 회의적인 시선이 적지 않다.[60] 비록 조선시대 말 이래로 각종 민란과 동학농민전쟁 등을 거치면서 인민의 자각과 정치적 성장이 이루어지고 있었지만, 일본의 식민 지배는 이 땅의 인민이 시민으로 성장하는 기회를 결정적으로 봉쇄하고 말았다.[61] 민주주의의 주체가 되기 위한 집단적 자유를 위한 정치적 전제 조건 자체가 결여된 상태에서, 당시 한반도의 인민들은 시민으로서의 권리나 시민적 삶에 대한 최소한의 감각이라도 발전시키기가 쉽지 않았을 것이다. 이런 사정은 해방 이후에도 근본적으로 변하지 않았는데, 분단과 전쟁, 그리고 오랜 군사 독재 속에서 사람들은 직접적으로 국가와 대면하며 맹목적으로 국가에 충성을 다해야 하는 '국민'이 되기를 강요받으며 살아야 했다.[62]

시민적 문화도 마찬가지다. 한국의 시민사회는 개인의 권리에 대한 관념이 약하고 집단과 공동체에 대한 의무가 강조되는 관계지향적이고 공동체주의적인 문화 전통을 갖고 있다. 또 오랜 군사 독재는 그런 전통을 일면적으로 또는 왜곡하여 수용하면서(충·효 사상), 국가주의와 전체주의가 시민사회 속에도 뿌리내리게 했다. 서구의 자유주의적 관점에서 볼 때 시민 형성의 가장 중요한 기준이라 할 수 있는 '자율적 개인'으로서의 시민은 지금도 여전히 미약하다고 해야 한다.[63]

이런 배경 위에서 한국에 민주주의가 정착하기까지는 많은 질곡과 도전이 있었다. 한국 사회는 민주주의에 우호적인 환경을 제대로 가져 본 적도 별로 없다고까지 말할 수 있다. 한국의 현대사는 일제의 한반도 강점, 분단, 전쟁, 군사 독재 등 강력한 반-민주적 경향들로 점철되었다. 그런 환경에서 비교적 최근까지 한국의 시민사회는 통상적인 서구적-자유주의적 기준에 비추어 볼 때 심각한 저발전의 상태에 머물러 있을 수밖에 없었다.

다른 한편으로 한국 사회는 사람들의 삶의 기본적 필요 충족이라는 과제를 무한 시장 경쟁에 내몰린 가족에게 맡겨버리는 '가족자유주의' 체제를 발전시켰다.[64] 국가적 복지 시스템의 발전은 부족했고, 가족을 중심으로 한 이기주의는 만연하나 진정한 개인주의의 발전은 미약하다. 무엇보다도 최근까지 한국 사회에서는 합리적 이해관계나 가치 지향에 따른 '자발적 결사'보다는 이른바 혈연, 학연, 지연에 따른 전근대적 연고주의의 지배도 강력했다. 선거에서조차도 '지역주의'는 여전히 한국 정치의 가장 강력한 변수다.

그러나 한국의 시민은 이렇게 엄청난 역사적 질곡과 자유주의적 시민사회의 미성숙 속에서도 민주주의에 대한 강력한 지향을 드러내는 '시민정치'의 전통을 확립해 왔다. 이것은 오늘날 한국 민주주의의 가장 현저한 특징이다. 온갖 위협적 환경 속에서도 민주주의 주체로서의 시민은 느리더라도 확고한 방향성을 지니고 형성되었다. 엄혹한 독재 체제 아래에서도 많은 시민들은 권력의 억압성을 비판하고 그 정당성에 의문 부호를 붙이기를 주저하지 않았고, 기회가 될 때마다 시민(국민)이야말로 유일한 정치적 정당성을 가진 주권자임을 선언하면서 민주화를 추동해 왔다.

이런 한국 민주주의의 주체인 시민이 서구의 자유주의 전통이 강조했던 '부르주아'가 아님은 너무도 명백하다. 우리 사회에는 서구적 의미의 부르주아는 아예 존재한 적이 없고, 존재했다 하더라도 서구에서와 같은 정치적 역할을 수행하지 않았다.[65] 그럼에도 한국의 시민은, 멀리는 3.1운동이나 독립운동에서부터 4.19와 5.18을 거쳐 6.10항쟁이나 최근의 '촛불'에 이르기까지, 새로이 민주주의를 정립하려 했거나 위기 때마다 구해 내고 발전시켜 왔다.

나아가 한국의 시민운동과 그에 따른 시민사회의 활성화 과정은 서구에서 이른바 '신사회운동'이라는 개념을 통해 설명되는 시민사회의 활성화 과정과도 많은 점에서 구분된다. 비교적 최근, 특히 민주화 이후 한국 사회에서도 여성, 환경, 성적 지향, 다문화, 인권 등 탈물질적 가치를 지향하는 다양한 시민운동이 발전하기 시작했으나, 서구 신사회운동의 발전과정과 견줄 수 있을지는 의문이다. 한국의 시민운동은 무엇보다도 정치적 위기 상황에 반응하며 강한 정치적 지향성을 보이며 성장했다. 그 중심에는 지식인과 학생들이 있었다. 멀리는 일제 강점기 때의 독립운동도 그랬다고 할 수 있지만, 4.19에서도 학생들은 물론이고 교수 같은 지식인들의 참여가 결정적이었다. 박정희와 전두환의 군부 독재 시기에도 대부분의 시민사회 운동은 재야 지식인들과 학생운동을 중심으로 이루어졌다.

한국의 민주화 과정에서 형성된 이런 시민의 위상과 의미를 제대로 이해하기 위해서도 동서를 아우르며 보편화된 공화주의적 접근이 유용하다. 한 마디로 한국의 시민은 서구의 '시토와엥'에 비견될 수 있다. 한국의 시민은 어떤 경제적 이해관계에 기초하기보다는 서구 전통에서 시민적 덕성이라고 했던 공동선에 대한 지향과 함께 형성되었다고 할 수 있다. 그러나 서구의 공화주의, 특히 아리스토텔레스적인 전통에서 그랬던 것처럼 정치적 삶 그 자체에 대한 적극적 평가가 동기는 아니다. 한국의 시민들은 불의에 대한 분노나 정의 실현의 주체를 자임하는 적극적인 정의감(sense of justice)과 더불어 정치적 주체로 성장해 왔다. 이런 특성은 어떤 유교적-공화주의적 전통의 유산이다.

한국의 시민들이 민주화 과정의 고비 고비마다 열정적으로 내보인 그런 정의감은 과거 유교 전통의 이상적 선비, 곧 군자(君子)들이 가져야 한다고 요구되었던 덕의 하나인 모종의 '우환의식(憂患意識)'의 발로라는 차원에서 이해할 수 있다. 과거 유교적 지식인들은 사회의 불의를 바로 잡고 정의를 실현하는 데 참여하는 것을 가장 중요한 정체성적 의무로 이해했다(우국우민憂國憂民). 현대에 들어서도 많은 지식인이 그런 전통을 이어갔을 뿐만 아니라, 평범한 시민들도, '이처럼 심각한 사회의 혼란과 불의는 내가 나서서라도 바로잡아야 한다'고 여기는, 말하자면 '민주적' 우환의식으로 무장하고서 권력에 저항하고 민주주의를 진전시켜 왔다. 이런 의미에서 한국의 시민들은 유교적 군자의 후예이거나,[66] 아예 '현대의 군자'라고 할 수 있다.

이렇게 한국의 '민주주의를 향한 역사'에서는 스스로가 주권자임을 내세우는 시민들의 자각과 저항이 지속적으로 반복되면서 결정적인 역할을 수행했다. 비록 충분히 제도화되거나 조직화되지는 않았지만, 그리고 다양한 배경과 맥락 속에서 매번 다른 방식으로 등장하곤 했지만, 민주주의를 추동해 왔던 한국의 시민들이 보여 온 그 역동적인 정치적 힘은 그 자체로 한국 민주주의의 상수가 되었다. 최근 2016년의 '촛불혁명'은 이명박, 박근혜 두 보수 정부를 거치며 한국의 민주주의가 재권위주의화의 나락에 빠져들어 가던 상황에서, 가장

극적인 방식으로 그러한 시민정치의 상수성을 확인시켜 준 역사적 사건이었다. 공화주의적 '인민주권'의 이념이 이렇게 적극적으로 실현된 역사적 경험은 서구에서도 그렇게 자주 있지는 않았다.

역사학자 포칵(J. G. A. Pocock)은 15세기 이래 피렌체 공화국과 17세기 중엽의 잉글랜드 그리고 독립혁명과 건국기의 미국 역사를 살피면서 시민들이 위기 상황에서 자신들이 속한 공화국의 불안정성을 확인하고 충만한 시민의식을 갖고 해법을 찾아 나서는 특별한 역사적 순간들이 목격되었음을 추적한 적이 있다.[67] 그는 이를, 『군주론』의 저자가 아니라 탁월한 공화주의자로서 『로마사 논고』의 저자인 마키아벨리의 이름을 빌려, '마키아벨리언 모멘트'라고 부른다. 우리의 촛불혁명은 정확히 바로 그런 마키어벨리적 계기에서 일어났다고 볼 수 있다. 평소에는 커다란 정치적 불만 없이 그저 일상적 삶을 살아가는 듯 보였던 많은 시민은 초유의 국정농단 사태에 직면해서 우리의 민주공화국이 심각하게 고장나 있음을 깨닫고 "이게 나라냐?"고 물으며 광장으로 모여들었다. 그리고 폭력의 자제 같은 놀라운 시민적 덕성을 발휘하면서 스스로가 민주공화국의 주권자임을 선언했던 것이다.

우리 시민들은 무엇보다도 우리의 민주공화국이 일부 특권 세력의 사익 추구를 위한 도구로 전락한 데 대해 분노했다. 그리고 그세력의 충실한 하인들이었던 일부 '정치계급'에 대해서도 깊은 실망을 드러냈다. 그들은 지금까지 과두특권세력만을 대변하면서 민주적 정치 과정을 도구 삼아 자신들의 부패를 은폐하고 사익을 추구해 왔다는 것이다. 지난 촛불혁명에서 시민들은 그 불편한 진실을 깨닫고 스스로 나서 그런 상황을 바로잡으려 했다.

한국 사회가 민주주의를 도입하고 심화시켜 온 과정은 늘 이런 시민혁명적 경로였다. 비록 때때로 좌절하기는 했지만, 한국의 강력한 시민정치는 긴 호흡으로 보면 헌법과 정치 질서를 획기적으로 변화시키고 더 깊이 민주화시키는 결과를 낳았다. 미국의 민주주의를 '이중 민주주의(dualist democracy)'라는 관점에서 이해할 것을 제안하는 액커만(B. Ackerman)의 구분을 빌리자면, 한국의 시민정치는 통상적인 정당 중심의 '일상의 정치(normal politics)'와는 달리 그것이 착근해야 할 기본적인 틀과 방향을 규정하는 '제헌적 정치(constitution politics)'라 할 수 있다.[68] 그래서 앞으로 있을지 모를 그 어떤 역사적 반동의 시도도 이 시민정치 전통의 강력한 힘을 압도해야만 성공할 수 있을 것이다. 그런 의미에서 한국의 민주적 시민사회는 충분히 '강하다.'

## 공중으로서의 시민

물론 이런 인식이 한국 사회에서는 자유주의적 시민성 개념이 별다른 의미가 없다는 이야기는 아니다. 우리 사회에서는 여전히 자율적 개인의 형성이 부족하고 지나치게 집단주의적인 문화가 지배적이라는 비판은 단순한 서구적 편견의 산물이 아니다. 제주도에 왔던 예멘 난민, 성소수자, 이주민 등에 대한 우리 시민들 일반의 차별적 접근에서 드러난 바와 같이, 특히 우리 사회의 상대적으로 낮은 인권 문화 수준은 그동안 우리 사회가 발전시켜 온 시민성의 한계를 고스란히 보여준다. 우리 시민들의 강한 민족주의 경향도, 일본에 의한 피식민화 경험을 고려하더라도, 깊게 성찰해야 한다는 지적이 많다. 민주적 공화주의는 자유주의 전통에서 발전된 권리 개념을 배척하지 않는다. 오히려 권리의 참된 정치적 토대를 강조하며 그 올바른 정치적 위상을 새롭게 이해하고자 한다.

실제로 민주주의를 발전시켜 온 우리의 현대사를 시민성이라는 관점에서 재구성해서 보면, 서구의 두 전통이 강조하던 특징을 모두 아우르면서 두 측면이 각각 서로를 강화시키는 방향으로 발전해 왔다고 보아야 하지 않을까 싶다.[69] 우리 헌법 등에서 형식적이지만 반편이라도 보장되었던 여러 민주적 권리는 '우리가 주권자다'라는 각성과 함께 시민들의 민주적 참여를 강화하는 출발점 또는 토대가 되었고, 반대로 그 바탕 위에서 강화된 민주주의는 시민들의 권리를 더 깊고 더 튼튼하게 만들어 왔다고 말이다.

우리 시민들은 결코 자신이 누려야 할 권리만을 강조하지 않았다. 그렇다고 정치적 삶이야말로 가장 인간적인 삶이라거나 언제나 정치에 초점을 둔 시민적 덕성의 함양과 정치 참여를 적극적인 의무로 여겨왔다고 보기도 힘들다. 한국의 시민들은 자신이 누리거나 마땅히 누려야 할 권리를 소홀히 하지 않으면서도, 일상적으로나 사회적 위기 상황에서 공동선을 위한 기본적인 시민적 책임과 의무를 다하겠다는 의지를 가진 존재들이라 할 수 있다. 사실 시민성 개념과 관련하여 권리와 책무를 통합적이고 총체적으로 바라볼 수 있어야 한다는 접근은 일반적인 수준에서도 그 필요성이 확인되고 있다.[70]

한편, 오늘날 우리는 다른 차원에서도 서구의 자유주의와 공화주의 전통이 발전시켜왔던 시민성 개념의 한계를 넘어설 수 있어야 한다는 다양한 요구에 직면해 있다. 서구에서는 무엇보다도 페미니즘 운동의 발흥과 함께 전통적 시민성 개념은 중대한 도전을 맞이했다.[71] 자유주의든 공화주의든 사적 영역과 공적 영역의 엄격한 분리를 전제로 한 시민성 개념을 갖고 있었는데, 이 전제 자체가 남성 중심적 정치 개념의 산물임이 폭로되면서 시민성 개념은 더 이상 전통적 틀 안에서만 이해될 수 없었다. 그리고 우리는 이런 도전이 단지 젠더 차원에만 한정될 수 없었음을 잘 알고 있다.

여기서 문제가 된 것은 전통적 시민성 개념이 지닌 추상성과 보편성이다. 전통적 개념은 시민을 특별한 구체성이나 다양한 속성을 갖는 개인으로서가 아니라 모두를 단일한 틀 속에서만 이해하려 한다. 그러나 시민들은 계급은 물론, 젠더, 인종, 종족, 문화 등과 같은 다양한 차원의 차이를 지닌 매우 구체적이고 상황적인 맥락 속에 존재한다. 어떤 이는 대한민국이라는 민주공화국의 시민이기도 하지만, 다른 시민과는 구별되는 사회적 위치와 경험과 이해관계를 가지고 있을 수밖에 없는 존재다. 그는 예컨대 지방 소도시에 사는 임금노동자이자 여성인 시민이다. 이렇게 오늘날 우리가 정당하다고 인정할 수 있는 시민성 개념은 이런 다양한 차원의 차이들을 무시해서는 안 된다는 요구에 직면하고 있다.

나아가 이 시민은 '지구화된 시장'이나 '기후 위기'에서 전혀 자유로울 수 없는 '세계 시민'이기도 해야 한다. 오늘날 시민성 개념은 단지 국민국가적 수준에 한정될 수 없다. 우리 인간은 모두 지구라는 근본적 삶의 지반을 공유하고 있으며, 지구 위의 어떤 땅에 살고 있든 자연적으로든 사회적, 경제적, 정치적으로든 서로 밀접하게 의존하고 영향을 주고받는다. 인간적 삶의 이러한 지구성은 우리가 단지 지구적 시민성(global citizenship)을 발휘하는 연대적 실천을 통해서만 해결하고 감당할 수 있는 숱한 문제들을 만들어 내고 있다. 기후 위기 같은 문제는 물론, 다양한 차원에서 벌어지고 있는 전쟁과 폭력, 이른바 '남북문제'로 표상되는 세계적 수준의 경제적 불평등, 전쟁이나 가난 등의 이유로 자신의 땅을 떠나야만 하는 수많은 이주민 문제 등도 중요하다.

다른 한편, 우리의 민주적 시민성의 개념은 정치의 영역을 떠나 가족이나 직장 같은 일상적 삶의 차원으로 더 깊어져야 한다는 요구에도 직면해 있다. 다시 말해 평등이나 상호 존중 같은 시민성의 원리들은 단지 시민사회적이고 국가적인 수준에서만 아니라 가정이나 직장 같은 사적 영역에서도 관철될 수 있어야 한다는 것이다. 이는 민주적 시민성의 정착과 함께 전통적으로, 특히 자유주의에 의해 비정치적인 영역으로 은폐되어 온 친밀성의 영역 또한 민주화의 압력에서 자유로울 수 없음을 의미한다.[72]

어떻든 여기서 우리가 주목해야 하는 것은 이러한 시민성 개념의 심화 및 확장에 대한 요구와 함께 '민주적 공론장'의 다원성이 강조될 수밖에 없다는 사실이다. 민주적 공론장은 시민들이 사회의 여러 문제를 놓고 토론하고 논쟁하며 성찰하는 가운데 가장 설득력 있는 해법을 찾아내서 사회의 정치적 결정 과정을 그 해법의 틀 안에 묶어 두고 통제하며 조절하는 역할을 하는 민주주의의 핵심 공간이라 할 수 있다. 그런데 오늘날의 조건에서 이 민주적 공론장에는 다양한 이해관계와 가치 지향 및 관점을 지닌 많은 시민이 공존하고 있을 수밖에 없다는 사실의 중요성이 점점 더 커지고 있다.

그 사실은 무엇보다도 이러한 민주적 공론장에서 우리가 추구해야 할 공동선은 선험적으로 주어지는 것일 수도 없고, 특정 집단이나 개인이 독단적으로 결정해서도 안 된다는 점을 함축한다. 또 그렇다면 다양한 이해관계를 가지고 다양한 처지에 놓여 있는 시민들이 자신들의 서로 다른 입장이나 견해를 내놓고 대화하고 조율하면서 공동선을 탐색하는 것이 폭력적 갈등을 피할 유일한 평화적 대안이다. 민주적이고 다원적인 사회의 참된 공동선은 바로 이렇게 다양한 사회구성원들 사이의 대화와 숙의를 통해 찾아질 수밖에 없다.

이제 이 다원적인 민주적 공론장을 통해 오늘날 우리가 추구해야 할 새로운 시민의 모습도 확인할 수 있다. 오늘날 시민들은 이 공론장에서 서로 다른 이해관계와 가치 지향, 관점을 지닌 다른 시민들과 함께 공동선을 모색한다. 그리고 그 과정에서 시민들은 단순한 투표권의 행사를 넘어서는 자기-지배적인 주권을 실질적으로 행사한다. 여기서 시민들은 그러한 토론과 논쟁과 성찰의 과정에 함께 참여하여 많은 시민의 광범위하고 심층적인 동의를 기대할 수 있는 의견, 곧 '공론'을 형성해 내는데, 공동선은 바로 그 과정에서 확인된다. 그리고 이때의 시민은 '공중(公衆; the public)'이라 부를 수 있다.

이 공중으로서의 시민 개념은 존 듀이에게서 비롯한다.[73] 이 개념은 시민들의 적극적인 정치적 참여를 강조하면서도 (전통적 공화주의에서와는 달리) 그것을 단순히 도덕적 당위로서만 요청하지 않고, 개인의 이해관계라는 차원을 부정하지 않으면서도 (자유주의와는 달리) 그것이 미칠 사회적 결과와 공적 차원을 함께 성찰할 수 있는 시민을 포착해 내고자 한다. 그리고 민주적 공론장에서 이루어지는 이성적 숙의의 과정에 초점을 두고자 한다.

공동선은 한 정치공동체 전체의 삶의 양식이 담아내야 할 정당한 규범적 질서와 바람직한 지향과 선택지에 대한 다른 이름이다. 그래서 그것은 단순히 어느 개인이나 특정 집단의 이해관계나 윤리적 관점이 아니라 함께 사는 다른 시민들의 이해관계와 도덕적 관점에서도 옳고 좋은 것으로 수용될 수 있다고 합리적으로 기대될 수 있어야 한다. 특정 집단이나 개인을 원천적으로 배제한다거나 공동의 삶의 조건과 환경에 위협을 가하는 대안들은 이 범주에서 제외될 수밖에 없다. 개인이나 개별 집단 등이 가진 고유한 이해관계나 개별적 가치관은 무턱대고 부정되어서는 안 되겠지만, 바로 그와 같은 공동선의 관점에서 매개되고 걸러지거나 재해석되어야 한다. 공중으로서의 시민은 서로 평등한 다른 시민들과의 심층적이고 연대적인 소통을 통해 이런 의미의 공동선을 추구한다.

## 시민이 중심에 서는 민주주의는 어떻게 가능한가?

노무현 대통령이 '민주주의의 최후의 보루는 깨어있는 시민의 조직된 힘'이라는 인식을 드러내며 염두에 두었던 시민이 바로 이런 공중인 시민이었을 것이다. 그는 시민을 "자기와 세계의 관계를 이해하는 사람, 자기와 정치, 자기와 권력과의 관계를 이해하고 적어도 자기의 몫을 주장할 줄 알고 자기 몫을 넘어서 내 이웃과 정치도 생각할 줄 아는 사람" 그리고 "정치적 사고와 행동을 하는 사람"이라고 했는데, 이런 시민들은 민주적 공론장에서 공중으로 활동하면서 우리 민주주의의 근간을 이루고 있다. 그래서 노무현 대통령은 이런 시민이 없으면 민주주의도 없다고 했다.

그런데 왜 시민이 민주주의에서 그토록 중요하며, 시민이 없으면 민주주의도 없다는 것일까? 우리가 단순히 선거를 통해 최고권력자나 국회의원 등을 선출하고 교체할 수 있는 선거민주주의를 민주주의의 전부라고 이해하면, 그런 식의 이야기는 그저 수수께끼가 될 수도 있다. 왜냐하면 선거 중심의 민주주의에서는 시민은 그저 주기적인 투표 과정에 참여하는 것만으로 자신의 역할을 다하고, 다른 모든 정치 과정은 선출된 소수 엘리트 정치인에게 맡겨야 하기 때문이다.

그러나 그렇다면 노무현 대통령은 무슨 '직접 민주주의'의 이상을 추구했던 것일까? 대표제(대의) 민주주의는 가짜 민주주의인가? '깨어있는 시민'이 좀 더 적극적 역할을 할 수 있는 민주주의는 어떤 모습일까? 민주주의가 시민의 적극적 참여를 보장해야 한다고는 하지만, '참여 민주주의'는 어떤 종류의 민주주의인가? 오늘날의 조건에서 직접 민주주의의 이상을 날 것 그대로 추구할 수 없음은 분명하다. 그러나 우리가 소수 엘리트 '정치 계급' 중심의 대표제 민주주의에 만족할 수 없다면, 우리는 시민들이 좀 더 적극적인 역할을 수행할 수 있는 시민 중심 민주주의 모델에 대한 모색을 게을리 해서는 안 된다.

민주적 공화주의는 국가의 역할에 대한 적극적 긍정에서 출발한다. 사람들은 현실적으로 국가라는 단위로 조직된 틀 안에서만 살아갈 수 있으며, 국가라는 정치적으로 조직된 권력의 체계 없이는 인간의 사회적 삶을 규제하고 개입하면서 존엄한 삶을 위한 조건들을 만들어 낼 수 없다. 앞 장에서 살펴본 사회 정의의 이념을 실현할 법과 제도도 결국 국가의 작용 결과로서만 인간의 사회적 삶에 뿌리를 내릴 수 있다. 문제는 역사 속에서 볼 때 이 국가 자체가 사람들을 억압하고 지배하는 불의의 원천이 될 수 있다는 것이다.

국가 없는 인간의 사회적 삶을 상상할 수 없다면, 국가 그 자체가 지배와 불의의 원천이 되는 걸 막는 유일한 길은 그 국가의 권력을 시민들이 통제하면서 시민들이 그 권력 행사의 방향과 방식을 결정하는 것이다. 바로 그것이 고대 그리스에서 발전했다고 알려졌지만, 사실은 다양한 사회와 문화권에서 다양한 모습으로 나타났던 '민주주의', 곧 인민(demos)이 스스로 통치하는 정체(kratos)라는 이념의 핵심 지향이다. 단지 자기가 자기를 지배할 때에만 그 지배의 권력은 정의로울 수 있다는 것이다. 그런 점에서 민주주의는 '정치적 정의'에 대한 요청이 낳은 필연적 산물이라고 해야 한다.

그런데 이 민주주의의 이념을 어떻게 실현할 것인지는 다른 문제다. 민주주의가 어떤 사안에 대한 한 정치공동체의 모든 시민이 토론과 논쟁을 통해 일치된 의견을 끌어낸다는 단순한 차원의 문제가 아님은 긴 설명이 필요 없다. 고대 그리스 아테네의 직접 민주주의 실험이 근대 이후 '간접 민주주의' 또는 대표제 민주주의로 이어졌다는 표준적인 서사가 있기는 하지만, 서구의 근대에서 발전되고 오늘날 전 세계적으로 일반화되어 있는 양식의 민주주의가 어떻게 우리가 앞에서부터 살펴 온 맥락의 정치적 정당성 또는 정치적 정의를 가질 수 있는지는 그렇게 분명하지는 않다.

민주적 공화주의는 우리가 민주공화국의 시민으로서 존엄한 삶을 영위할 수 있기 위해서는 주권자로서 우리의 삶에 영향을 미치는 모든 중요한 의사 결정 과정에 평등하게 참여할 수 있어야 한다는 데서 출발한다. 그러나 이 원칙이 반드시 아주 강한 자치의 이상을 무슨 직접 민주주의의 방식으로 실현해야 한다는 것을 의미하지는 않는다. 모든 시민이 언제나 모든 중요한 정치적 사안에 직접 참여하여 결정하는 건 오늘날의 조건에서 원천적으로 불가능하다. 민주적 공화주의는 앞서 살펴본 대로 동양과 서양의 공화주의적 전통에 따라 특별한 종류의 헌정체제, 곧 혼합정의 체제를 통해 민주주의의 이념을 실현할 수 있다고 본다.

앞서 보았듯이, 혼합정을 단지 서구 정치 전통의 산물이라고만 볼 이유는 없다. 동아시아에서도 혼합정은 다른 양태로 나타났다고 해야 하며, 우리는 그 이념을 좀 더 보편적으로 이해할 수 있어야 한다. 그것은 어떤 사회든 서로 이해관계나 관점을 달리하는 다양한 세력들이 타협하거나 조율하면서 서로 권력을 분점하거나 견제하는 정치체제가 가장 안정적이며 또한 효율적일 수 있기 때문이라고 할 수 있다. 여기서 공동선에 대한 추구는 당연한 정치적 이상이나 목표가 될 수밖에 없다.

역사적으로 혼합정은 왕, 귀족, 평민으로 나누어져 있던 사회 집단 간의 권력 분점과 세력 균형의 형식으로 나타났다. 그리고 왕정, 귀족정, 민주정의 양식들이 역사적 시기나 사회 상황 그리고 세력 관계의 양상에 따라 다양한 방식으로 조합되어 나타났다. 그러나 오늘날의 '민주적' 공화정에서 귀족과 평민이 신분이나 계급으로 따로 존재한다고 할 수는 없다. 민주공화국에서는 모두가 시민이다. 여기서 혼합정은 서로 다른 정체의 혼합이라기보다는 다양한 이해관계와 관점을 지닌 사회의 여러 집단이 모든 시민의 평등한 존엄성이라는 전제 위에서 공동선을 추구하기 위한 상호 대화와 타협의 체제로 성립한다고 할 수 있다.

이런 민주적 혼합정은 '헌정화된 민주주의(입헌 민주주의; 헌법민주주의)'로 나타난다. 서구의 공화주의 전통에서 발전한 '권력분립'의 체제나 '견제와 균형'의 원리는 바로 이런 맥락에서 이해할 수 있다.[74] 이는 전통적인 공화주의의 핵심 지향인 혼합정 이념을 발전적으로 수용하여 이해관계가 다른 사회의 다양한 세력들이 권력을 분점하고 상호 간의 균형을 맞추어야 한다는 기본 인식에서 출발했다. 권력은 사회의 이해관계가 다른 다양한 세력들 사이에서 분점되고 균형을 맞추어야 할 뿐만 아니라, 가령 미국 같은 데서 보듯이 연방과 주 정부, 상원과 하원, 대통령과 법원 사이처럼 서로 다른 수준에서도 일정한 방식으로 상호견제가 이루어질 수 있도록 나뉘어야 한다.

이런 분립 및 견제와 균형의 체계는 무엇보다도 국가의 권력이 특정한 세력이나 개인에게 집중되어 시민을 억압하고 이런저런 불의를 행하는 방식으로 남용되어서는 안 된다는 기본 정신에 따른 것으로, 맥락과 상황에 따라 다양한 방식으로 확대될 수 있을 것이다. 그러나 그동안 서구에서 발전된 민주적 헌정체제는 적극적인 시민 참여의 공간을 제대로 제도화하는 데서 한계를 드러내 왔다고 지적되었다.[75] 우리는 이런 한계를 극복하고 시민이 좀 더 중심에 설 수 있는 새로운 민주적 헌정체제를 모색해야 한다.

## 공화적 민주주의

앞에서 노무현 대통령의 정치적 꿈을 설명하면서 이야기했던 '민주주의의 공화화'라는 과제는 바로 이런 민주적 헌정체제를 만들어 내는 것을 지향한다. 물론 이 과정에 유일하게 올바른 모델은 있을 수 없다. 이 과정은 맥락과 상황에 따라 다양한 방식으로 모색되고 변형될 수 있다. 어떤 관점에서 보면 지금의 우리 민주주의도 나름의 방식으로 삼권 분립의 체계를 갖추면서 일정한 공화화 과정을 거쳤다고 할 수 있을지 모른다. 그러나 문제는 우리 사회가 공화화된 민주주의의 틀을 짜면서 그런 과정의 참된 의미나 원리에 대해 제대로 고민해 보지 않았다는 것이다.

내가 볼 때 가장 심각한 문제는 지금의 우리 민주주의를 규정한 헌정적 틀을 설계할 때 우리 사회가 대통령 직선제 같은 문제에만 주된 초점을 둠으로써 유신 독재 이래의 이른바 '제왕적 대통령'의 문제를 그대로 두었다는 데 있다. 이런 사실은 우리 사회가 민주주의의 공화화 문제에 대해 얼마나 둔감했는지를 보여주는 결정적인 방증이 아닐까 한다. 그러나 이 과제는 무슨 완성된 민주주의에 공화의 측면을 부가한다는 그런 차원에 있지 않다. 요점은 민주주의 자체를 공화의 관점에서 이해하고 그 제도적 틀을 형성하는 데 있다. 민주주의가 그 본성상 공화적이 될 수 있도록 해야 한다는 이야기다.

여기서 민주주의는 단순히 선거와 등치되거나 그것으로 환원될 수 없다. 무엇보다도 선거는 그 자체만으로는 현대의 다원주의 사회에서도 결코 포기되어서는 안 되는 정치공동체 구성원들 사이의 평등을 실현함으로써 그 통합을 가능하게 하는 공동선에 대한 추구를 보장하지 못한다. 공화화는 바로 이런 한계를 극복하자는 것이다. 그러기 위해서는 서로 유기적으로 작동하는 복합적인 제도적 틀이 마련되어야 한다.

앞에서 본 대로, 본디 혼합정을 뜻했던 공화국이라는 개념 자체가 정치공동체를 이루고 있는 여러 사회 세력이나 통치의 제도들이 서로 견제와 균형의 관계를 맺게 해서 특정한 이해관계가 지배적이지 않게 하고 구성원들 모두의 이익, 곧 공동선을 추구하려 했던 정체라고 할 수 있다. 그러나 이런 공화국은 한 번 짜인 제도적 틀로 완결된 형식을 가지는 것이 아니다. 공화국은 어떤 무분별한 타협의 체제라기보다는 구성원 모두의 존엄성과 자유를 보장해야 한다는 것을 규제적 원칙으로 삼는 체제로서, 새로운 상황과 조건에서 끊임없이 재발명되고 재구성되어야 한다.

비록 직접 민주주의를 수행할 수 없는 새로운 조건에서 대표제 민주주의의 불가피성을 수용한다고 해도, 공화적 민주주의에서는 단순히 선거를 통해 다수가 되었다는 사실만으로 특정한 집단이나 정치 세력의 의지나 이해관계를 공동선보다 앞세우거나 그것들을 그 자체로 공동선으로 포장해서는 안 된다. 선거는 사회가 균열되어 있음을 전제한다. 그런데 선거의 다수파가 선거의 승리를 근거로 자신들의 의지나 이해관계를 그 자체로 공동체 전체의 것으로 동일시하게 되면, 패배한 소수는 자신의 의지와는 무관하게 자의적으로 그 전체에 편입되는 것으로 느낄 수밖에 없고 오히려 갈등이 증폭될 수도 있다. 선거는 그 자체만으로는 결코 공동선을 보장하지 못한다.

공동선을 찾기 위해서는 단순한 선거 민주주의를 넘어서는 '숙의 민주주의(deliberative democracy)'가 실질적으로 실현될 수 있는 체제가 필요하다. 그러니까 특정 집단이나 개인이 독단적으로 공동선이 무엇인지를 결정하는 것이 아니라, 정치 과정 전체에서 다양한 이해관계를 가지고 다양한 처지에 놓여 있는 시민들이 자신들의 서로 다른 입장이나 견해를 내놓은 뒤 대화하고 조율하면서 공동선을 탐색할 수 있도록 해야 한다. 여기서는 단지 어떤 의견에 대한 지지 숫자의 크기가 아니라 공동체 전체의 이익에 대한 이성적 고려가 중요한바, 이를 가능하게 하는 헌정적 틀과 제도적 장치들이 마련되지 않으면 안 된다.

물론 공화주의가 선거의 중요성을 부정하는 것은 아니다. 선거 과정 역시 정파들이 사회의 다양한 의견을 수렴하고 다수파가 되기를 추구하면서 다양한 의견들을 최대한 조율하여 공동선을 탐색하는 정치적 과정이라고 이해할 수 있다.[76] 또 선거를 통해 특정 세력의 정치적 책임을 묻기도 하고, 시민들이 자신들의 이해관계와 의지를 표출할 수도 있다. 선거 없는 민주주의는 불가능하다. 요점은 선거 민주주의의 부정이 아니라 선거 민주주의를 숙의 민주주의의 이상 및 공화적 견제와 균형의 원리와 조응시킬 수 있어야 좀 더 온전한 민주주의가 가능하다는 것이다.

이런 공화적 헌정체제에서는 특정 개인이나 집단의 자의적 지배를 막을 수 있는 온전한 의미의 '법의 지배(법치)'가 중요하다. 이 법치의 이상은 사회적이고 정치적인 존재인 인간이 근원적인 취약성과 의존성이 빚을 수 있는 지배-피지배 관계의 형성을 막기 위해 도입한 어떤 정치적 구성의 결과물로 이해될 수 있다. 지배 없는 자유를 위한 국가적 삶을 보장하는 것이 법치이고, 단지 법치만이 지배 없는 자유로운 삶을 가능하게 한다고 이해할 수 있다. 그런 만큼 단지 법치국가로서만 가능한 민주공화국은 앞서 언급했던 지배의 두 차원 모두를 극복해야 하는바, 곧 시민들 사이의 사적 관계에서 벌어지는 '사적 지배'는 물론 국가 권력의 시민에 대한 '공적 지배'가 체계적으로 저지되어야 한다.

이런 맥락에서 공화화된 민주주의의 중요한 초점 중의 하나는 정부에 대한 시민들의 공적 통제의 헌법적 보장이라 할 수 있다. 선거 등을 통해 다수결로 이루어진 결정이라고 해도 그것을 무슨 '일반의지'의 산물이라며 절대화해서는 안 된다. 다수파의 결정이 반드시 옳지도 않고, 소수파라고 해서 시민이 아닌 것은 아니다. 공화적 민주주의 체제는 어떤 정책이나 결정에 대한 시민들의 이의 제기, 저항, 쟁론 등과 같은 견제와 개입을 보장하고 또 그 결과를 반영할 수도 있어야 한다. 좋기로는 정부가 법을 제정하고 공적 정책에 관한 결정을 내릴 때 다양한 방식으로 시민들의 의견을 청취하는 것이지만, 이미 내려진 결정이라도 시민의 요구에 따라 수정될 기회가 보장되어야 한다. 페팃은 이런 차원에서 공화주의적 민주주의 모델을 '선거 모델(electoral model)'과 구분되는 '견제 모델(contestatory model)'이라고 불렀다.[77]

그밖에 공화주의적 민주주의에서는 선거로 구성된 행정부로부터 독립된 법원이나 중앙은행 그리고 그밖에 선거관리위원회나 국가인권위원회 같은 독립적 헌법 기관들이 선거에서의 대중적 지지와는 무관하게 장기적인 관점에서 그리고 공동선의 관점에서 업무를 처리하고 제대로 기능하는 게 매우 중요하다. 비록 많은 경우 그런 기관들에 종사하는 공무원들은 선출직 공무원들이 임명하기는 하지만, 그들은 헌법은 물론 다른 법과 규정을 통해 공동체 전체의 이익에 복무해야 한다는 규범의 지배를 받는다. 이런 일이 제대로 이루어진다면, 이들은 선거를 통해 통제되는 정부 기관들만큼이나 중요한 민주적 기능을 수행할 수 있다. 주로 전문가인 이들 공무원은 선출되지는 않았더라도 공동선을 지향하고 대변하는 '지표적' 대표로서 역할을 해야 한다.*

그러나 정부 또는 국가 권력에 대한 견제는 무엇보다도 다름 아닌 보통의 시민들에 의해 이루어져야 한다. 시민들은 사상과 표현의 자유, 집회, 시위, 결사의 자유를 누리며 자유롭고 독립적인 언론 및 다양한 차원의 시민적 결사체를 통해 행정부는 물론 국회와 사법부도 끊임없이 감시해야 한다. 그래야 민주주의가 건강하게 유지될 수 있다. 노무현 대통령이 시민이 깨어 있어야 한다고 강조한 것은 무엇보다도 바로 이런 맥락이다.

우리나라만 하더라도 환경, 경제정의, 의정감시, 공익, 소비자권익, 여성의 권리 등의 가치에 초점을 둔 많은 시민단체가 촘촘한 감시의 망을 형성하고 있다. 시민들은 이렇게 권력을 가진 모든 사람과 조직을 공적인 감시와 통제 아래 둠으로써 권력 집중과 부패를 막아낼 수 있어야 한다. 앞에서 언급한 대로 서구의 공화주의 전통에서는 '자유는 영원한 감시의 대가'라는 격언을 전하는데, 존 킨

---

*_이 개념에 대해서는 2장의 논의 참조

(John Keane)은 민주주의의 본성을 이런 권력 감시의 체계에 두면서 이를 '파수꾼 민주주의'라고 불렀다.[78]

이런 공화적 민주주의는 모든 시민의 평등한 존엄성과 비-지배적 자유의 보장을 모든 정책의 가장 중요한 목적으로 삼는다. 그렇기에 특히 사회적 약자들, 사회에서 가장 상처 입기 쉬운 사람들의 목소리가 가장 잘 들리게 해야 한다. 공적 제도나 결정은 단지 다수의 합의에 따라 도출되었다고 민주적 정당성을 주장할 수 있는 게 아니다. 민주적 정당성은, 특히 이들 약자를 포함한 시민의 견제 가능성 또는 쟁투 가능성이 체계적으로 보장될 때 제대로 확보될 수 있다. 그러한 전제 위에서만 참된 공동선이 추구되고 있다는 기대가 충족될 수 있을 것이기 때문이다.

민주적 선거가 승리한 세력의 '다수의 전제'나 '선출된 폭정'으로 귀결되지 않으려면, 법과 정책은 공동체 전체가 중시하고 수용할 수 있는 가치나 원리에 따라 규제되고 인도되어야 한다. 이것은 무분별한 타협의 결과로 도출되는 것이 아니라 모든 시민의 평등한 존엄성과 자유의 보장이라는 민주공화국의 근본적인 도덕적 목적으로부터 도출되어야 한다. 그래서 정치적 의사결정 과정에서 배제되기 쉬운 소수자의 권리와 이해관계를 보호하고, 약자가 강자의 부당한 횡포에 노출될 가능성을 차단하며, 이른바 '몫이 없는 자들'과 '투명한 사람들'이 법과 정책의 사각지대에 놓이는 일이 없도록 해야 한다. 바로 이런 의미의 공동선에 대한 지향을 담은 정치가 '공동선의 정치'다.

이 공동선의 정치는 단순히 흔히 이야기하는 대화와 타협의 정치 또는 무슨 '상생의 정치' 같은 게 아니다. 이런 정치는 곧잘 원칙 없는 양보나 강자의 저항에 대한 손쉬운 굴복으로 나타나곤 한다. 그래서는 소수자의 권리도 공화국의 기본 가치도 지켜낼 수 없게 되는 경우가 많다. 또 이 공동선의 정치는 좁은 의미의 의회 정치, 정당 정치의 차원만을 염두에 두고 있는 것도 아니다. 공동선은 시민의 견제를 포함한 민주적 혼합정 전체의 체계에서 추구되어야 한다.

그러나 공동선은 선험적으로 처음부터 분명하게 주어져 있는 게 아니다. 사회에는 다양한 이해관계와 관점을 가진 개인들과 집단들이 존재하기 마련인지라 공동선은 일차적으로 바로 이 다양한 사회 구성원들 사이의 대화를 통해 찾아질 수밖에 없다. 따라서 공동선에 대한 모색은, 앞에서 본 대로, 일차적으로 민주적 공론장의 과제다.

## 민주적 헌정주의: '사법통치'와 '검찰통치'를 넘어서

민주적 공화주의의 이런 민주주의 이해는 '민주적 헌정주의'를 지향한다. 이것은 민주주의를 국가의 근본적인 도덕적 목적과 운영 원리, 권력의 분립 체계, 시민들의 기본권 등에 대한 명확한 규정을 갖춘 헌법적 틀 속에 안착시킨다. 그러나 이 민주적 헌정주의는 우리가 통상적으로 입헌민주주의 또는 헌정민주주의 그 자체로 등치하곤 하는 '자유민주주의'와는 달리 시민들의 주권과 민주 정치의 우선성을 훨씬 더 강조한다.

자유민주주의는 시민들의 기본권을 최우선하여 보장하는 민주주의를 지향하는 헌정화된 민주주의의 한 모델이지만, 여기서는 그 기본권 보장을 명분으로 소수의 사법 엘리트에게 너무 많은 권한을 부여하고 있다. 이 모델은 기본적으로 '민주주의에 대한 법치의 우위 원칙'을 내장하고 있다.[79] 이것은 많은 민주주의 국가들에서 민주적인 결정 과정에 대한 사법심사(judicial review)를 수용하는 것으로 나타난다. 그러니까 설사 특정한 정책이나 법이 민주적 과정을 통해 결정되었다고 하더라도 대법원이나 헌법재판소의 판사들 또는 사법 엘리트 일반이 이를 무효화할 수 있는 권한을 인정하는 체제가 자유민주주의라는 입헌민주주의 체제의 본성이다.

　자유민주주의의 이념 안에는 인치와는 다른 차원의 법치, 개인이나 집단의 지배를 넘어서는 법의 지배라고 하는 이념이 반영되어 있다. 그러나 이 법의 지배(법치)라고 하는 것은 이념적으로는 사람의 지배가 낳을 수 있는 자의적인 판단이나 지배를 극복하는 데 필요하다고 주장되어 왔지만, 어떤 경우에도 법을 해석하는 법관이나 법조인의 자의성, 인성의 개입 같은 문제를 원천적으로 해결할 수 없다.[80] 아무리 훌륭한 법치체계에서라도 궁극적으로 법은 사람들에 의해 해석이 되어야 하고, 현실의 사람들은 아무런 편견이나 이해관계의 개입 없이 오로지 '이성의 빛'에 따라 판단을 할 수 있는 존재가 아니다. 특히 사회적 강자들에게 법은 자신들의 사회적 지배를 위한 수단이 되기 싶다. 루소의 다음과 같은 언명은 법의 이런 본성을 잘 보여준다.

"시민은 법을 원하며 이 법이 준수되기를 원한다. 모든 개인들은 법 준수에 예외가 인정되면 이 예외가 자신들에게 이롭게 작용하지 않으리라는 점을 잘 알고 있다. (...) 하지만 지배계급의 경우는 이와 사뭇 다르다. 이들의 사회적 조건은 특권에 기반을 두고 있으며, 이들은 때와 장소를 가리지 않고 특권을 추구한다. 만약 이들이 법을 좋아하는 경우가 있다면, 그것은 그것에 복종하기 위해서가 아니라 오직 법관 노릇을 하기 위해서일 뿐이다."[81]

그러다 보니 자유민주주의 체제라고 하는 것은 그 본성상 강하거나 약한 사법통치체제를 내장하고 있을 수밖에 없다. 예를 들어서 미국에서만 보더라도 루즈벨트(Franklin Roosevelt) 대통령의 뉴딜 정책에 대한 가장 강력한 반대자들은 바로 대법관들이었다. 미국 대법원은 정부 정책들에 대해 위헌 결정을 내리는 등 뉴딜 정책 실현에서 가장 큰 저항 세력이었다. 최근 미국 대법원은 여성의 자유로운 낙태 허용이나 대학 입학 등에서의 소수 인종에 대한 우대를 허용하는 '적극적 차별시정 정책'이 위헌이라고 판시함으로써, 미국 사회가 수십 년 동안 이뤄 온 사회 진보를 무력화시켰다. 그러나 단지 미국뿐만이 아니라 다른 나라들에서도 법조인들은 일반적으로 복지국가 정책들에 대해 부정적이고 저항하는 모습을 보여 왔다.[82]

더 심각한 건 판사들이 정치 세력과 결탁해서 민주주의를 위협하고 민주주의를 왜곡시키는 모습들을 보이기도 한다는 것이다. 민주화 이후 스페인의 경우, 곤살레스 수상 시절 보수 야당은 사법부와 손을 잡고 여당인 사회노동당 인사들을 기소하고 유죄 판결을 끌어내는 전략을 사용하여, 결국 정권교체를 끌어내기도 했다.[83] 최근 브라질에서도 한국의 검찰이 지닌 권한을 보유한 수사 판사 세르지우 패르난두 모루는 자신에게 주어진 권한을 활용하여 룰라 대통령을 기소하는 등의 사법정치를 통해 '브라질의 트럼프'라 불리던 극우 정치인 자이르 보우소나루를 대통령으로 만들고 자신은 법무부 장관이 되기도 했다. 지금 우리나라에서 보이는 윤석열 정부의 '검찰통치(체제)'도 바로 이런 넓은 의미의 사법통치의 한 변종이라고 볼 수 있다. 이것은 전 세계적으로 유례가 없는 우리 민주주의 체제의 헌정적 결함의 결과다.

이런 결함은 무엇보다도 우리나라의 경우 민주화 과정에서 민주주의의 입헌화가 어떤 의미를 갖는지 충분히 이해하지 못한 상태에서 그리고 표방되었던 자유민주주의를 위한 사회문화적 조건이 존재하지 않는 상태에서 일부 소수 정치인들이 밀실에서 헌정체제를 설계했다는 데서 비롯한다.

역사적 전통의 영향도 크다. 우리나라에서는 법의 민주화 과정 또는 민주주의적 입법전통이 약한 상태에서 상당히 많은 법이 일제로부터 유래하고 있다 보니 법조인들이 그 해석권을 독점하는 게 자연스러웠다. 게다가 우리 사회에서는 외유내법(外儒內法), 그러니까 겉으로는 유가적인 것을 표방했지만 실질적인 통치과정에서는 법가적인 법치를 사회적으로 관철시키는 전통이 있었고, 능력 있는 사람들이 정치에 복무하는 것이 옳다는 정치적 능력주의 전통이 지배했다.

　이런 배경 위에서 우리 사회에서는 특히 법조인들이 사회문화적인 차원만이 아니라 정치적으로도 높은 위상을 유지할 수 있었다. 그런데 우리 사회에서는 특이하게도 좁은 의미의 사법부보다는 스스로 준사법기관이라 부르는 검찰의 자의적인 권력 행사의 양태가 훨씬 더 강하게 드러났다. 그 결과 우리의 헌정체제는 다른 자유민주주의 국가들에서보다 처음부터 훨씬 더 강한 그리고 특이한 형태의 사법통치, 곧 검찰통치의 위험성을 내장하게 되었던 것이다.

　단순하게 보면 지금의 검찰통치는 부분적으로는 수사권과 기소권을 검찰이 독점하게 했던 입헌과정과 민주적 제도 설계상의 입법적 실수 탓이라고 생각할 수도 있다. 그러나 우리 사회와 정치권은 이런 문제들을 제대로 검토해 보지 않은 상태에서 검찰을 정권 유지를 위한 통치의 수단으로 활용하는 경향을 보였고, 그러다 보니 검찰의 독립성에 대한 주장이 설득력을 가지는 정치적인 상황이 이어졌다. 그러나 그 과정에서 검찰은 민주적 통제 바깥에서 무소불위의 권력 집단이 되고 말았다. 바로 이런 상황 속에서 한국에서는 자유민주주의 체제가 본성적으로 강하든 약하든 내재하고 있는 사법통치의 경향이 검찰통치의 형식으로 나타나게 된 것이다. 이런 관점에서 보면 윤석열 정부는 본질적으로 한국식 사이비 자유민주주의 체제의 필연적 귀결이라고 할 수 있다.

　오늘날 우리나라에서뿐만 아니라 전 세계적으로 자유주의적 입헌민주주의, 곧 자유민주주의는 다양한 차원에서 그 한계를 드러내고 있다. 무엇보다도 지금과 같은 형식의 자유민주주의는 시민들의 기본권을 보장한다는 명분 아래 민주주의의 역할을 지나치게 제한하며 소수 엘리트의 자의적 지배 공간을 너무 많이 열어둘 가능성이 크다. 우리가 이 자유민주주의 체제에서 민주주의의 가장 중요한 핵심으로 이해하는 선호집약적 선거 민주주의는 시민들의 일상적 주권성에 둔감하고, 시민들 사이에 이해관계의 갈등을 극대화하며, 능력주의적 과두정화의 경향에서 자유롭지 못하다.

그러나 자유민주주의가 유일하게 가능한 입헌민주주의는 아니다. 민주적 공화주의는 자유주의의 불간섭-자유의 이상과 결합된 권리보장적 국가 이해를 넘어 새로운 민주적 헌정체제를 추구해야 한다. 그 체제는 무엇보다도 시민 개개인의 비-지배 자유와 존엄성을 보호하기 위한 국가의 적극적 역할을 긍정하지만, 앞서 본대로, 수평적 권력 분립과 수직적인 민주적 통제의 원리를 결합하여 국가가 그 자체로 지배의 원천이 되는 걸 견제할 수 있어야 한다.

## 공화적 선거제도

물론 이런 새로운 민주적 헌정체제에서도 선거는 필수적이다. 그러나 지금 우리 사회에서 민주적 대표 선출을 위한 선거제도는 결코 공화적 민주주의의 이상에 부합한다고 할 수 없다. 우리 선거제도는 단순다수결 승자독식의 원리에 기초하는 소선거구제다. 이 제도의 문법은 거의 필연적으로 양당 체제를 유도하고, 두 거대 정당에 수렴되지 않는 많은 정치적 지향이 정치적으로 대변되지 못하도록 강제한다. 게다가 우리나라에서는 이 제도가 지역주의마저 첨예화한다.

이 제도에서는 가령 호남의 국민의힘 지지자들이나 영남의 민주당 지지자들은 자신들을 대변할 국회의원을 뽑을 수 없고, 정의당 같은 군소정당 지지자들도 지역구를 통해서든 비례대표를 통해서든 자신들의 정치적 의지를 정치 과정에 제대로 반영할 방법을 가질 수 없다. 이들은 '결선 투표'가 없는 우리나라 상황에서는 박빙의 선거가 펼쳐지면 이른바 '사표' 논란에도 시달린다. 쉽게 말해 이 제도에서는 모든 유권자의 한 표가 똑같은 가치를 지니지 못한다. 이런 문제를 보완하기 위해 비례대표제를 도입하고 몇 년 전에는 제한적이라도 각 정당에게 지지율에 연동하여 의석을 배분하는 제도를 새로이 마련했지만, 알다시피 두 거대 정당의 위성정당 창당 때문에 외려 양당 체제는 더 강화되고 말았다.

물론 단순다수결 선거제도를 아예 그 자체로 비민주적이라 할 수 없다. 어차피 대표제 민주주의에서 주권자들의 뜻은 어떤 식으로든 일정한 한계 안에서만 정치 과정에 반영될 수밖에 없는데, 단순다수결 소선거구제는 가장 직관적으로 수용될 수 있는 제도임이 틀림없다. 가장 오래된 민주주의 국가들인 영국이나 미국도 수백 년 동안 이런 제도를 운영하고 있다. 그러나 그렇다고 이 제도가 유일하게 민주적인 선거제도는 아니다. 시간이 지날수록 이런 나라들에서 이 제도가 갖는 부작용과 문제들은 하나둘씩 쌓여만 왔다. 그래서 이들 나라에서도 그 제도를 손봐야 한다는 목소리가 드높았다. 다만 기존 제도의 관성 때문에 쉽게 바꾸지 못했을 뿐이다.

후발 민주주의 국가들이나 지금의 우리나라처럼 다양한 이유에서 선거제도를 성찰적으로 개혁할 기회를 가진 나라들은 좀 더 민주적인 대의제도를 도입해 왔다. 모든 의원을 완전하게 비례대표제를 통해 선발하는 나라도 있었고, 독일처럼 여러 제도를 혼합하는 나라도 있었다. 독일은, 나치에 의해 바이마르 공화국의 민주주의가 무너졌던 역사적 경험을 돌이켜 보면서, 유권자들의 뜻을 좀 더 직접적이고 구체적으로 정치 과정에 반영할 수 있는 지역구 소선거구제의 장점은 살리면서도 앞서 말한 문제들을 해결하기 위하여 지역구와 1:1의 비율로 의석을 채우는 비례대표제도 함께 조합했다.

여기서는 모든 유권자의 1표는 동등한 가치를 가져야 한다는 대원칙에 따라 모든 정당이 의회에서 그 당을 지지하는 유권자의 비율만큼 의석을 차지할 수 있게 한다. 물론 지지율 5% 미만의 정당에겐 의석이 주어지지 않는데, 이는 군소정당의 난립을 막기 위한 장치다. 그래서 정당투표로 정당별 총 의석 수를 결정한 다음, 지역구 당선자 수를 뺀 나머지 의석을 비례대표로 배분하는 방식을 쓴다. 경우에 따라서는 특정 정당이 지역 소선거구에서 많이 이겨 전체적으로 애초 정당지지율로 배당된 의석 수보다 더 많은 의석을 차지할 수도 있는데, 이런 '초과의석'도 인정한다. 그래서 불가피하게 의원정수를 고정하지 않고 선거 결과에 따라 매번 달라지게끔 설계했다(최근에 개정된 선거법에서는 초과의석에 따른 전체 의석수가 지나치게 비대해지지 않도록 그 한도를 정했다). 전문가들은 이 제도를 가장 이상적인 민주적 선거제도로 평가하는데, 뉴질랜드 같은 다른 나라들도 이런 제도를 모방했다.

독일의 제도가 좋은 평가를 받는 것은 그 제도가 민주주의 관점에서 가장 정의로운 제도라는 점 때문이다. 한 사회의 정치적 의사결정 과정에 주권자 시민들이 모두 평등하게 참여할 수 있어야 한다는 민주적 정의의 관점에서 볼 때, 독일의 제도는 원칙적으로 모든 시민의 다양한 정치적 지향이 의회에 고스란히 반영될 수 있도록 하는 근본적인 장점이 있다. 물론 그 원칙을 실현하기 위해서는 일부 국가들에서처럼 의회를 전부 비례대표로만 구성할 수도 있다. 그러나 독일은 지역구 제도도 포기하지 않음으로써 좀 더 직접적이고 구체적으로 지역민들의 의사를 반영해야 한다는 원칙도 포기하지 않았다. 그래서 두 제도의 장점을 잘 조화시켰다는 평가를 받는 것이다.

물론 역사와 토양이 다른 우리나라에 무턱대고 이런 제도를 도입하는 게 맞을지는 더 따져 보아야 할 문제다. 지금 맥락에서 중요한 건 우리나라의 지금 제도가 상당한 정도로 민주적 정의의 원칙에 어긋난다는 점, 두 거대 정당이 독점하는 정치적 지향을 다원화시켜 가능한 한 다양한 민의를 고르게 반영할 수 있는 의회를 구성해야 한다는 점이다. 지역주의도 완화시켜야 한다. 노무현 대통령은 이런 문제를 해결하기 위해 중대선거구제를 도입하자고 했지만, 나는 어떤 형식이든 국민의 지지를 그대로 반영할 수 있고 원칙적으로 사표가 생겨나지 않는 '연동형' 비례대표제를 더 확대하는 것이 옳다고 본다. 물론 그 구체적 방식이 몇 년 전 선관위가 독일 제도를 모방해서 제안했던 대로 '권역별'일지 아니면 다른 형태일지는 열려 있는 문제다. 추후 사회적 합의를 통해 결정할 일이다.

제일 어려운 문제는 국회의원 정수다. 선관위의 권역별 비례대표제 안은 독일의 제도를 우리나라에 적용한 획기적 안이었는데, 여야 정당들이 모두 거부했다. 아마도 가장 큰 이유는 지역구 의석을 200석으로 줄이고 비례대표 의석을 100석으로 하자는 데 있었던 것 같다. 재선에 목숨을 걸 수밖에 없는 국회의원들이 지역구 의석을 대폭 줄이자는 안에 찬성할 리가 없었으리라. 독일처럼 지역구와 비례대표의 의석 비율을 1:1로 해서 두 제도의 장점을 이상적으로 조화시키려면, 그리고 현행 지역구를 그대로 두어 현역 의원들의 이해관계에 반하지 않으려면, 국회의원 정수를 늘릴 수밖에 없다. 사실 우리나라는 의원 1인이 대변하는 시민들의 수가 다른 나라들에 비해 너무 많기도 하다. 안타까운 건 우리 국민이 정치에 대한 부정적 인식 때문에 어떤 경우에는 지금 국회의원 수도 너무 많다고 여긴다는 사실이다. 여하튼 우리 국민들은 의원 정수 확대에 대해 매우 부정적이다. 이는 21대 국회의 이른바 '준연동형'이라는 기형적 제도가 탄생하게 된 배경이기도 하다. 이런 여론을 극복하기 위한 사회적 노력이 이루어져야 할 것이다.

## 분권형 대통령제

또 다른 문제도 있다. 이렇게 우리 실정에 맞게 도입을 검토할 필요가 있는 독일식 연동형 비례대표제는 우리가 채택하고 있는 대통령제와는 잘 맞지 않다는 지적도 있다. 연동형 비례대표제는 다당제를 유도하기 마련이고, 이 다당제는 대통령제에서 정치적 혼란을 초래할 우려가 있기 때문이다. 이런 전제가 얼마나 타당한지는 그것대로 좀 더 자세히 따져 보아야 하겠지만, 어쨌든 우리가 채택하고 있는 대통령제는 민주주의의 관점에서 꽤 심각한 문제를 갖고 있다. 노무현 대통령이 '대연정'을 제안했지만 쉽게 수용되기 힘들었던 가장 중요한 이유는 바로 이런 대통령제에서는 그런 연정을 하기가 어렵기 때문이다. 이 대통령제도 손봐야 한다.

아주 단순하게만 보자. 지난 20대 대통령 선거에서 이재명 후보를 지지했던 많은 시민이 가장 안타까워하고 억울해했던 건 아무래도 단 25만 표의 차이로 자신들이 보기에 아무런 자질과 자격이 없는 이가 막강한 권한을 휘두를 수 있는 대통령이 되었다는 사실에 있다. 그러나 결과가 뒤바뀌었다면 국민의힘 지지자들이 바로 그런 상실감을 가졌을 터다. 이유는 딱 하나. 승자가 선거의 전리품을 너무 많이 독식하기 때문이다. 원칙적으로는 단 1표 차이라도 이기면 그럴 수 있다. 그리고 그 때문에 정치는 극단적으로 양극화되고 서로 죽기 살기로 싸울 수밖에 없는 전쟁이 된다. 온갖 증오와 적대의 언어가 정치판을 난무하고, 정치인은 정치인대로 또 지지자들은 지지자들끼리 서로를 절멸시켜야 할 적으로만 바라보며 원한을 쌓아간다.

　많은 학자가 전쟁 정치를 끝낼 수 있는 가장 좋은 제도적 해법이 우리의 정치체제를 비례대표제를 통한 다당제 기반의 의회중심제(내각제)로 바꾸는 것이라고 한다. 여기서는 서로 다른 이념과 지향을 지닌 여러 정당이 서로를 존중하면서 합의하고 조율해서 정치적 선택을 끌어내는 '합의제 민주주의'가 가능하다. 그러나 멀리는 조선 왕조라는 역사적 배경과 아마도 그 영향으로 시행해 온 70년 가까운 대통령제의 경험 때문인지, 우리 시민들은 의회중심제를 선호하지 않는다. 1987년의 민주화가 대통령 직선제의 쟁취에 초점을 두었다는 경험도 크게 작용하는 것 같다. 그렇다면 대통령직은 그대로 두되, 그가 누릴 수 있는 권한을 쪼개 국회와 나누어 가지도록 하는 체제를 만들면 어떨까?

　바로 이런 정치 체제가 흔히 '이원집정부제'나 '준-대통령제'로 알려진 '분권형 대통령제'다. 여기서는 민주적 정당성을 갖는 대통령과 의회라는 두 개의 권력 중심이 서로 견제하고 보완하며 함께 통치한다. 권력을 나누는 다양한 모델이 있을 수 있지만, 일반적으로 대통령은 국민 전체의 일반적 이익과 관련된 영역, 그러니까 외교나 안보 같은 영역을 맡고 의회의 다수당 또는 다수파연합이 국민들 사이의 다양한 이해관계를 조율하며 내치를 담당한다. 구체적인 권한을 잡음 없이 나누는 게 언제나 쉽지만은 않겠지만, 그건 나중의 민주적인 숙고 과정에 맡기면 된다. 어쨌든 이런 체제에서도 지금의 극한적인 전쟁 정치 상황이 최소한 상당한 정도로는 완화될 수 있을 것이다.

물론 대통령과 국회의 갈등이 아예 없지는 않을 것이다. 우리는 흔히 프랑스 정치 체제가 이런 모델의 전형이라고 알고 있는데, 거기서는 대통령과 의회 다수파의 정치적 색깔이 달라 이른바 '좌우 동거내각'이 형성되는 등의 혼란이 있기도 했다. 그것은 프랑스가 연동형 비례대표제가 아닌 단순다수제로 의회를 구성하기 때문인데, 거기서는 대부분의 경우 오히려 대통령과 수상이 동일한 다수당 출신이어서 제대로 분권이 이루어지지 못하고 순수 대통령제처럼 운영되어 버린다고 한다. 반면 비례대표제를 운용하는 오스트리아나 핀란드 같은 나라에서는 그런 문제는 거의 없다고 한다. 우리는 이런 모델을 쫓아야 하지 않을까 싶다.

이런 체제에서는 승자독식은 원천적으로 배제된다. 국회에서는 정당들이 기본적으로 지지율만큼 의석을 갖게 되고, 다양한 지향을 가진 정당들의 타협과 조율을 통해 입법도 이루어지고 정책도 집행된다. 대통령은 기본적으로 국민 전체의 일반 이익과 관련된 영역에서 부분적으로만 국가 권력을 행사할 수 있기에, 선거 때문에 나라가 쪼개지는 일 따위는 원천적으로 일어날 수 없다. 소수파 정당이라도 합당한 몫의 정치적 목소리를 낼 수 있고, 심지어는 상황에 따라서는 권력도 분점할 수 있다. 이런 대통령제에서야 공동선의 정치가 제대로 실현될 수 있을 것이다.

## 민주시민교육

그런데 이런 시민 중심의 공화적 민주주의는 어떤 역사적 선물처럼 주어지는 것이 아니라 시민 스스로가 만들어 내야 한다. 그러나 그런 시민은 그냥 자연스럽게 형성되지 않는다. 시민은 하늘에서 뚝 떨어지는 그런 존재도 아니다. 민주공화국에서 시민은 체계적이고 의식적인 노력을 통해 형성해야 한다. 노무현 대통령의 말처럼 "시민의 숫자가 적다면 시민의 숫자를 늘려야 한다." 그러나 그런 일은 어떻게 가능할까? 미국 초기의 대통령이었던 토마스 제퍼슨(T. Jefferson)은 이렇게 말했다. '시민이 없다면 공화국도 없으며, 교육이 없으면 시민도 없다.'[84] 바로 여기서 민주시민교육의 의미가 드러난다.[85]

시민들의 민주적 시민성의 함양을 위해 반드시 공식적인 '학교 교육' 같은 기획된 교육 활동이 있어야 하는 것은 아니다. 민주주의 사회의 여러 가지 제도들이나 기관들, 가족, 언론, 모임의 대화 등을 통해 무의식적이거나 비공식적인 수준에서도 시민성의 함양은 일어날 수 있다. 비록 그동안 우리 사회에 체계화된 민주시민교육이 공식화되지 않았더라도 '촛불 혁명' 같이 광범위한 시민들의 민주적 실천이 불가능하지는 않았다.

그러나 시민들의 이런 차원의 시민성은 우연적이고 유동적이며 언제나 민주주의의 성숙으로 귀결되지 못할 수도 있다. 모든 시민이 언제나 뚜렷한 권리의식과 타인의 권리에 대한 존중의 태도를 가진 것은 아니며, 민주적 우환의식을 일상적으로 발휘하며 사회 및 정치 생활에 관심을 가지고 참여하지도 않는다. 그와 같은 민주적 시민성을 지속적으로 갖추고 가꾸어 갈 수 있도록 돕는 특별한 사회정치적 노력, 곧 것맨(Gutmann)의 표현을 빌리자면 '의식적인 사회 재생산의 노력이 필요하다.[86] 바로 민주시민교육이 하고자 하는 일이다. 민주시민교육은 학교 교육의 차원에서든 일상적인 시민 사회의 차원에서든 의식적이고 체계적이며 제도화된 형태로 시민들의 민주적 시민성의 함양을 꾀하는 다양한 형태의 교육 활동을 의미한다.

아리스토텔레스 이래의 서구의 공화주의 전통에서는 시민들에게 공적인 삶에 헌신하고 공동선에 대한 지향을 가능하게 하는 강한 시민적 덕성의 함양을 건강한 공화국의 필수 전제라고 하면서 그러한 덕성의 함양을 위한 적극적인 시민교육의 체계를 강조했다. 그러나 고전적 자유주의 전통의 관점에서 보면, 국가가 특정한 내용과 지향을 지닌 시민성을 교육하는 공적 체계를 만드는 것 자체가 국가가 특정한 도덕성을 개인에게 강요하는 것으로 인식될 수도 있다. 오늘날의 많은 자유주의자들도, 어느 정도의 공적인 시민성 교육의 필요를 인정한다고 해도, 그런 교육은 민주주의 체제의 유지와 발전에 필요한 최소한으로만 이루어져야 하며 다양한 정치적 견해나 가치관에 대해 '윤리적으로 중립적인' 접근이 이루어져야 한다고 주장할 것이다.

그러나 우리가 기대하는 바람직한 민주 시민은 단순한 '유권자'

이상의 존재여야 한다. 물론 모든 시민은 선거에 제대로 참여할 수 있는 비판적 판단력과 소양을 갖출 수 있어야 한다. 사실 이것만 해도 민주시민교육이 할 일은 참 많다. 그러나 민주 시민은 선거를 통해서만 주권자가 되는 것은 아니다. 민주 시민은 삶의 모든 국면에서 자신에게 주어진 권리를 행사하고 그것에 대한 침해가 일어나면 적극적으로 비판하고 저항할 수 있어야 한다. 또한 개인의 권리를 넘어 공동선과 정의에 대한 감각을 가지고 자신이 살아가는 사회와 국가의 일에 참여하고 주어진 책무가 있다면 마다하지 않아야 한다. 그러나 이를 서구의 아리스토텔레스적 공화주의 전통에서처럼 지나치게 강한 도덕적 요구나 의무로 이해해서는 안 된다.

시민 없이 민주주의는 온전할 수 없으며, 시민은 형성되고 교육되어야 한다. 민주시민교육은 '민주공화국의 시민들이 자신의 권리를 행사하고 사회적 책임을 다하면서 민주주의가 제공하는 인간적 삶의 가능성을 충분히 누리는 데 필요한 자질과 능력에 대한 교육'으로, 바로 노무현 대통령이 말한바 시민의 숫자를 늘리는 활동이라고 이해될 수 있다.

여기서 시민이 누려야 할 권리는 '세계인권선언'이 제시한 바와 같은 보편적 인권과 우리 헌법이 보장하는 기본권을 토대로 목록화할 수 있다. 마셜(T. H. Marshall)이 발전시킨 표준적인 도식에 따르면,[87] 시민들은 소유권이나 사상 및 양심의 자유 같은 '시민권', 투표와 선거에 참여할 수 있는 '정치적 권리' 그리고 사회가 제공할 수 있는 일정한 수준의 물질적 안정을 누릴 수 있도록 해 주는 '사회권'을 누릴 수 있다. 그밖에 오늘날 우리는 환경, 여성의 지위, 문화적 다양성 등과 관련해서 새로운 종류의 권리에 대한 인식이 증대되고 있음을 목격하고 있다. 이런 권리의 목록은 민주적 토론과 사회적 합의의 과정을 통해 확대될 수 있다.

그러나 이런 권리에 대한 주장과 의식은 사회의 불의에 대한 민감한 비판 의식과 일정한 공동선에 대한 지향과 함께 가지 않으면 안 된다. 이는 물론 자신의 권리를 공동선을 위해 무조건적으로 양보해야 한다는 것으로 오해되어서는 안 된다. 앞서도 지적했지만, 공동선은 선험적으로 주어지는 것이 아니라 공론장을 통한 민주적 숙의 과정에서 비로소 모색되고 구성되어야 한다. 요점은 민주 시민은 자신의 요구나 이해관계를 공동선의 관점에서 걸러내고 조율할 수 있는 '자기-절제'를 실천할 수 있어야 한다는 것이다.

이런 기본 인식 위에서 통용되는 역량(competency)이라는 교육학적 개념을 사용하자면, 민주시민교육은 '민주공화국의 주권자인 시민이 (자신의 권리를 행사하고 사회적 책임을 다하면서 민주주의가 제공하는 인간적 삶의 가능성을 충분히 누리기 위해) 갖추어야 할 기본적인 역량, 곧 지식과 이해(knowledge & understanding), 기술 또는 기능(skill), 태도 및 가치(attitudes & value)의 함양에 대한 교육이라고 정의될 수 있다.[88] 여기서 교육은 좁은 의미의 아카데미식 교육만이 아니라, 정보, 토론 및 참여와 활동 기회의 제공 등을 포괄하는 개념이다.

여기서 시민들의 민주주의에 대한 <지식>은 민주주의의 기본원리, 다양한 제도, 시민으로서의 권리와 의무 등에 대한 이해와 인식에 대한 교육을 통해 배양될 수 있을 것이다. 이 교육은 예를 들어 헌법, 기본권, 권력 구조, 정당, 선거, 시민사회와 압력 단체, 과세와 재정, 미디어의 작동방식과 기능 등에 대한 교육을 포괄한다.

시민이라면 우선 헌법을 비롯한 민주주의 여러 제도의 이념과 작동 원리는 물론 여러 사회정치적 사안을 나름의 시각으로 꿰뚫어 볼 줄도 알아야 할 것이다. 복잡한 인간사의 일들을 전부 세세하게는 아니더라도 최소한 어떤 민주적 의사결정과정을 통해 문제에 접근해야 하는지를 판단할 수 있을 정도로는 알고 있어야 한다. 좀 더 일반적인 수준에서는 사회정의, 인권, 평화, 세계화 등에 대한 인문학적 및 사회과학적 소양의 함양도 필요할 것이다. 민주주의 국가의 주권자로서 행위하기 위하여 필요한 기본적인 지식과 식견을 갖추어야 한다는 이야기다.

민주주의를 위한 <기술(기능)>은 민주주의를 운용하고 실천하는 데 필요한 능력, 특히 민주적 의사소통을 위한 능력에 대한 교육을 통해 함양될 수 있을 것이다. 이 교육은 예를 들어 정치적 견해를 형성하여 내세울 수 있는 능력, 효과적으로 이견을 제기하고 자신의 이해관계를 명료화할 수 있는 능력, 정치적 이견을 가진 사람들과 소통하고 정치적 사안에 대한 의견 차이를 평화적으로 타협하고 조율할 수 있는 능력 등에 대한 교육을 포괄한다.

여기서 가장 중요한 것은 '비판적 사고' 교육이다. 민주주의는 궁극적으로 자기 삶의 주인이자 매사를 독립적이고 비판적인 고유의 시선으로 바라볼 수 있는 시민들만이 꾸려갈 수 있기 때문이다. 시민은 통념을 당연하게 여기지 않아야 하고 편견과 선입견에 쉽게 빠져 있지 말아야 한다. 타인의 이야기를 귀담아들을 줄 알아야 하고 무턱대고 권위에 기대서도 안 된다. 언제나 자신이 틀릴 수도 있음을 열어 놓고 충분히 잘 검토되고 정당화된 믿음을 독단으로부터 잘 구분해 낼 수 있어야 한다. 사회적, 정치적 사안들의 복잡성과 불확실성을 다룰 수 있는 능력을 함양해야 한다.

민주주의를 향한 <태도 및 가치>는 민주주의가 추구하는 근본적, 도덕적 지향과 민주주의를 유지하고 발전시키기 위해 시민들이 공유해야 할 도덕적 원리의 내면화에 관한 교육을 통해 획득될 수 있을 것이다. 이 교육은 예를 들어 인권, 모든 시민의 평등한 존엄성의 인정, 상호 존중, 이질성에 대한 관용 및 포용, 정의감 또는 공정성 및 공동선에 대한 지향, 민주적 애국심 등에 대한 교육을 포괄한다.

민주주의는 우리의 정치공동체가 서로 평등한 사람들의 연합체라는 사실을 인정하는 데서 출발한다. 그래서 시민은 모두 1표의 권리만을 갖고 있다는 정도를 넘어 누구든 동등한 존엄성과 가치를 갖는다는 전제가 어떤 자명한 진리로서 인식되고 실천되지 않으면 민주주의는 제대로 유지되고 작동할 수 없다. 또 민주적 시민은 자신의 견해와 이해관계를 분명하게 표현하며 관철하려 하면서도 타인의 권리를 인정하고 상대에 대한 공감이나 배려의 자세를 잊지 않는 소통에 대한 지향을 습관화할 수 있어야 한다. 그밖에 사회적 불의에 맞설 수 있는 용기, 사회적 약자에 대한 공감 능력, 평등한 동료 시민들에 대한 시민적 예의, 자기 삶의 성공을 최소한 타인에 대한 지배와 연결하지는 않는 가치관도 필요하다.

한편, 우리 인간은 모두 지구라는 근본적 삶의 지반을 공유하고 있으며, 지구 위의 어떤 땅에 살고 있든 자연적으로든 사회적, 경제적, 정치적으로든 서로 밀접하게 의존하고 영향을 주고받는다. 인간적 삶의 이러한 지구성은 우리가 단지 지구적 시민성을 발휘하는 연대적 실천을 통해서만 해결하고 감당할 수 있는 숱한 문제들을 만들어 내고 있다. 아무리 훌륭한 민주적 시민성을 지닌 시민들이 많은 민주국가도 그 시민들이 인간적 삶의 지구성을 자각하고 그에 걸맞은 시민성을 발휘하지 않고서는 그 문제들에 제대로 대처할 수 없을 것이다. 사실 그런 문제들은 일국적 차원에서도 심각한 영향을 끼치고 있다. 이런 영향에 제대로 대응하기 위해서라도 민주 시민은 세계시민이 되어야 하고, 민주적 시민성은 지구적 차원의 문제들을 다룰 수 있는 지구적 시민성으로 발전할 수 있어야 한다. 그리고 당연하게도 민주시민교육은 또한 동시에 '세계시민교육 (Education for Global Citizenship)'이 되어야 한다.

이런 민주시민교육은 기본적으로 우리가 추구하는 민주주의 이상과 현실 사이의 간극을 메우고 우리 민주주의를 좀 더 이상에 가까이 가게 만들기 위한 사회적 기획이라고 할 수 있다. 더 많은 사람이 민주주의 사회의 시민으로서 권리와 의무를 자각하고 다양한 수준의 민주적 과정에 참여하고 권력을 감시하며 민주적 공론장에서 사회의 공동선을 구성하고 실현하는 일에 나설 수 있을 때, 우리 민주주의와 우리 사회의 삶의 질도 더 성숙할 수 있으리라는 기대가 출발점이다.

행동하고 참여하는 시민의 수를 늘리기 위한 이런 민주시민교육은 공식적이거나 비공식적인 교육 제도를 넘어 무엇보다도 공화주의 전통이 강조해 온 '자치'라는 이상의 실천을 통해 더욱더 완성될 수 있다. 샌델 같은 공화주의자는 이 자치가 공화주의적 자유 개념의 핵심이라고까지 이해한다.[89] 이에 따르면, 자치에 참여하는 행위는 "공동선에 대해 동료 시민과 함께 깊이 생각하고 또 정치공동체의 운명을 만들어 나가는 데 힘을 보탠다는 뜻이다."[90] 공화주의적 정치는 이런 자치를 위해 "공적인 일에 대한 지식, 공동체 소속감, 전체를 생각하는 관심, 위태로운 운명의 공동체에 대한 도덕적 유대감 등"과 같은 "특정한 인격적 특성이나 시민적 소양(시민적 덕성)"[91]을 적극적으로 함양하기 위해 노력해야 한다. 그는 이런 맥락에서 "자치에 필요한 소양과 덕목을 시민에게 적극적으로 심어주는 형성적 정치(formative politics)"[92]의 필요성을 강조한다.

# 6. 진보의 미래: '시민적 진보'를 위하여

"보수는 강자의 철학, 진보는 약자의 철학이에요. 그런데 왜 약자가 강자의 정책에 표를 던질까? 정치는 왜 강자인 소수의 편을 드는가? 왜 다수서민에 의해 선출된 정권이 소수 부자의 논리를 수용하는가? 정책은 어떻게 결정되는가? 역사는 어떻게 움직이는가? 결국 시민의 생각이 가장 중요하다는 것이죠. 시민의 생각이 역사가 된다."

- 노무현,『진보의 미래』, 148쪽

노무현은 '진보' 대통령이다. 스스로 그렇게 여겼고, 많은 국민과 언론들도 그렇게 생각한다. 그는 서거 직전 "진보의 미래"라는 책을 구상하고 부분적으로 집필하기도 했다. 이제 노무현을 소환하여 그를 공화주의자로 재해석해 온 우리의 이야기를 마무리하면서, 바로 그 '진보의 미래'라는 주제를 다루어 보기로 하자. 우리는 이를 통해 노무현이 단지 과거의 인물이나 무슨 '추모'의 대상이기만 한 것이 아니라, 우리 진보 진영의 미래를 위한 이정표임을 확인할 수 있을 것이다.

이런 출발점에 대해 어떤 이들, 특히 우리 사회에서 진보를 자처하는 많은 이들은 불만을 느낄지 모른다. 그들은 노무현과 그 지지자들에 대해 기껏해야 '자유주의 세력' 정도일 뿐이라고 할지 모른다. 많은 노무현 지지자들도 진보라는 개념이 오해를 불러일으킬 수 있다면서 자신들의 정치적 위치를 '민주 세력(진영)'이나 '개혁 세력(진영)' 같은 정도가 더 적당하다고 생각하기도 한다. 그러나 나는 노무현을 진보 정치의 틀 속에 자리매김하는 걸 고집하고 싶다. 노무현 스스로가 자신을 진보 대통령이라고 여겼고, 통상적으로 쓰는 '보수 대 진보'의 구분은 오늘날의 민주 정치에서 너무도 중요해서 결코 포기할 수 없기 때문이다. 이제 우리가 어떤 의미에서 노무현을 진보 대통령이라고 규정할 수 있을지, 그 진보 지향은 어떻게 이해되어야 하는지를 살펴보도록 하자.[93]

## 시민적 진보

물론 노무현을 진보 대통령이라고 규정하기 위해서는 그 진보 개념을 조금 명확하게 재규정할 필요가 있다. 이 진보 개념이 우리 사회에서는 맥락이나 사람에 따라 서로 다른 뜻으로 사용되기 때문이다. 다들 아는 대로, 우리나라는 정치적 이념을 근거로 남북이 서로 나뉘어 비극적인 전쟁을 경험했으며 지금도 서로 적대하고 있는 이른바 '분단체제'를 갖고 있다. 바로 이런 특별한 사정 때문에 우리나라에서는 정치 세력을 구분할 때 유럽에서 흔히 사용하는 '우파'나 '좌파' 같은 개념보다는 보수-진보 대립쌍을 더 자주 쓰게 되었다. 유럽에서는 좌파가 사회주의나 공산주의 계열의 정치 지향과 연결되기 때문이다. 물론 보수-진보 개념은 보통 좌파-우파 개념과 같은 의미로 사용되기는 하지만, 바로 이런 사정 때문에 진보를 자처하는 이들도 정치적 오해를 피하기 위해 좌파적 정체성을 부정하기도 한다. 그러나 진보 개념은 좌파라는 개념보다 좀 더 복잡하다.

조금 단순화해서 보자면 우리 사회에서 쓰는 진보 개념에는 두 가지 기원과 함의가 있는데, 이 두 가지가 서로 혼용되다 보니 불필요한 혼란이 생긴다. 우선 이런 혼란부터 제거하자.

우리 사회에서 많이 쓰이는 통상적인 진보 개념 하나는 말하자면 '유럽적'이다. 이 진보 개념은 애초 '역사가 낮은 단계로부터 높은 단계로 발전한다'는 서구 근대가 발전시킨 특정한 역사철학과 관련이 있다. 특히 마르크스주의 역사철학이 중요한데, 여기서는 인류의 역사가 어떤 필연적인 법칙에 따라 '원시 사회', '노예제 사회' 및 '봉건제 사회'를 거쳐 '자본주의'로 발전하고 또 이것이 다시 '사회주의' 및 '공산주의'로 나아간다고 이해한다. 이때 진보는 바로 그런 역사적 방향성을 따르는 것이다. 이런 의미의 진보 개념은 비교적 명확하게 유럽적 맥락에서 사용되는 좌파 개념에 상응한다.

이런 배경 위에서 많은 지식인과 정치인은 자본주의의 극복을 추구하거나 최소한 자본주의에 비판적인 정치 지향만을 진보적이라고 규정한다. 사회민주주의나 공산주의가 대표적이다. 비록 오늘날의 조건에서 그 사상적 기초나 내용이 많이 바뀌기는 했지만, 우리 정치 지형에서 정의당과 진보당 등이 자신들만이 참된 진보 세력이라고 인식하고 주장할 때 기본적으로 바탕에 깔고 있는 개념이다.

그런데 다른 진보 개념도 있다. 말하자면 '미국적' 진보 개념이다. 미국사에서는 19세기 말에서 20세기 초 사이를 보통 '진보 시대

(Progressive Era)'라고 부른다. 이 시기에는 더 좋은 사회를 만들어 내려는 많은 시민과 지식인의 열정적인 사회 개혁 운동이 펼쳐졌는데, 비윤리적 기업 관행의 일소, 부패 청산, 산업화의 부정적 효과 대응, 노동자와 소비자의 권리 보호와 신장, 여성 투표권 쟁취 등을 추구했다. 이런 종류의 개혁은 유럽에서라면 사회민주주의자들이 추구했음직한 것이지만, 사상적 배경은 많이 다르다. 어쨌든 이 운동은 나중에 미국의 복지국가 체계를 만들었던 프랭클린 루스벨트(Franklin Delano Roosevelt) 대통령의 뉴딜로 이어졌다.

존 듀이(John Dewey)나 루이스 브랜다이스(Louis Branedeis) 등이 사상적으로 대변했던 이 시기의 진보 운동은 이념적으로는 미국 '자유주의' 전통의 재해석 또는 재정의에 기초하고 있다. 보통 '사회적 자유주의'라고도 하는 미국 진보의 이런 혁신 자유주의는 영국의 존 스튜어트 밀(J. S. Mill)이나 홉하우스(L. Hobhouse)같은 이들의 자유주의 사상과도 연결되는데, 시장적-기업적 자유를 옹호했던 전통적 자유주의와 달리, 사회적으로 그리고 일정한 물질적 토대의 확보 위에서만 함께 보장되고 실현되는 어떤 '실질적 자유'를 추구했다.

실제로 우리나라에서도 많은 이들이 바로 이런 의미로 진보 개념을 사용한다. 많은 책이나 언론 기사 등도 미국의 민주당 정치인들이나 지지자들을 의미하는 '리버럴(liberal)'을 '진보'나 '진보주의자' 정도로 번역해서 소개하기도 한다. 만약 우리가 민주당을 진보적 정당이라고 할 수 있다면, 이런 진보 개념과 관련시킬 수 있지 않을까 한다. 이런 기준에서 보면, 우리나라에서 이야기되는 좁은 의미의 진보정당들은 '급진(radical)' 세력이라고 분류할 수 있을지 모르겠다. 여하튼 이 진보 개념은 통상적인 의미의 좌파 개념과는 약간 거리가 있다. 물론 좌파를 어떻게 규정하느냐에 따라 달라질 수 있겠지만 말이다.

노무현의 진보는 유럽적 진보라기보다는 이런 미국적 진보에 가깝다고 할 수 있다. 그러니까 노무현의 진보는 지금의 정의당이나 진보당이 쓰는 통상적인 진보와는 매우 다르다. 물론 그렇다고 노무현의 진보가 미국적 진보를 모델로 하고 있다거나 하는 이야기는 아니다. 요점은 단지 우리가 진보를 이야기한다고 반드시 어떤 유럽적-근대적 역사철학에 사로잡힐 필요가 없으며, 다른 정치철학적 전통에서도 얼마든지 의미 있게 진보를 이야기할 수 있다는 데 있다.

물론 노무현의 진보 개념이 유럽적 진보 개념에 진하게 함축되어 있는 '역사의 발전'이라는 계기를 전혀 가지고 있지 않다고 말할 수는 없다. 그는 이렇게 말했다.

"역사는 더디다. 그러나 인간이 소망하는 희망의 등불은 쉽게 꺼지지 않는다. 이상이란 것은 더디지만, 그것이 역사에서 실현된다는 믿음을 가지고 가는 것이다."(『진보의 미래』, 148쪽)

그러나 이런 진보는 꼭 어떤 헤겔-마르크스 유의 역사철학을 전제하지 않더라도 충분히 이야기할 수 있다. 노무현 대통령의 언어로 표현하자면, 그것은 역사의 진행과 함께 정말 '사람 사는 세상'이 언젠가는 도래한다는 믿음일 뿐이다. 이때의 진보는 어떤 '도덕적 진보'라고 할 수 있다. 쉽게 말하자면, 이것은 역사가 진행하면서 점점 더 많은 사람이 좀 더 나은 인간적 삶 또는 존엄한 삶을 살 수 있게 된다는 것을 의미한다.

역사의 진행에 따라 노예제가 폐지되었다든가 보통의 평범한 시민들과 여성들이 차례로 선거권을 갖게 되었다든가 인종차별이 철폐됐다든가 하는 과정을 떠올려 보면 된다. 노무현 대통령이 보수가 강자의 철학인 반면 진보는 약자의 철학이라고 했을 때, 그것은 바로 이런 맥락의 도덕적 진보에 대한 믿음을 표현한 것이 아닐까 한다. 그러니까 약자들도 남김없이 그 존엄성을 존중받고 사람대접 받으며 살 수 있는 세상을 만들자는 것이 진보 이념의 핵심 지향이라는 것이다. 노무현 대통령의 '사람 사는 세상'이라는 정치적 이상은 바로 그런 도덕적 진보에 대한 지향이라고 이해할 수 있다.

어쨌든 노무현의 진보는 통상적인 진보와는 많이 다르다. 나는 이런 노무현의 진보를 '시민적 진보'라고 규정하고 싶다. 사람 사는 세상을 실현해 보려 했던 그의 진보는, 깨어있는 시민의 역할을 강조해 온 그의 신념에서 표현된 것처럼, 무엇보다도 시민의 참여와 그것이 전제하고 함축하는 시민성의 가치와 역할을 강조하는 진보이기 때문이다. 아마도 그는 '바보 노무현'을 대통령으로 만들고 또 놀라운 시민적 압력으로 그를 탄핵의 위기에서 구해 준 사건들을 보며 빛나는 시민성의 힘을 확인했을 것이다. 그리고 그 경험을 바탕으로 깨어 있는 시민의 조직된 힘이 민주주의의 최후의 보루라고 했을 것이다. 그러한 시민성은 멀리는 3.1운동에서부터 독립운동과 4.19혁명, 5.18 민주화운동, 6.10항쟁을 거쳐 최근의 촛불혁명에 이르기까지 한국 민주주의의 발전과정에서 결정적 역할을 수행했다.

우리 현대사에서 시민들은 그저 자기 이익이나 앞세우고 손익 계산이나 하면서 오늘날의 민주주의를 일구어 오지 않았다. 물론 우리 시민들도 인간으로서 이런저런 물질적 이해관계를 지니고 있고 그것이 위협당할 때는 격렬하게 저항하기도 한다. 참여정부와 문재인 정부에서 집값 폭등이나 자영업의 생존 위기가 민주당의 정권 재창출 도정에 치명적인 걸림돌이 되었던 것도 바로 그런 이유 때문이다. 그러나 그런 이해관계라는 것은 언제나 일정한 정치적 가치와 인식틀을 통해 매개되기 마련이다. 무엇보다도 우리 시민들은 정치적 판단을 하면서 단순히 물질적 이해관계에만 매달리는 냉정한 손익계산자가 아니라 공동선을 위해서라면 언제든 기꺼이 자신들의 이익을 뒤로 밀어두기도 한다.

여기서 우리는 시민들의 공동선에 대한 지향, 정의감, 시민적 책임감과 헌신, 주체성 등과 같은 시민성이라는 사회 진보를 위한 자원을 확인할 수 있다. 바로 이런 자원에 기초하여 사람 사는 세상을 추구하는 진보가 시민적 진보라 할 수 있다. 우리가 지금껏 정리해온 민주적 공화주의는 바로 그 정치철학적 기초다.

## 민주당은 누구인가?

　그런데 지금 우리 사회에서 노무현의 이런 시민적 진보를 대변하고 있는, 아니 대변하라는 기대를 받는 정치 세력은 '더불어민주당'(이하 민주당)을 중심으로 모여 있다. 이제 논의를 마무리하면서 이 민주당에 관한 이야기를 해 보자. 왜냐하면 지금 우리가 노무현의 정치철학, 특히 그의 진보 지향을 재구성해서 살펴보려는 가장 중요한 이유는 결국 노무현의 정치적 계승을 외치지만 심각한 혼란을 겪고 있는 것처럼 보이는 민주당에게 노무현의 정치철학이 길을 제시해 줄 수 있으리라 믿기 때문이다.

　지금의 민주당은 민주화 이후 김대중-노무현의 집권기를 거치며 우리 사회에서 (다른 진보정당들과 구분되는) 민주적 진보정당으로 자리를 잡았다. 그러나 그 정치적 정체성은 여전히 불분명하다. 이념적 지향도 모호하다. 민주화를 이루어 내고 우리 사회의 많은 부분에서 진보를 이끌었다는 이른바 '86세대' 중심의 정당으로 평가되기도 하지만, 무엇을 하려는 정당인지 혼란스럽다. 나는 바로 지금까지 내가 재구성해 온 노무현의 정치철학이 민주당에게 이런 상황으로부터 탈출할 길을 열어준다고 생각한다.

　노무현 대통령은 그다운 간결 어법으로 '보수는 강자의 철학, 진보는 약자의 철학'이라고 이야기했는데, 사실 이는 매우 보편적인 이야기라 할 수 있다. 이를 민주적 공화주의의 관점에서 살펴보자. 앞서 이야기한 것처럼 공화주의자들은 전통적으로 귀족과 평민 사이의 사회정치적 대립을 축으로 공화국의 정치적 기본 구도를 이해하곤 했는데, 그런 구도는 오늘날의 민주주의 정치에서도 큰 틀에서 타당하다고 할 수 있다. 우리 사회의 정치에 관해서만 이야기하자면, 우리는 그런 귀족 대 평민의 대결을 엘리트 기득권 세력과 평범한 시민들 사이의 사회정치적 대결이라는 기본 구도로 바꾸어 이해할 수 있지 싶다. 그리고 그것이 바로 '강자'를 대변하는 보수 대 '약자'를 대변하는 진보의 대결이라고 볼 수 있다.

앞에서도 잠시 이야기했지만, 그러니까 지금의 '국민의힘'(과거 '한나라당'이나 '새누리당' 같은 이름을 가졌던)은 현대 한국 사회의 귀족, 곧 우리 사회에서 경제적 부, 정치권력, 높은 학력과 학벌 등과 같은 '사회적 권력' 자원을 많이 가진 기득권 세력의 이해관계와 지향을 대변하는 정당이고, 지금의 '더불어민주당'(노무현 대통령 당시에는 '열린우리당'이었고, 과거에는 '새천년민주당'이나 '통합민주당' 같은 이름을 가졌던)은 그런 권력 자원에서 소외되어 있지만 평등한 존엄성을 추구하는 평민, 곧 보통 시민들의 이해관계를 대변하고 그들의 열망이 표현되는 '시민의 힘'을 기본 동력으로 하는 정당이라 할 수 있다.

물론 이런 구분은 어떤 고정적인 사회정치적 실체에 따른 것은 아니다. 또 보수나 진보가 반드시 하나의 정당으로 대변되어야 하는 것도 아니다. 민주주의에서는 복수의 보수정당이나 진보정당이 있을 수 있고, 보수도 진보도 아닌 정당이 있을 수도 있다. 그런 구분은 기본적으로 정치적으로 '구성'되는 것, 곧 만들어지는 것이다. 특정 집단이나 개인이 어떤 객관적인 사회적 위상에 따라 본성적으로 사회적 권력의 대변 세력인 보수에 속하고, 하층 계층이나 개인은 시민의 힘을 대변하는 진보에 속한다는 식으로 접근해서는 안 된다. 가령 저학력 빈곤층 시민들이 보수정당을 지지하는 경향은 전 세계적으로 확인된다. 특히 한국에서 민주당을 포함한 진보 정치 세력은 늘 보수를 압도하는 진보 연합을 구성하는 데 실패했다. 내가 말하는 것은 우리 사회 진보와 보수의 대립을 이해하기 위해 도입한 기본적 인식틀일 뿐이니, 이를 현실에 기계적으로 적용해서는 안 될 일이다.

어쨌든 이런 틀에서 볼 때, 우리는 민주당이 기본적인 수준에서 사회적으로 어떤 정치적 기대를 담아내고 있는 정당인지를 이해할 수 있다. 달리 말하면 민주당은, 이 당을 만들고 이끌어 온 정치인들이나 지지자들의 주관적 인식과는 무관하게, 우리 사회에서 사회적으로 요청되는 나름의 객관적인 정치적 위상을 갖고 있다는 이야기다. 그 요청에 따르면, 민주당은 민주공화국 대한민국의 발전 과정에서 특히 정치적이거나 경제적으로 기득권 세력에 속한다고 보기 힘든 보통 시민들의 정치적 중심축을 이루는 정당이라 할 수 있다. 그러니까 민주당은, 기본적으로 재벌이나 고위 관료, 변호사, 의사, 주류 언론과 교회 등 엘리트 기득권 세력 또는 과두특권 세력을 대변하는 국민의힘과는 달리, 바로 평범한 시민들의 이해관계를 대변하면서 그 정치적 관심사나 지향을 담아내고 실현하는 정치적 중심이 되어야 한다는 기대가 투영된 정당인 것이다.

민주당은 애초 기득권 세력의 하층 또는 내부 권력투쟁에서 밀려난 이들을 정치적으로 대변하는 데서 출발했다. 그러나 민주당은 이후의 역사적 과정에서, 김대중 및 노무현 대통령을 거치면서, 우리 보통 시민들의 힘이라는 자양분을 흡수하면서 서서히 정체성을 바꾸어 왔다. 우리 현대사에서 기득권 세력이 아닌 평범한 시민들은 좁은 의미의 진보를 자처하는 정치 세력보다는 민주당(계열)의 정치인들과 정당에 자신들의 이해관계와 정치적 열망을 투사해 왔던 것이다.

한국 현대사에서 상대적으로 소외되었던 '호남'이라는 지역적 기반이 있기는 했지만, 김대중 대통령이 '서민과 중산층'이라고 지칭했던 평범한 보통 시민들은 민주당을 통해 기득권 세력에 맞서 건강한 민주공화국을 만들어 보려는 정치적 지향을 모아왔다. 우리 현대사에서 그동안 민주당을 지지해 왔던 이 보통 시민들의 이념적 기대를 재구성해서 보면, 민주당은 독재 세력과 수구 기득권 세력에 맞서 인권과 민주주의라는 가치를 추구하며 가장 기본적인 수준에서 권력에서 소외된 시민들의 정치적 주체성을 담아낼 민주주의적 정의를 추구하고 실현하려 했던 정치 세력의 중심이었다고 볼 수 있다. 민주당이 정말 시민들의 그런 기대를 충족시켜 왔는지는 다른 문제지만 말이다.

어쨌든 이런 시각에서 볼 때, 민주당을 무슨 '부르주아 정당'이나 '한갓된 자유주의 정당'으로 취급하는 것은 근본적 오류다. 민주당은 그와 같은 토대적-민주주의적 정의를 갈구하는 우리 사회 평범한 시민들의 이해관계와 정치적 지향을 대변하는, 그리고 그런 의미에서 적어도 잠재적으로는 충분히 진보적일 수 있는 정당이다. 민주당은 우리 사회에서 과두특권 세력을 대변하는 보수와는 근본적인 성격을 달리하는 권력 기반 위에 서 있기에 더더욱 그렇다.

한마디로 민주당은, 기본적으로 사회적 권력 기반 위에 서 있는 보수적 국민의힘과는 달리, 시민의 힘(시민적 권력)이라는 기반 위에서 성장해 왔다. 이 시민의 힘은 노무현 대통령이 '깨어있는 시민의 조직된 힘'을 이야기했을 때의 바로 그 힘인데, 이것은 본질적으로 이익의 논리에 기초한 사회적 권력과는 그 근본 성격 자체가 다르다. 그것은 인권과 다른 민주적 가치들에 기초한 '민주적 연대성'에 대한 추구에서 생겨나는 '힘없는 사람들의 힘'이라 할 수 있다. 이 것은, 가령 지역감정에 정면으로 도전했던 '바보' 노무현을 대통령으로 만들고 또 지켜내었던 바로 그 힘으로, 사회적 권력과는 다른 문법을 통해 발현된다.

다시 분명히 하지만, 민주당은 현실에서 보수적이고 심지어는 반동적인 뿌리를 가졌다. 오랫동안 호남의 지역주의에 기대기도 했다. 어쩌면 이런 배경 때문에 민주당은 대체로 시민의 힘을 위한 정치적 기구로서 제 역할을 다해 오지 못했다고 보아야 하는지도 모른다. 그러나 그런 민주당이 오늘날에 이르러 얼마간이나마 민주적 정통성을 주장할 수 있는 정당이 될 수 있었던 것은 민주적 연대성을 사회정치적으로 실현하기를 갈구하는 시민들이, 사실 미덥지 못해도 딱히 다른 대안이 없어서, 민주당을 자신들의 요구를 실현해줄 정치적 도구로 삼고 싶어 했던 덕분이라고 해야 한다.

그래서 민주당은 말하자면 시민의 힘의 대리자로서만 성공적인 정당 정치를 할 수 있다. 그러니까 민주당은 시민적-민주적 연대의 논리에 따라 강고한 사회적 권력을 규제하려 하는 시민의 힘을 위한 민주적 도구로서만 그 참된 존재 가치를 가질 수 있고, 민주당의 정당으로서의 성공은 그 시민의 힘의 요구와 문법에 충실할 때만 담보될 수 있다는 이야기다. 그래서 특히 촛불혁명 이후 민주당은 좀 더 적극적으로 그러한 시민적 권력의 요구와 논리에 충실히 복무하는 정치적 대리 기구로 거듭날 필요가 있었다. 민주당은 민주적 시민사회의 의식적인 정치적 기구가 되어야 했고, 시민정치에 기반을 둔 시민적 진보정당으로서 스스로를 승화시킬 수 있어야 했다. 그러나 안타깝게도 민주당은 그러질 못했다. 민주당은 지금껏 자신에게 요청된 사명을 완수하는 데서 실패해 왔고, 그 때문에 지금 제 자리를 잡지 못하고 있다.

안타깝게도 한국 민주주의의 과두정화 경향과 정치적 능력주의는 본디 새로운 과두정화의 경향에 맞서 싸워야 할 진보 진영에도 관철되었다. 여기서도 정치는 주로 명문대를 나온 운동권 출신 엘리트, 변호사, 교수 같은 이들이 주도한다. 좁은 의미의 정치 영역에서는 물론이고 시민사회와 공론장에서도 능력주의적 배경 위에서 대중적 영향력을 행사하는 엘리트 지식인들이 핵심적 역할을 한다.

그리하여 진보 정치도 고학력-고수입 엘리트의 이해관계와 관심사에 초점을 두게 되면서, 광범위한 대중의 일상적 삶의 문제들은 좀처럼 정치화되지 못했다. 비록 이 대중은 선거를 위해 일정한 방식으로 호명되고 동원되기는 하지만, 이들이 평등한 관계 위에서 적극적으로 민주 정치의 과정에 참여할 가능성은 체계적으로 봉쇄되어 있다. 그동안 진보 진영과 그 중심에 있는 민주당조차 사실상의 과두정 상태를 벗어나지 못하고 있는 우리나라 정치 체제의 본질적 일부였다고 해야 한다. 노무현 대통령의 탄생은 바로 이런 상황에 대한 근본적인 도전이었지만, 안타깝게도 아직 본질적인 변화는 보이지 않는다.

너무도 당연하게 그동안 민주당은 자신의 참된 정치적 자원인 시민의 힘이 부여한 정치적 위임을 제대로 수용하지 못할 때마다 반복해서 혼란 속에 빠졌다. 지금의 혼란 또한 그 본질은 바로 여기에 있다. 무엇보다도 민주당은 자신의 정치적 성공이 크게 빚진 '촛불'로 상징되는 우리 사회의 강한 시민정치 전통과 올바른 관계를 맺는 데서 실패했다.

그런 만큼 지금 민주당의 혼란은 단순히 일시적인 정치적 전략의 실패 탓이 아니다. 이 혼란은 어떤 '본원적' 수준의 것이라 해야 하는데, 그것은 무엇보다도 민주당이 정당으로서 사회적 권력 기반에 대한 의존 상태를 온전히 벗어나지 못하고 제대로 된 자신의 정치적 위상과 정체성을 찾지 못한 탓이다. 민주당과 그 주류 정치인들은 사회적 권력과 시민의 힘 사이를 오락가락하면서 정치를 단지 선거 공학이라는 틀 속에서만 이해하며 정치권력을 획득하고 유지하는 데만 몰두해 왔다.

민주당은 이제 자신의 정치적 권력 기반이 어디에 있는지를 제대로 깨달아야 한다. 민주당은 지금껏 시민들이 부여한 막대한 진보적 잠재력과 가능성에도 불구하고, 서 있어야 할 자리를 제대로 찾지 못한 채 우왕좌왕하다가 근본적인 혼란을 맞았다. 민주주의와 사회 정의에 대한 평범한 시민들의 강렬한 기대와 열망이 지금껏 민주당을 있게 해 온 기반이지만, 그 기대와 열망을 잘못 해석한 채 거기서 나올 수 있는 정치적 에너지를 엉뚱한 데로 흘려버렸다. 만약 민주당이 다시 일어서길 원한다면, 바로 이런 상황에 대한 인식에서부터 출발해야 할 것이다. 이제 민주당이 빠져 있는 혼란의 몇 가지 진원지들을 냉철하게 성찰해 보면서, 새로운 길을 모색해 보기로 하자.

## 진보적 신자유주의의 한계

물론 그 새로운 길은 노무현 대통령의 한계마저 직시하고 넘어설 것을 요구한다. 그는 진보를 향한 자신의 정치적 포부를 충분히 실현할 수 없었다. 무엇보다도 그의 정부가 처한 신자유주의적 조건 속에서 진보적인 지향을 어떻게 실현해야 할지에 대한 뚜렷한 전망을 가질 수 없었기 때문이다. 그래서 그는 자조적으로 스스로가 '진보적 신자유주의'라는 함정에 빠져 있음을 토로하지 않을 수 없었고, 퇴임 후에도 끊임없이 진보의 미래를 고민해야 했다. 이 고민은 이제 우리의 것이다. 오늘날 '금융자본주의'의 지배와 더불어 민주주의는 길을 잃었다. 이것은 전 세계적인 현상이다. 쉬운 답은 없다.

우리는 이제 민주적 공화주의를 바탕으로 노무현과 함께 노무현을 넘어설 수 있는 실마리를 찾을 수 있어야 한다.

사실 노무현 대통령이 진보적 신자유주의를 이야기한 것은 무슨 진지한 이야기라기보다는 한 때 자신을 지지했던 진보 진영의 비판에 답하면서 자조적으로 한 이야기라고 보는 것이 정확할 것이다. 그러나 내가 볼 때 여기에는 노무현 대통령을 고민하게 만들고 지금까지도 민주당을 괴롭히는 어떤 모순적 정치 상황과 그것을 풀어나갈 이론적, 철학적 방향을 갖지 못했던 한계 상황이 고스란히 반영되어 있다.

무슨 형용모순 같은 조합이지만, 진보적 신자유주의는 김대중 정부 이래 민주당이 위태롭게 추구하고 실천해 왔던 정치에 대한 가장 적절한 이름이 아닐까 한다. 앞서 설명한 대로, 우리나라에서 민주당이 모종의 정치적 진보를 대변한다는 사실을 부정할 수는 없다. 지지층의 계급적 위치나 이념적 성향을 보아도 그렇고, 추구해 왔던 더 많은 민주주의나 보편 복지의 확대 같은 정치적 지향을 따져도 그렇다. 검찰개혁도 이 맥락에서 이해할 수 있다. 하지만 민주당은 또한 동시에 신자유주의적이기도 하다. 민주당은 끊임없이 더 많은 '성장'을 추구해 왔으며, 합리성과 효율성의 이름 아래 재벌과 대기업을 옹호하고 시장 논리에 순응해 왔다. 단순히 경제 정책에서만이 아니고, 가령 학교에서는 신자유주의적으로 물든 '경쟁 교육' 체제를 적극적으로 완성하기도 했다.

당연하게도 두 모순적 지향의 정치적 접합이 언제나 매끄럽게 이루어지지는 않았고, 오히려 늘 민주당의 정치적 혼란을 부추겼다. 선거 승리를 위해 불가피하게 '포괄정당'을 지향하기는 했지만, 민주당은 지나치게 자주 '좌회전 깜빡이를 켠 채 우회전을 하는' 일을 반복했다. 말과 구호는 더할 나위 없이 진보적이지만, 실제 정책은 보수적 선택지에 머물고 마는 일이 한두 번이 아니었다. 부동산 가격 폭등 문제를 반드시 해결하겠다면서도 종부세는 터무니없이 완화하고, '공급부족론'에 투항하여 개발을 부추김으로써 오히려 시장을 자극하는 식이다. 지난 20대 대선에서 한국 사회의 대전환을 외쳤던 이재명 후보의 많은 '실용주의'나 '소확행' 공약들도 이 맥락을 벗어나지 못했던 것처럼 보인다.

재미있게도 미국의 정치철학자 낸시 프레이저(Nancy Fraser)는 이 진보적 신자유주의라는 개념을 가지고 트럼프의 포퓰리즘을 낳았던 미국 민주당의 정치적 본성을 규정한 적이 있다.[94] 그녀는 경제적 차원의 '(재)분배'와 문화적 차이의 존중과 관련된 '인정'이라는 두 개념 축을 통해 현대 민주 정치를 조망하는 정치철학자인데, 쉽게 말해 미국 민주당은 '인정의 정치'라는 맥락에서는, 성소수자나 유색 인종을 포괄하는 등 매우 진보적이지만, '분배 정치'의 측면에서는 신자유주의적인 상층 계급 지향을 드러내 왔다는 것이다. 그녀에 따르면 미국 민주당의 이런 모순적 정체성은 많은 지점에서 한계를 드러냈고, 트럼프식 포퓰리즘이 그 틈새를 파고들어 승리하게 된 결정적 배경을 제공했다.

나는 프레이저식의 분석틀을 우리나라에 그대로 적용할 수 있다고 여기지는 않는다. 인정과 재분배의 이원론 그 자체도 따져 볼 지점이 많지만, 가령 인종 문제 같은 건 우리나라에서는 핵심적인 정치적 의제가 아니다. 그렇지만 미국 민주당이 진보와 신자유주의라는 모순적 지향의 어설픈 접합에 기댄 정치를 하면서 지지층의 균열을 낳았고, 그 결과 일부 지지층에게는 정치적 르상티망(원한 감정)마저 불러일으켜 트럼프식 극우 포퓰리즘을 불러들였다는 분석은 우리나라에 대해서도 좋은 교훈을 준다.

미국 민주당처럼 꼭 인정의 정치와 관련해서는 아니지만, 한국의 민주당은 검찰개혁 같은 개혁 과제를 나름대로 진정성 있게 추진했고 다양한 차원에서 진보적인 개혁 지향을 보여주긴 했다. 그러나 미국의 민주당이 전통적 강세 지역이었던 이른바 '러스트 벨트'의 백인 육체노동자들을 버리는 바람에 트럼프에게 패했듯이, 한국의 민주당은 특히 이른바 '이대남'으로 상징되는 청년들과 코로나로 심각한 위기에 빠진 자영업자들을 포함한 하층 시민들을 버려서 정치적 위기에 처했다고 할 수 있다. 민주당이 대변한다는 바로 그 서민과 중산층 시민들 말이다.

만약 민주당이 진정성 있게 진보적인 지향을 추구했다면, 사실 그 평범한 시민들의 삶의 위기와 불안은 민주당의 좋은 정치적 자산이 될 수 있었을 것이다. 그러나 민주당은 건성으로만 그들을 대변한다고 외쳤지, 실제로는 그들의 목소리에 제대로 귀 기울이지 않았다. 우파들이 그 틈새를 파고들었고, 윤석열이 꼭 트럼프 방식으로 젠더와 세대, 나아가 국민과 비국민을 갈라치기하는 포퓰리즘적 선동으로 정치적 이득을 취하도록 방기했다. 이런 상황은 기본적으로 민주당의 진보적 신자유주의 정치의 혼란이 만들어냈다고 해야 한다.

민주당의 이런 모순적 정치에 대한 실망 때문에 한국 사회는 진보적 지향 전반에 대한 거대한 반동의 물결에 휩싸일 조짐을 보였다. 그동안 민주당식 진보는 지나치게 도덕주의적인 명분만 앞세우다 보니 쉽게 '내로남불'에 대한 비판을 자초했고 정교한 정책으로 표현되지 못했다. 민주당 주류는 그마저도 선거 때가 되거나 내세우던 정책 등에 대해 조금이라도 여론만 나빠지면 마치 진보 지향 자체가 문제인 것처럼 엉뚱한 우경화로 문제를 해결하려 해 왔다. 그 결과는 게도 우럭도 다 잃어버리는 것이었다. 반대 진영의 지지는 얻어내지도 못하면서 본래의 지지층도 흩어버렸다는 말이다. 지난 대선에서도 이런 행태는 반복되었고, 결과는 정권의 상실이었다.

무턱대고 민주당이 진보성을 강화해야 한다는 이야기가 아니다. 사실, 문제는 진보 개념 자체의 불투명성이다. 국제통화기금(IMF) 체제 속에서 처음으로 집권했던 민주당의 신자유주의 지향은 오늘날의 세계화된 자본주의의 조건에서 얼마간 불가피한 측면도 있었고, 4차 산업혁명과 기후 위기 속에서 단순히 전통적인 분배정치를 반복하거나 강화하기는 힘들 것이다. 소셜 미디어의 확산 등에 따라 사회적이고 문화적인 지형도 급변하고 있다. 그러나 민주당은 그동안 이런 변화된 상황과 조건에 맞는 새로운 모색에 너무 소홀해왔다.

민주당의 보수적인 뿌리 때문일까? 아마도 그럴지도 모른다. 그리고 서로 극한적으로 대립하고 있지만 바로 그 때문에 충분히 공생할 수 있는 양당 체제 탓도 크다. 쉽게 말해 별다른 노력을 하지 않아도 의석을 얻고 집권을 하는 것이 어렵지 않기 때문이다. 일부 지역에서는 가만히 있어도 확고하게 지역 권력도 누릴 수 있다. 그래서 민주당에서는 늘 공천권이나 권력 배분과 관련된 지분 관계를 중심으로 계파가 형성되었고 또 그 차원에서만 당내 갈등이 전개되곤 했다. 민주당 계열 정당은 지속해서 '분열'과 '통합'을 계속해 왔고 지금도 그런데, 그 이유는 늘 지향하는 가치나 노선이 아니라 바로 그런 문제와 관련된 모종의 '패권주의' 탓이었다.

민주당은 과거 김대중 대통령의 평화민주당 시절에 '서민과 중산층의 정당'임을 표방한 이래 겉으로는 이 정체성을 계속 유지하고 있다. 비록 이 규정은 명확한 계층 또는 계급 분석에 기초하고 있지도 않고 뚜렷한 정치 이념을 앞세우고 있지도 않지만, 한국적 맥락에서 일정한 진보적 지향을 드러내는 자기규정이라고 할 수도 있다. 분단 체제 속에서 약간의 진보적 지향을 가진 정치인조차 늘 '빨갱이'라는 비난을 듣기 십상인 상황에서 민주당 같이 집권을 추구하는 정당이 더 선명한 진보적 정체성 규정을 내세우는 게 현실 정치적으로 쉽지 않을 것이기에 수긍이 가는 측면도 있다.

문제는 민주당이 그 이후에 그런 자기 이해에 걸맞은 정치를 얼마나 충실하게 수행해 왔느냐는 것이다. '구호 따로, 실천 따로'가 오히려 민주당의 진짜 정체성이 아니었을까? 민주당은 이런저런 정치적 선언이나 캠페인 같은 데서는 아주 선명하고 진보적인 지향을 드러내지만, 정작 집권하거나 입법할 때는 꼬리를 내리고 마는 일을 수십 년 동안 반복해 왔다. 지난 대선에서도 '기본소득' 같이 아주 강한 진보적 지향을 상징했고 또 그 때문에 주목을 받았던 이재명 후보가 정작 본선에서는 기껏해야 이른바 '소확행' 공약들에만 매달리다가 실패한 일이야말로 그 단적인 예다. 일종의 민주당 정치의 '적폐'라고까지 할 수 있는데, 이제는 이 적폐를 과감하고 근본적으로 청산할 때가 되었다.

## '80년대식 진보'의 한계

민주당은 이제 한국이라는 상황 속에서 그리고 변화된 시대적 조건에서 추구해야 할 새로운 진보 정치의 길을 찾아야 한다. 그러나 새로운 진보를 이야기하기 전에 우리는 우선 '낡은' 진보를 돌이켜 보고 그 한계를 극복할 수 있어야 한다. 앞에서 살펴본 진보적 신자유주의는 민주당의 정치 행태에 대해 일정한 풍자적 목적도 가진 비판적 규정이었지만, 지금껏 거기서 말하는 '진보' 개념의 구체적인 내용과 지향에 대해서는 별다른 이야기를 하지 않았다. 이제 이 이야기를 해보자.

그런데 뒷부분의 '신자유주의'가 없다고 하더라도 민주당의 진보 지향은 사실 많이 모호하다. 그래서 많은 이들은 민주당을 진보적 지향을 가진 정당이라고 보기 힘들다고 단언한다. 그런 평가는, 앞에서 본 대로, 진보 개념 자체가 가진 다의성 때문이기도 하다. 그러나 좀 더 올바른 개념 이해가 어떤 것이든, 우리는 먼저 최근 얼마 동안 민주당의 정치를 주도해 왔던 이른바 '86 세대'의 문제부터 살펴보아야 한다. 흔히 세간에서는 이 세대를 우리 역사상 가장 진보적인 세대라고 평가하곤 하는데, 이 세대의 진보성이 이 세대가 주류를 형성하고 있는 민주당식 정치의 진보 지향으로 이어진다고 할 수 있기 때문이다.

어떻게 보면 그동안의 민주당 정치의 실패는 이 세대의 실패라고 해야 할지 모르겠다. 그러니까 민주당이 처한 혼란의 중요한 뿌리 중의 하나는 80년대 민주화운동을 주도했고 그 경력을 자산으로 삼아 정치적으로 성공한 이 세대의 정치인들과 그 지지자들이 가진 정치적 세계 인식과 문화에 있다는 이야기다. 노무현 대통령도 실제로는 대학을 나오지 않았지만 자신이 '83 학번'이라는 농담을 하곤 했다는데, 참여정부 역시 이 세대 정치인들의 영향에서 자유롭지 않았다. 민주당이 혼란 상황에서 벗어나 제대로 된 수권 정당으로 다시 일어설 수 있으려면, 바로 이런 80년대식 진보의 유산과 결별하는 일부터 시작해야 한다.

사실 바로 이런 배경 위에서 많은 언론과 일부 지식인들이 진작부터 이 '86세대 용퇴론'을 이야기했다. 민주당을 중심으로 정치적으로 결집해 있는 이 세대가 우리 사회를 망친 주된 적인 만큼, 이제 좀 더 젊은 세대가 민주당의 중심이 되면 민주당의 정치도 우리 사회도 훨씬 나아질 것이라는 담론이다. 국민의힘은 이런 담론을 확장해서 '운동권 특권 세력 청산'을 총선 전략으로 내세우기까지 한다.

이런 유의 담론은 일부 정치권과 언론이 일정한 의도를 가지고 조장한 측면이 크다. 일단 사회과학적으로 정확해 보이지 않는데, 단순하게만 보더라도 세대 내부의 계급적, 계층적 차이 같은 문제는 저 담론에서 전혀 고려되지 않고 있다. 이것은 소수의 엘리트를 적으로 몰아 소외된 다수를 결집하려는 전형적인 포퓰리즘 담론이다. 다. 여기에 현혹되어서는 안 된다.

하지만, 그렇다고 (사실은 나도 그 일원인데) 이 80년대 세대가 별다른 문제가 아니라고 이야기하는 것도 옳지 않다. 물론 문제는 단순히 사람이 아니고 그 세대 전반의 정치적 세계관과 행동 양식이다. 새로운 세대가 등장하더라도 그야말로 새로운 민주적 진보 정치의 비전을 제시하고 실천하지 못한다면, 민주당의 혼란과 지체는 계속될 것이다. 정치적 악용을 경계하면서도 진지한 자기 성찰이 반드시 필요하다.

이 세대는 뜨거운 '이념(이데올로기)의 시대'를 살았다. 당시 이 세대는 전두환의 폭압 정치에 맞서는 대안을 모색하면서 마르크스-레닌주의는 물론 심지어 북한의 주체사상마저 자생적으로 학습하면서 정치적 세계관을 형성했다. 무엇보다도 80년 5월 광주의 역사적 비극에 대한 자의적 해석에 따라 거친 반미 사상을 내면화했고, 통일에 대한 강한 열망으로 표출되는 민족주의적 지향을 진보라고 이해했다. 물론 이와는 다른 결의 지향을 가진 분파도 있었다. 이 지향은 자본주의에 대한 비판적 문제의식을 극단화하여 자본가 계급에 대한 타협 없는 투쟁과 대결을 앞세웠다.

우리 맥락에서 중요한 것은 두 지향 모두에서 '자유민주주의'나 '민주공화국'은 미국이 중심에 있는 서구의 자본주의적 제국주의와 연결된 '부르주아 민주주의'일 뿐이라는 인식이 일반화되어 있었다는 사실이다. 그리고 매우 아이러니하게도 한국의 민주화는 그런 인식을 공유한 이 세대가 주도하는 변혁 운동에 의존했다는 점이다. 조금 단순화하자면, 한 마디로 이 '민주화 세대'는 정작 민주주의의 실질적 형식과 내용에 대해서는 완전히 무관심했고 또 무지했다.

이 민주화 세대의 관심은 그들이 부르주아 민주주의라고 가볍게 치부했던 현실의 민주적 제도보다 그 너머 언젠가는 성취해야 할 진정한 '민중민주주의'에 쏠려 있었다. 그래서 현실의 부르주아 민주주의의 주체는 자기들이 아니어도 상관없으므로 모든 정치적 설계를 그저 부르주아로 인식된 기성 정치인들에게 맡겨버렸다. 그러면서 이 세대는 예컨대 민주적 선거란 그저 단순다수결 원칙에 따라 후보자를 선출하는 것일 뿐이라고 믿었지, 다른 대안적 제도에 대해서는 조금의 이해도 관심도 없었다. 그저 기성 정치인들의 야합을 지켜볼 따름이었다. 그 결과가 제왕적 대통령제와 단순다수결 소선거구제를 기반으로 하는 지금의 우리 결손 민주주의 체제다.

안타깝게도 80년대 말 이후 소련 및 동구의 현실 사회주의가 붕괴하면서 이 세대가 깊숙하게 내면화했던 이념들은 비현실적이고 시대착오적인 것이 되었고, 이 세대가 부르주아 민주주의 너머에 남겨 놓은 과제는 조각조각 흩어져 버렸다. 조금 단순화하자면, 그 결과 이 세대 대부분은 지독한 이념적 아노미(혼란) 상태에 빠졌다. 나름의 성찰과 모색이 없었다고는 할 수 없지만, 대부분은 그런 아노미 상태에서 민주주의와 민주 정치에 대해 제대로 학습할 기회도 없이 정치권에도 진출하고 사회 각 부분의 중추적 역할도 맡았다.

물론 우리는 이 세대가 박정희-전두환으로 이어지는 폭압 통치와 불의에 맞서 뜨거운 열정과 사명감으로 싸웠던 일의 가치를 부정해서는 안 된다. 비록 현실의 벽은 너무도 강고했고 그러한 열정과 사명감을 불러일으켰던 이념은 빠르게 파산했지만, 이 세대의 이상이 우리 사회에 불어 넣었던 사회 정의와 연대의 정신은 어떤 식으로든 우리 사회를 조금씩이나마 진보하게 만든 결정적인 동력임이 분명하다.

그러나 역사는 냉혹했다. 이 세대의 대부분은 시대 변화의 압도적 흐름 앞에서 과거의 낡은 이념은 버릴 수밖에 없었다. 그리고 현실과의 타협도 불가피했다. 문제는 이런 과정에서도 이 세대는 과거의 정치적 세계관의 근본 틀과 사유 습성만은 제대로 성찰하지 못했다. 진보적 신자유주의도 바로 그런 이념적 혼란 속에서 신자유주의에 그냥 투항한 결과일 것이다. 안타깝게도 이 세대의 정치적 성공이 함정이었다.

## 도덕 정치의 '덫'

정치권에 진출한 많은 이들은 과거 민주화운동에 열정적으로 헌신했다는 도덕적 우월감을 자산으로 삼았다. 그러나 그들은 솔직히 사회와 국가를 경영할 실력과 전문성을 충분히 갖추었다고 말하기 힘든 상태로 중추적 정치인이 되어 갔다. 그들이 지닌 도덕적 우월감은 국가의 실질적인 통치 과제를 해결하는 데서는 그다지 도움이 되지 않았다. 그들은 '민주주의'를 투쟁의 목표와 명분으로 내세우며 정치적으로 성공하긴 했어도, 실제로는 설득하고 조율하며 숙고한 정책을 실현하게 하는 제대로 된 민주 정치의 양식을 실천하는 데는 익숙하지 않았다.

사실 그들은 청년 시절 이데올로기 학습과 군부 독재에 맞선 투쟁에 집중하느라 섬세하고 효율적인 정책의 계발과 실천을 위한 역량을 기를 기회를 얻지 못했다고 해야 한다. 그렇다면 그들은 뒤늦게라도 제대로 공부하고 실력을 쌓기 위해 노력해야 했지만, 그러지 않았다. 아마도 그럴 필요를 느끼지 못했다고 하는 게 맞을 것이다. 과거의 경력이 여전히 충분한 정치적 자산 역할을 해 주었기 때문이다.

그러나 그러다 보니 집권해서 이런저런 중책을 맡더라도 어떤 도덕적 자부심만 강조하고 이념적 구호는 크게 외쳤지만, 실질적인 문제 해결 능력을 보여주지 못했다. 그러다 보니 이념적 구호 이면에서 실제로는 기능적 관료들에게 거의 모든 구체적인 통치 과제의 실행을 맡겨버리지 않을 수 없었을 것이다. 그러니 구호와 실질이 맞지 않게 되고, 그 결과 시민들은 보수 정부 때와 크게 다르지 않은 정부의 모습을 볼 수밖에 없었다.

이런 일은 민주당 집권 기간 내내 거의 모든 영역에서 반복되었다. 민주당 정부는 집권하면 처음에는 여러 부문에서 개혁의 깃발을 소리 높여 외친다. 그러나 곧 보수 언론과 야당이 온갖 시비를 걸기도 하고 실제로 치밀하지 못한 정책 설계 때문에 이런저런 문제들이 터져 나온다. 그러면 민주당과 정부는 슬그머니 꼬리를 내리고 통상적인 관료적 정책을 그대로 답습하고 만다.

문재인 정부 초기 최저임금의 급격한 인상 정책만 상기해 보라. 이 정책에 대해서는 그 긍정적인 방향에도 불구하고 처음부터 온갖 비판들이 쏟아졌고, 실제로 단기 시간제 일자리나 아파트 경비원 자리 같은 데서 많은 문제도 드러났다. 만약 이 정책이 신념을 갖고 추진하는 핵심 정책이었다면, 민주당은 꾸준하게 시민들을 설득하고 제기되는 문제들에 대해선 치밀하게 점검하면서 정책을 섬세하게 다듬는 노력을 했을 것이다. 하지만 민주당 정부는 사실상 그 정책을 포기하고 말았다. 그 결과 문재인 정부 전체 기간 실질적인 최저임금 상승은 미미한 수준에 그치고 말았다.

나는 이런 식으로 도덕적인 우월감이라는 자산에만 기댔던 이 세대의 정치를, 더 근본적인 수준에서 그리고 일반적으로, 도덕적 명분과 원칙에 우선하여 집착하는 '도덕 정치'라고 규정한다. 이런 정치는 제대로 이념과 가치에 맞는 정책을 만들고 꾸준하고 섬세하게 실천함으로써 사회의 실질적인 변화를 만들어 내는 민주적 진보 정치의 양식과는 처음부터 거리가 멀다는 게 내 생각이다.

이런 도덕 정치의 양식은 기본적으로 우리나라의 오랜 성리학적 전통의 영향이긴 하다. 이 전통에서는 정치를 아주 본질적인 수준에서 어떤 도덕적 진리의 실현과 연결하여 이해했다. 이 전통에서는 정치를 기본적으로 '선'과 '악' 또는 '의(義)'와 '불의(不義)'의 대결로 이해하며, 정파들은 누가 또는 어떤 세력이 도덕적 올바름을 주장할 가장 확실한 명분을 가졌는지를 두고 권력투쟁을 전개했다. 이 전통에서는 개인적으로도 '수신(修身)'과 '제가(齊家)'를 완수한 사람만이 정치를 할 자격을 가진다고 이해했다.

성리학의 시대는 오래전에 끝났지만, 이런 식의 도덕 정치 전통은 이 민주주의 시대에도 진보와 보수를 막론하고 뿌리 깊은 '문화적 습속'으로 남아 우리 정치의 풍경을 규정하고 있다. 우리 정치권은 정치적 상대를 좋은 정책을 찾기 위한 경합 대상으로 보지 않고 지나치게 도덕적으로 악마화하면서 일상적으로 극한적 대결에 빠져 있다. 국회 인사청문회를 보면, 청문 대상자의 공적 업무 능력이나 공동선에 대한 태도 같은 게 아니라 대부분 위장전입에서부터 논문 자기표절이라는 시시콜콜한 혐의까지 개인적인 도덕적 흠결만을 따진다.

이런 도덕 정치의 전통을 반드시 부정적으로만 바라볼 일은 아니다. 멀리는 독립운동에서부터 민주화운동을 거쳐 최근의 촛불혁명에 이르기까지 우리 사회구성원들의 정의에 대한 강렬한 지향은 우리 민주주의의 비옥한 문화적 자양분이었다. 특히 늘 권력과 사회적 기득권에 맞서서 싸워 왔던 진보 정치는 이 도덕 정치 전통의 정수를 이어왔다고 할 수 있다. 우리 사회의 민주화는 아주 열악한 조건 속에서도 정치적 이상과 명분을 위해 큰 희생을 마다치 않고 싸웠던 진보 정치인들에게 크게 빚지고 있다.

실제로 현실정치에서도 86세대가 민주화 과정에서 개인의 영달을 포기하고 나라의 민주주의 발전을 위해 헌신했다는 도덕적 숭고함은 수많은 부패에 노출되었던 보수 기득권 세력을 압도할 수 있는 좋은 정치적 무기였다. 그래서 이미 김대중 대통령 시절부터 신인 정치인을 영입하면서 과거의 학생운동 경력은 아주 중요한 기준이 되곤 했다. 실제로 그 성과도 나쁘지 않았다. 그러나 정치의 문법과 양식을 지나치게 도덕적 차원, 그것도 공동체 전체의 도덕적 지향이나 질보다도 개개인의 도덕적 순수성이나 완전성에 초점을 두는 게 반드시 바람직하기만 한 것은 아니다.

우선, 이런 정치 양식은 진보가 스스로에게 도덕적 완전성이라는 올가미를 씌우는 바람에 반대 세력이 너무 손쉽게 이를 역공의 무기로 사용할 수 있도록 만들었다. 진보적 정치인 자신들이 늘 도덕적 명분을 내세우며 상대를 압박하는 정치를 해왔기에, 이제는 그들이 보여주는 아주 사소한 도덕적 흠결도 커다란 정치적 아킬레스건이 되고 정치적 자산 손실로 이어질 수밖에 없게 되는 것이다.

그런 만큼 반대 진영이나 언론에서는 진보 정치인들 개인의 도덕적 흠결 찾기에 혈안이 될 수밖에 없다. 그리하여 자기 눈 안의 들보를 숨긴 자들이 진보 인사들의 눈에 있는 티를 두고 시비를 걸어도 꼼짝없이 말려들고 만다. 인간에 대한 가장 기본적인 존중과 예의조차 없이 비열한 정치적 술수로만 사용되는 '비도덕적 도덕주의'가 난무해도 속수무책이다. 이렇게 그동안 민주당이 빠져 허우적거렸던 '내로남불'이라는 덫은 어쩌면 사실 스스로 만든 것인지도 모른다.

물론 어떤 경우에도 정치가 도덕적 원칙이나 지향과 무관할 수는 없다. 정의 지향 없는 정치는 그냥 폭력으로 귀결되고 말 터이다. 특히 사회 정의의 이상을 추구하는 진보 정치는 도덕적이고 규범적인 지향을 포기할 수 없다. 그러나 정치에서 도덕의 초점은 단순히 개인의 인간적 무결성 같은 게 아니라 공동선에 대한 지향에 있어야 한다. 특정한 세력이나 개인, 특히 사회적 약자에 대한 배제나 무시 없이 모든 구성원의 평등한 존엄성을 인정하고 실현하는 것이 가장 기본적인 진보적 정치도덕의 원칙이 되어야 한다. 개인의 인간적 불완전함에 대해서는 가능한 한 포용적이되, 공적 질서의 정의로움에 대해서는 엄정한 새로운 정치도덕이 필요하다. 그러나 우리 진보 정치는 이런 방향으로 가기는커녕 외려 도덕 정치의 덫에 더 깊숙이 빠져만 들었다.

나아가 우리 진보 정치 일반, 특히 86세대가 체화한 도덕 정치의 양식은 민주 정치에서는 본질적으로 부적절하고 해로운 측면도 있다. 선과 악, 의와 불의의 대결이라는 구도 속에서 이해되고 실천되는 정치에서는 서로 다른 이해관계와 가치를 대변하는 세력들이 서로 양보하고 타협하며 사회적으로 수용될 수 있는 정치적 결과를 조율해 내기 힘들다. 한국의 진보 진영은 지금껏 기득권 세력을 절멸시켜야 할 정치적 악으로 보면서 도덕적으로 채색된 과도한 적대감을 가지고 대했다. 물론 진보적 정당으로서 기득권 세력과의 투쟁은 불가피하다. 그러나 앞에서 본 것처럼 그런 투쟁은 민주공화국의 틀을 유지시키는 생산적 긴장으로 이어져야지 지금과 같은 극단적 전쟁 정치가 되어서는 안 된다.

민주당은 지금껏 국가 경영과 관련된 정책의 색깔이나 실천 역량의 차이를 부각하는 방식으로 정치적 자산을 축적해 오는 데서 제대로 성공하지 못했다. 사실 그럴 능력이 없다고 해야 한다. 대신 툭하면 '민주 대 반민주'라는 낡은 구도에 매달리거나 정치적 상대를 '토착 왜구' 따위로 악마화함으로써 정치적 지지 기반을 굳히려 했다. 그러나 이는 민주당의 정치적 설득력을 약화시키고 확장력을 잠식할 뿐이었다. 심지어 그런 정치 양식은 진영 내부에서도 이견을 가진 사람이나 세력에 대해 도덕주의적 분노와 적대감을 드러내는 문화를 만들었다. 그리하여 그 과정에서 상처 입은 많은 이들이 민주당으로부터 등을 돌리게 했다.

## '좌파 포퓰리즘'을 넘어서

안타깝게도 이런 도덕 정치의 덫은 단지 민주당이나 그 밖에서 진보 정치에 참여하고 있는 정치인들에게만 문제가 되는 건 아니다. 평범한 시민들 일반이 그렇긴 하지만, 특히 진보를 지향하고 지지하는 시민들도 그 덫에서 자유롭지 않다. 아프지만, 이 문제에 대해서도 깊은 성찰이 필요하다.

앞에서 살펴보았던 것처럼, 우리 한국의 시민들이 민주화 과정과 이후의 민주주의 발전 과정에서 보여준 적극적인 정치적 주체성

역시 유교적 문화 전통에 큰 영향을 받았다. 특히 내가 민주적 우환의식이라고 부른 시민들의 정의감이 중요한데, 민주주의가 위기에 처해 있던 고비 고비마다 우리 시민들은 사회의 불의를 혁파하고 더 정의로운 사회를 만드는 데 스스로 조금이라도 힘을 보탤 수 있어야 한다는 의지로 적극적으로 정치 과정에 참여함으로써 우리 민주주의를 지켜 왔다. 민주화 이후에도 시민들의 적극적인 정치 참여를 통해 발현되는 '시민정치'의 무게는 결코 감소하지 않았는데, 그동안 한국 민주주의는 바로 이런 활발한 시민정치에서 그 발전을 위한 자양분을 얻어왔다.

새로운 민주당 정부를 탄생시켰던 2016-17년 겨울의 촛불혁명은 그런 시민정치의 가장 중요한 역사적 성취라고 할 수 있다. 그 촛불혁명은 사실상의 과두정이었던 과거 우리의 결손 민주주의를 개혁하여 좀 더 온전하게 작동하는 민주주의, 제대로 된 민주공화국을 만들어 내라는 평범한 시민들의 염원에서 출발하여 국정농단을 일삼았던 박근혜 전 대통령에 대한 탄핵을 끌어냈다. 그 바탕 위에서 더 많은 시민의 참여와 직접 민주주의의 강화를 요구하는 등 시민적 주권성을 주장했다.

그런데 이 과정에서 많은 적극적인 촛불 시민들은 강력한 민주당 지지 세력이나 민주당 당원이 되어 민주당의 주요한 의사결정을 주도했다. 그들은 민주당이 소수 특권 엘리트 세력에 맞서는 시민의 힘을 위한 강력한 도구가 되기를 바랐고, 실제로 그 방향에서 큰 성과도 이루어 냈다. 하지만 이런 식의 시민정치 전개가 언제나 바람직한 틀과 양식을 갖고 이루어진 것은 아니며, 언제나 바람직한 결과를 낳은 것도 아니다.

어쩌면 우리는 민주당을 중심으로 전개된 그와 같은 시민정치의 전개 과정을 세계의 다른 많은 나라에서도 나타났던 '좌파 포퓰리즘'[95]이라는 렌즈를 통해 이해할 수 있을지 모르겠다. 스페인의 포데모스, 그리스의 시리자, 이탈리아의 오성운동, 미국의 버니 샌더스 열풍 등과 같은 맥락에서 말이다. 일반적으로 이들 좌파 포퓰리즘 운동에는, 그 정치적 성공 여부와는 무관하게, 다른 우익 또는 극우 포퓰리즘 운동과는 달리 기존의 정치 체제를 극복하고자 하는 평범한 시민들의 진보적-민주적 지향이 표출된 것으로 평가된다.

사실 포퓰리즘은 반드시 부정적이기만 한 정치 현상이 아니다. 포퓰리즘은 소수의 엘리트 계층의 정치적 독점에 맞서 보통의 평범한 시민들(인민 populus)의 정치적 주권성을 강화하자는 움직임으로, 그 자체로 반민주적이라 할 수 없다. 오히려 모든 민주주의 체제는 언제나 불가피하게 그와 같은 포퓰리즘적 계기를 품고 있다고 해야 한다.

그러나 포퓰리즘은 오도된 민주주의라고 해야 한다. 많은 경우 포퓰리즘은 공동체의 주권자로서 구성원 전부가 아니라 정치적으로 주변화된 일부 평범한 사람들만을 진짜 인민이라고 호명하면서, 그에 속하지 않는 엘리트나 이민자들을 포함한 '타자'를 배제해야 한다는 정치 논리를 구사한다. 물론 '좌파' 포퓰리스트들은 평범한 시민들의 그와 같은 정치적 의지를 모아 일정한 사회 진보의 목적을 달성하려 하지만, 이런 지향이 포퓰리즘의 고유한 문제를 완전히 가리지는 못한다.

우리나라에서도 촛불혁명과 그 이후의 시민정치 전개 과정에서 그와 같은 좌파 포퓰리즘의 흐름이 일정하게 나타났다고 볼 수 있다. '문빠'라고 불리곤 했던 문재인 대통령 강성 지지자 중 일부가 그랬고, 최근 개혁에 머뭇거리는 이른바 '수박파' 정치인들에 맞서 민주당이 필요한 사회 개혁을 완수할 수 있도록 견인하겠다며 적극적으로 나선 일부 당원(이른바 '개(혁의)딸(들)')이나 지지자들의 활동도 이런 맥락에서 이해할 수 있을 듯하다. 우리나라의 경우, 일반 시민들도 체화한 도덕 정치의 전통이 그런 경향을 더 강화해 온 듯이 보인다.

이들의 활동은 일단 기본적으로 아주 적극적이고 진보적인 의지와 지향 속에서 이루어졌다고 평가할 수 있다. 그러나 문제는 포퓰리즘 정치가 좌우를 막론하고 일반적으로 소수의 기득권 엘리트에 맞서는 평범한 시민들의 대결 구도를 부각하는 데서 그 정치적 동력을 얻으려 하는 데에 있다. 그런 정치 양식에서는 소수의 기득권 '적'과 무고하게 희생된 '우리'를 구분하고 대립시키면서, 진보적 지향을 가졌다고 해도, 때때로 이견을 억누르고 다양성을 허용하지 않는 협애함을 표출하는 일이 일어나기 마련이다.

그러나 '깨어있는 시민'이 '유일하게 올바른 시민'을 의미하지 않는다는 너무도 당연한 민주적 전제를 망각할 때, 소수 기득권 세력에 맞서 민주주의를 지켜낸다는 시민들의 도덕화된 자의식은 쉽게 기본적으로 '뺄셈의 정치'일 수밖에 없는 강퍅한 '정체성의 정치'라는 덫에 빠질 수밖에 없다. 선명하게 '우리 편'만 내세우며 이견을 보이는 이들에 대한 강경한 배제를 특징으로 하는 이런 정치는 그 자체로 민주 정치의 본성에 맞지 않는다. 이른바 '문자폭탄'이 상징적 행동인데, 그것은 이제 '문자테러'가 되고 말았다. 그런 정치 양식은 의견이나 지향이 다른 시민들에게 큰 상처를 주는 결과를 낳으면서 오히려 스스로의 정치적 입지를 좁힌다.

그리하여 그런 시민정치의 양식은 결과적으로 민주당에 대한 대중적 지지 기반을 오히려 잠식하기만 했다. 선거 민주주의의 기본 속성만 생각해 보아도 그저 선명성과 전투성을 강조하는 건 중도층의 반발을 불러일으키는 자해 행위일 뿐임이 분명해질 것이다. 더구나 우리나라에서처럼 한 표라도 더 많은 표를 얻어야만 이길 수 있는 단순다수결 제도를 채택하고 있는 곳에서는 더더욱 그렇다. 여기서 민주당의 정치인들은 그런 시민들의 적극적인 민주적 참여 의지가 잘못된 방향으로 흐르지 않도록 민주적으로 순화시켜야 했지만, 오히려 정제되지 못한 좌파 포퓰리즘의 진동이 만들어 낸 수렁에 빠져 허우적거리기만 했다.

노무현 대통령의 말처럼, 민주주의의 최후의 보루는 깨어있는 시민들의 조직된 힘이다. 그러나 그 민주주의에는 자고 있다고 손가락질 받지만 그 존엄성이 부정되어서는 안 되는 많은 다른 시민들도 함께 사는 법이다. 그들을 설득하고 비판하는 일과 배제하고 무시하며 쫓아내는 일은 전혀 다른 차원의 일이다. 다원성, 개방성, 관용, 토론, 오류 가능성 같은 가치에 둔감한 민주 정치는 형용모순이다.

물론 기존의 대의 민주주의 기제와 강고한 과두특권 세력에 대한 비판과 저항은 그 자체로 충분히 의미가 있다. 앞에서 본 것처럼, 시민들의 견제와 쟁투는 민주주의의 시민적 건강함을 보장하는 가장 중요한 요소가 아닐 수 없다. 그러나 그런 시민적 견제와 쟁투는 '우리'와 '적'을 섣부르게 갈라치기하는 방식이 아니라, 더 나은 시민적 참여를 위한 민주적 제도들을 모색하고 더 성숙한 민주주의 문화를 정착시키는 방향으로 나아가야 한다.

이런 상황은 과두정화하고 있는 한국 민주주의의 위기가 빚어내는 단면들이라 이해할 수 있다. 제대로 성공한 포퓰리즘은 없어도 그 계기는 만연하며, 시민들의 민주적 통치에 대한 열망은 엉뚱하게 농락당하거나 갈 곳을 몰라 표류하고 있다. 엘리트에 맞선 시민적 주권성을 놓치지 않되, 그런 지향을 무턱대고 엘리트에 대한 적대나 배제로 표현하지 않는 시민참여가 필요하다. '시민적 불화(civil disagreement)'의 방식, 곧 차이를 긍정하고 이질성을 포용하는 평화적 갈등 해결의 양식과 서로 다른 정치적 지향에도 불구하고 공동선을 함께 모색할 수 있는 '시민적 우애(civic friendship)'로 가득한 시민정치가 절실하다.

앞에서 나는 사회적 권력과 시민의 힘 사이의 대립이라는 우리 사회의 근본적인 정치적 구도를 이야기하기는 했지만, 그 대립이 민주공화국이라는 정치적 '운명공동체'가 해체되는 쪽으로 가서는 안 된다. 대한민국은 진보에게든 보수에게든 선택을 통해서가 아니라 역사적으로 주어진 우리 모두의 정치적 토양이다. 어떤 경우에도 이 민주공화국을 지키고 발전시켜야 한다.

본디 민주공화국이라는 것 자체가, 어떤 사회에서든 불가피하게 존재할 수밖에 없고 그 적극적 역할을 기대하고 장려할 수밖에 없는 엘리트 집단과 평범한 시민 대중의 불화와 갈등에 대한 생산적 응답의 산물이라 할 수 있다. 그런 만큼 공동선에 대한 추구와 '시민적 예의(civility)'를 잃지 않는 시민참여의 양식은 민주공화국이 지닌 건강성의 지표다. 민주공화국은 지켜내야 할 역사적 성취이면서도, 끊임없이 새롭게 완성해 가야 할 지향점이기도 하다. 능력주의적 과두정화의 경향에 맞서 바로 그런 바람직한 민주공화국의 이상과 규범을 '선취'하여 '지금, 여기에서' 실현하려는 시민정치적 실천이 간절하다.

## '진리의 정치'를 넘어서

민주적 공화주의는 기본적인 정치의 양식과 관련해서도 그동안의 우리 진보 정치와 구분된다. 통상적인 진보 정치는 많은 경우 말하자면 '진리의 정치'에 집착해 왔다. 이 정치는 옳은 것이나 정의로운 것, 한마디로 진리로 설정된 정치적 목적을 비타협적으로 실천하는 것을 최고의 가치로 둔다. 그 때문에 이견과 차이에 적대적이고, 상황에 대한 실천적 개입에 따른 조정과 새로운 가능성의 모색을 꺼린다.

정치에 대한 이런 이해는 서양에서라면 유일하게 올바른 정치적 진리에 대한 통찰을 강조했던 플라톤에서부터 그 기원을 찾을 수 있겠지만, 우리나라의 경우 도덕적 명분과 이상에 집착했던 성리학적 정치 전통의 영향 탓이 커 보인다. 어쨌든 사회의 개혁이라는 이상을 추구하는 진보 정치는 서양에서든 우리나라에서든 아주 쉽게 그런 정치 이해에 빠지기 쉬운데, 곧잘 진보 정치를 망치는 '진보의 분열'은 이와 관련이 있다.

그러나 정치는 진리의 영역이 아니다. 설사 정치적 진리라는 게 있다고 해도, 그 진리는 발견되는 게 아니라 구성되는 것이고 그 구성된 진리도 언제나 오류 가능성에 열려 있다고 해야 한다. 민주주의는 기본적으로 '토론을 통한 통치'다. 그래서 민주 정치는 관련된 행위자들의 다양성과 의견의 차이를 전제하고, 상호 존중과 상호 이해의 가능성, 역지사지를 통한 공감, 자신의 오류 가능성에 대한 인정과 적극적인 오류 수정의 자세 같은 일련의 전제들이 제도적으로 또 문화적으로 확보되지 않으면 불가능하다. 민주 정치는 진리의 정치가 아니라 기본적으로 '의견의 정치'(한나 아렌트)다. 누구든 틀릴 수 있고 언제든 논박당할 수 있는 다양한 의견들이 제시되고 비판적으로 토론되는 과정에서 결론을 끌어내는 그런 정치 말이다.

그동안 통상적으로 자유주의 정치 세력을 대변한다고 이해되어 온 민주당에서 그와 같은 의견의 정치를 위한 '리버럴한' 정치 문화가 부재했다는 건 사실 매우 놀라운 일이 아닐 수 없다. 이것은 우리 진보 진영이 그동안 적에 맞서 비타협적으로 싸우는 데는 익숙했지만, 민주공화국의 이상을 '지금, 여기'의 다양한 실천의 장소에서 선취하여 실현하고 가꾸어 내는 데는 미숙했기 때문이다. 민주당과 그 지지자들이 앞으로 이 사회에 살아가는 사람들 사이의 이해관계와 가치 지향 등의 불가피한 다원성을 인정하고 모두가 함께 추구해야 할 공동선을 설득과 소통의 방식으로 추구하는 민주공화주의적 정치의 양식을 가장 모범적으로 실천하는 정당이 되기를 바란다.

## 시민적 진보의 길

역사적으로 민주당 계열의 정당들은 그 어떤 뚜렷한 이념도 가치도 공유하지 못한 채 그저 동일한 상호와 간판 모양만 공유하는 정치적 자영업자들의 프랜차이즈식 정당이기를 그만두지 못했다. '반-군부 독재' 연합에 뿌리를 두고 민주주의와 자유를 갈망하는 많은 시민의 수구 기득권 세력에 대한 혐오를 바탕으로 성장해 왔을 뿐, 적극적인 정치적 지향과 가치를 설득력 있게 가다듬어 실현해 오지 못했다. 이제 이런 상태를 끝낼 때가 되지 않았나 한다. 이제 내가 이 책에서 주장해 온 대로 노무현 정신을 잇는 시민적 진보가 새로운 노선이 되어야 한다.

민주당은 그동안 너무 자주 불투명한 정체성을 보여주는 바람에 민주 정치에서 가장 중요한 정치적 신뢰 자산을 제대로 쌓아오지 못했다. 사람들은 민주당이 이제 콩으로 메주를 쑨다고 해도 믿지 못하겠다고까지 말한다. 나는 이 당이 스스로가 과연 어떤 정당이고 어떤 정당이어야 하는지에 대한 역사적 자기 인식 같은 걸 가졌는지 의심한다. 많은 시민은 이 당이 마땅히 가령 '차별금지법'을 제정하고 '중대재해처벌법'을 실효성 있게 만들어 주리라 기대하지만, 이 당의 정치인들은 대부분 그런 염원에 놀랍도록 관심이 없다. 왜 시민들이 민주당에 그런 기대를 하는지도 잘 모른다. 이는 기본적으로 이 당에 핵심 이념이나 철학이 없는 탓이라고 해야 하지 않을까?

물론 세계적으로도 그렇지만 우리나라에서도 이데올로기(이념)의 시대는 벌써 끝났다. 전통적인 이념들은 급격한 시대 변화에 뒤처져 버렸고, 오늘날과 같은 다원주의 시대에 유권자 다수의 지지를 얻어 집권 정당이 되기 위해서는 정당의 이념적 중도화와 포괄적 지향이 필수적일 것으로 보인다. 기후 위기 같은 문제는 전통적인 좌우 구분을 무색하게 만들고 있다.

그러나 이런 사정이 우리 민주당처럼 기본적인 정치철학과 지향을 아무렇게나 여겨도 좋다는 걸 의미하지는 않는다. 민주당은 지금 개인의 도덕적 완결성 같은 데는 집착하면서도 정당으로서 추구하고자 하는 가치와 이념, 말하자면 정치를 이끌 도덕적 나침반은 갖추고 있지 못하다. 이게 민주당의 가장 근본적인 문제다. 흔히 민주당을 자유주의 정당이라고들 하지만 그동안의 민주당 정치는 충분히 자유주의적이지도 못했고(차별금지법에 대한 주저나 '역사왜곡처벌죄' 입법화를 생각해 보라), 좌파라고 공격을 받기도 하지만 재분배나 사회경제적 약자를 위한 제대로 된 복지 정책을 체계적으로 추구해 온 적도 없다(코로나 팬데믹으로 생존 위기에 처한 소상공인들에 대한 그 잔인한 무시를 생각해 보라).

그러한 이념-맹(盲) 또는 가치-맹은 오늘날과 같은 탈-이데올로기 시대에 유연성과 실용성을 수용하기 위한 좋은 바탕 같지만, 사실은 정당으로서의 민주당 정체성을 근본에서 뒤흔드는 독이다. 민주당은 무엇보다도 설득력 있고 체계적이며 실천할 수 있는 정치적 비전을 제시하지 못했다. 이념 정치의 시대로 되돌아가야 한다는 이야기가 아니다. 민주당같이 큰 정당 안에는 다양한 스펙트럼이 있을 수 있음을 무시해야 한다는 이야기도 아니다. 그 다양함에 열려 있되 그래도 그것을 하나로 묶을 수 있는 근본적인 지향만큼은 분명히 하면서 그에 따른 일관된 정책적 비전을 제시하고 실천할 수 있어야 한다는 것이다.

시민들은 지금 우리 시민 모두가 신뢰할 수 있는 더 나은 대한민국에 대한 정치적 비전을 간절하게 기다리고 있다. 우리 사회는 지금 숱한 근본 문제들을 안고 있다. 지독한 사회경제적 불평등, 정치적 양극화, 사회적 파편화, 이제는 젠더 차원에서마저 첨예화된 사회 갈등, 여전히 꿈쩍도 안 하는 분단 체제, 미래 세대의 인간성을 좀먹고 있는 숱한 교육병리 등 일일이 언급하는 것조차 버겁다. 전 지구적 차원의 기후 위기 문제 같은 건 또 어떤가? 우리 시민들은 민주당이 이런 문제들에 어떤 비전으로 접근하려는지를 애타게 보고 싶어 한다.

민주당은 이제 한국 민주주의를 견인해 온 시민들의 시민성 또는 시민다움이라는 자원에서 새롭게 출발해야 한다. 멀리 갈 것도 없이 지난 2016-17년의 촛불혁명만 떠올려 보면 된다. 그 추운 겨울에도 우리 시민들은 몇 달이고 소중한 자기 시간과 돈을 들여 광장에 모여 촛불을 들었다. 시민들은 폭력 진압의 빌미를 주지 않기 위해 엄청난 자제력을 보였고, 스스로 나서 거리와 광장도 깨끗하게 청소하는 등 놀라운 시민적 헌신을 보이며 세계적으로 유례없는 평화적 저항을 통해 불의한 정권을 권좌에서 몰아냈다. 그때 시민들은 단순히 자신들의 물질적 이해관계가 아니라 우리 공동체 전체의 안녕과 품격에 대한 민주적 우환의식과 정의감 때문에 광장으로 나왔다. 바로 이런 게 시민성 또는 시민다움이고, 또 바로 이런 것이야말로 민주당이 기댈 수 있는 가장 중요한 정치적 자원이다.

민주당 정부의 가장 큰 패착은 촛불혁명의 성취를 누리면서도 그 참된 지향을 제대로 포착해 내서 실천하는 데 충실하지 못했다는 데 있다. 시민들은 나라다운 나라, 곧 좀 더 정의롭고 좀 더 시민 개개인의 존엄성이 보장되는 민주공화국을 염원했다. 그러나 민주당은 그 염원을 제대로 구체화하지 못했다. 민주당은 촛불 이후의 많은 선거에서 이겼지만, 그 승리를 어정쩡한 표 계산의 결과로만 오해했다. 그래서 제대로 된 개혁은 자꾸만 미루고 부동산 문제에 대한 땜질식 처방이나 서울 및 부산 시장 억지 공천 같은 일을 일삼았을 뿐이다. 그 결과 진짜 중요한 선거에서는 패하고 엄청난 정치적 궁지에 몰리고 말았다. 자신의 참된 정치적 자산이 무엇인지를 망각한 탓이다. 이런 일을 반복해서는 안 된다.

다시 촛불로 돌아가야 한다. 그리고 그 촛불을 들었던 시민들의 염원이 무엇이었는지를 제대로 해석해 내고, 그 촛불의 성취를 가능하게 했던 시민들의 열정과 헌신이 무엇을 의미하는지 이해할 수 있어야 한다. 그 촛불에서 표출되었던 시민들의 공동선에 대한 지향, 정의감, 시민적 책임감과 헌신, 주체성 등과 같은 시민성이라는 자원에서 새로이 출발해야 한다. 이렇게 시민적 진보의 노선을 걷는 민주당은 시민사회가 곳곳에서 내는 신음소리에 귀 기울이고, 그 아픔에 공감하며, 만연한 불의에 맞서 시민들과 함께 분노하고 싸우는 정치적 실천을 그 정체성의 핵심으로 삼아야 한다.

그동안 민주당은, 국민의힘 쪽에서 그랬던 것처럼, 정당 정치를 유권자들이라는 소비자들에게 (사실은 대부분 선심성 시혜인) 정책이라는 상품을 팔아 의석이나 정권이라는 이윤을 남기는 행위쯤으로만 이해했다. 이런 이해가 지배하는 정치판에서 민주당은 이미 돈이나 언론 같은 막강한 사회적 권력 자원을 지닌 국민의힘을 이길 수 없다. 민주당은 그와는 달리 민주적 시민사회의 정치적 기구(기관)라는 자기 이해를 갖고 거기서 솟아오르는 힘없는 사람들의 힘, 곧 시민의 힘(또는 시민적 권력)에 기대고 또 그것을 강화하는 데 헌신하는 민주적 정당이 되어야 한다. 실제로 지금까지 민주당은 바로 민주적 시민사회에 가까워질 때 정치적으로 성공했고, 거기에서 멀어질 때는 늘 실패하고 혼란에 빠졌더랬다.

민주당은 이제 시민을 자신의 정치적 목적이자 방법으로 삼아야 한다. 모든 시민의 평등한 존엄성을 보호하고 실현하며 그 시민들을 사회적으로 또 정치적으로 역능화(empowerment)하는 것이 민주당이 추구하는 정치의 궁극적 지향이 되어야 한다. 또 민주당은 단순히 자신들의 사적 이익에만 매몰되지 않고 일상에서 그리고 때때로 광장에서 우리 사회 전체의 공동선을 고민하고 사회 정의를 위한 실천에 참여하는 활동적이고 비판적인 시민들과 언제나 함께하는 정치를 해야 한다. 언제나 시민들을 믿고 의지하며 시민들의 외침에 제대로 응답하는 정당, 그리고 그 정치적 성공을 언제나 시민적 주체의 성장과 시민정치의 강화와 연결시키는 정당, 민주당은 바로 그런 정당이 되어야 한다.

이것은 포퓰리즘 지향과는 다르다. 민주당이 추구해야 할 시민적 진보 또는 시민주의는 언제나 평범한 시민들의 요구와 열망에 충실하되, 얄팍한 갈라치기를 통해 정치적 이득을 노리려고 하지 않고 누구든 공감할 수 있는 '보편화 가능한' 시민들의 열망과 지향을 따른다는 점에서 포퓰리즘과는 다르다. 여기서는 시민들 모두의 평등한 상호성을 전제한 위에서 상호존중과 평화, 우애와 연대라는 시민적 가치를 추구한다.

## 억강부약

이런 시민적 진보의 길은 민주당이 나름대로 아주 분명한 정책적 방향 설정을 할 것을 요구한다. 사실 그동안 민주당은 제대로 된 정책 정당이라고 할 수 없었다. 가장 근본적인 이유는 양극화된 한국 정치 지형에서 민주당이 국민의힘과 맺고 있는 적대적인 공생 관계를 기본적인 생존 원리로 삼고 있었기 때문이다. 그런 공생 관계에서 두 당은 잘하는 게 하나 없어도 기득권을 유지하며 교대로 정권도 차지해 왔다. 서로 죽으라고 물어뜯으며 '다른 수단에 의한 전쟁'이 된 정치를 하면서도, 양당은 사실은 다른 당의 존재를 자신의 존재 이유로 삼는다. 상대를 절멸시켜야 할 적으로 여기지만, 다른 당이 진짜 죽으면 자기 당도 죽을 것임을 안다. 서로 '누가 못하나?'를 경쟁해도 상대를 기피하고 미워하는 유권자들이 결국은 자기편을 용서해 줄 거라고 믿는다. 여기서 영, 호남 지역은 각 당의 정치적 생존을 위한 최후의 보루다. 어떻게 보면 국민의힘은 물론 민주당도 정책 정당이 될 필요를 느끼지 못했다.

그러나 이런 상황에서도 보수적인 국민의힘은 나름의 분명한 정책적 방향성을 보여 왔다. 부자나 기업에 대한 감세 정책 등과 같이 아주 노골적으로 기득권 친화적인 정책을 펼친다. 그 밖에도 언론 자유에 대한 공격, 집회 및 시위에 관한 자유의 축소, 인권 정책의 후퇴, 이른바 '뉴라이트 사관'에 따른 '역사 전쟁' 등 한국의 보수는 비교적 명확하게 자신의 아젠다를 설정하고 제시된 정책적 목표를 달성하기 위한 정치를 실천한다.

물론 민주당도 나름의 정치적 색깔을 갖고 있다. 그리고 많은 의제에서 국민의힘과 다른 정책적 방향 설정을 내놓고 대립하며 싸운다. 문제는 민주당이 그 과정에서 내놓는 많은 정책적 지향이 제대로 된 정치철학적 원칙이나 기반을 갖추지 못했음은 물론 충분히 치밀하게 설계되고 검토되지 못했다는 사실이다. 지향해야 할 철학적 방향이 불분명하니 치밀한 정책적 탐색의 필요도 못 느낀 탓이 아닐까. 이제 이런 상황을 끝내야 한다.

민주공화주의적인 시민적 진보는 이에 대해 비교적 뚜렷한 정책적 방향을 제시한다. 우리는 이 방향을 강자는 억누르고 약자는 힘을 북돋아야 한다는 의미에서 '억강부약(抑强扶弱)'이라는 간명한 원칙으로 요약할 수 있다. 물론 이것은 어떤 계급정치에 대한 선동이 아니다. 중요한 것은 민주공화국의 도덕적 목적을 실현하는 것이다. 그리고 이를 위해 민주주의적 정의를 확립하는 것이다.

그러기 위해서는 사회적 약자들이 기득권 세력의 노골적이거나 은밀한 지배의 시도에 맞서 존엄성과 자유를 누리며 살 수 있도록 다양한 보호 장치와 역능화를 위한 수단을 가질 수 있어야 한다. 그리고 기득권 세력이 정치적 의사결정 과정 등에서 부적절하고 부당한 영향력을 행사하여 국가 권력의 공공성과 공정성을 훼손하는 일이 없도록 해야 한다. 이런 정책적 원칙은 노무현 대통령이 말한 바 시민 누구든 "당당하게 눈치 보지 않아도 되는, 말하자면 권력에 눈치 보고 강자에게 줄 서지 않아도 되는 사회"를 지향한다.

물론 이런 원칙으로부터 구체적으로 어떤 정책들을 도출할 수 있는가는 상황에 따라 달라질 수 있다. 그러나 지금의 상황에서 대략적으로만 보더라도 실업에 시달리는 청년 계층, 비정규직 노동자들, 청소부나 택배 노동자들 같은 저임금 육체노동자와 여성 노동자, 소상공인 등 구조적으로 사회적 강자들의 지배 욕구에 고통을 받을 수 있는 상태에 놓인 이들이 많다. 민주당은 어떻게든 이들의 상황을 개선하고 이들이 처한 원천적인 구조적 취약성을 혁파할 수 있는 개혁 로드맵 같은 걸 만들어 차근차근 실천해 가야 한다. 하루아침에 근본적인 문제를 해결할 수 없더라도 그런 사회적 약자들이 연대하고 저항할 수 있는 법적 조건을 만드는 데도 주목해야 한다.

반면 기득권 세력은 언론이나 인맥 등의 지원을 받으며 정치권과 정부에 막강한 영향력을 행사함으로써 많은 법과 정책이 자신들에게 유리하도록 만들 수 있다. 그리하여 가령 합법적 테두리 안에서 간접 고용 관계를 만들어 열악한 저임금 노동을 일반화하고 공권력의 비호 속에 공장 폐쇄나 부당 해고를 자행한다. 민주당은 이런 상황을 끊임없이 경계하고 감시하며 기득권 세력의 권력이 사회적 약자들에 대한 지배 관계로 발전할 가능성을 차단하는 데 필요한 법적 보호 장치들을 만들어 내야 한다.

## 민족주의를 넘어 민주적 애국주의로

나아가 이 민주공화주의적인 시민적 진보의 길은 그 밖에도 다양한 차원에서 우리의 통상적인 정치적 인식의 전환을 촉구한다. 특히 이 길은 그동안 우리 사회에서 중요한 역할을 했던 80년대식 진보의 한계를 극복할 수 있는 중요한 실마리를 제공한다. 무엇보다도 그 낡은 진보의 핵심 지향으로 자리잡고 있던 오도된 민족주의에 대한 대안을 제시한다.

내 생각에 80년대식 진보의 가장 큰 한계는 흔히 'NL(민족해방)'이라고 상징되는 세력을 중심으로 많은 민주화 세대가 공유하는 과도한 민족주의적 편향이다. 이 민족주의는 반미나 반일을 넘어 심지어 친북으로 이어지기도 하는 정치 노선을 낳았는데, 비록 민주당이 현실 정치에서 직선적으로 이 노선을 따르지는 않았더라도 많은 지점에서 불투명한 태도를 보인 건 사실이다. 게다가 민주당의 주류 정치인들 다수는 과거 학생운동 시절 그 민족해방 계열에 가담했던 경우가 많으며, 그 때문에 보수 진영으로부터 끊임없이 '종북' 혐의를 받기도 했다. 부당한 일이지만, 이를 극복하기 위해서는 단순히 선언적 수준을 넘어 단호하게 새로운 노선을 밝히고 실천하는 모습을 보일 필요가 있다.

이런 맥락에서 나는 '민주적 애국주의'라는 시민적 이상을 대안으로 제시해 보고자 한다. 이 애국주의의 핵심은, 통상적인 민족주의나 국가주의에서처럼 개인을 민족이나 국가와 동일시하며 그에 대한 희생과 사랑을 요구하는 데에 있는 게 아니라, 민주공화국이라는 정치공동체의 이상에 대한 헌신을 강조하는 데 있다. 여기서는 자기가 태어나고 자란 나라나 자기 민족에 대한 맹목적인 사랑을 요구하지 않고 민주적 가치를 더 우선한다. 민주적 애국주의는 민주공화국의 헌정질서가 모든 시민의 자유와 존엄을 보호하고 실현하기 위한, 오늘날의 조건에서는 아마도 유일한 사회정치적 조건 또는 수단이기 때문에 소중하다고 본다.

물론 한국 사회의 강한 민족주의와 국가주의의 경향은 특별한 역사적 배경을 갖고 있다. 우선, 한국의 민족주의는 일본의 제국주의 침략에 따른 소극적이고 방어적인 성격을 지니고 있다. 그래서 일각에서는 민주주의의 가치에 헌신하면서도 그와 같은 '방어적 민족주의'를 옹호할 수 있다고 주장한다. 한편, 엄청난 상흔을 남긴 내전과 그에 따른 분단 체제는 민족주의의 특별한 한국적 발현 형태라고 할 수 있는 '반공 국가주의(애국주의)'를 잉태했다. 이 반공 국가주의는 공산주의 세력의 공격으로부터 자유민주주의 체제를 수호한다는 명분 아래 아이러니하게도 보통의 자유민주주의 체제가 강조하는 시민의 기본권 보호라는 가치를 뒷전으로 몰아내며 시민들에게 전체주의적 가치를 강요했다. 그리하여 반공적 질서와 가치에 대한 반대나 비판은 국가에 대한 배신으로 간주했다. 말하자면 '국가보안법'이 헌법을 압도했다. 안타깝게도 그동안 우리 사회에서 이러한 반공 국가주의에 반대하는 세력 중 많은 이들은 혈연적-종족적 민족주의로 맞서면서 '민족 통일'에 대한 강한 열망을 발전시켰다.

그러나 나는 방어적 민족주의라고 해서 개인의 권리와 사회적 다양성을 억누르는 위험에서 근본적으로 자유로울 수 있으리라고 보지 않는다. 종족적 동질성에서 출발하는 집합적 주체로서의 민족이라는 가치는 어떤 식으로든 전체주의로 가는 문을 열 위험을 내장하고 있다. 서구에서는 자유주의적 가치 지향과 민족적 정체성을 동일시하는 '자유주의적 민족주의(liberal nationalism)'가 성립할 수도 있지만(그렇게 주장되지만), 적어도 한국의 경우 진보적 민족주의는 그런 자유주의적 민족주의가 아니다.

설사 그런 자유주의적 민족주의가 성립한다고 해도, 문화적이고 종족적이며 전(前)-정치적 민족 개념은 그것이 아무리 개방성을 강조해도 배타적 경계 세우기에서 벗어날 수 없을 것이다.[96] 그런 민족 개념은 가령 자기 민족의 이익과 세계시민적 관심사가 갈등할 경우, 불가피하게 자기 민족에 대한 무비판적 헌신을 더 강조할 가능성이 크다.

민주적 애국주의는 우리 사회의 강한 민족주의 경향을, 그것이 방어적이니 해가 없다는 식으로 옹호하는 차원을 넘어, 민주공화국이라는 민주주의 실현의 역사적 형식이라는 차원에서 적극적으로 재해석할 수 있어야 한다고 본다. 여기서 중요한 것은, 우리의 현대사에서는 일본의 제국주의 침략 때문에 말하자면 '종족으로서의 민족'과 '시민으로서의 민족'이 착종된 방식으로 나타날 수밖에 없었다는 사실이다. 우리는 우리 사회의 민족주의(처럼 보이는) 현상 속에서 민주주의에 대한 지향이라는 다른 중요한 역사적 초점이 함께 있었음을 놓치지 말아야 한다.

우리가 나치 독일이나 제국주의 일본에서 보았던 민족주의는 확실히 근대 국가가 정치적 정통성을 확보하려는 가운데 관 주도로 만들어 냈던 국가의 발명품이었다. 그 국가주의적 민족주의는 본질적으로 전체주의였다. 그러나 우리 민주주의의 결정적 기원인 "3.1 운동에서 출현했던 민족은 정반대로 기존에 존재하거나 존재했던 국가를 거부하면서 스스로를 국가를 만드는 주체로 규정했던 아래로부터의 운동, 즉 혁명적 운동의 결과물이었다."[97] 곧 우리에게 민족의 형성 과정은 한편으로는 조선 왕조와 단절하고, 다른 한편으로는 "제국주의와 파시즘을 거부하는 혁명적 민주주의"[98]를 실천하는 과정이었다. 바로 그런 과정을 통해, 비록 임시정부의 모습이긴 했으나, 대한민국이라는 민주공화국이 탄생했다.

이렇게 우리에게 역사적 민족주의의 참된 핵심은 민족 그 자체가 아니라 민주주의였다. 또 그런 의미에서 우리에게 민족의 형성 과정은 또한 동시에 본질에서 민주주의의 주체인 시민의 형성 과정이기도 했다. 민주주의는 우리의 근대적 민족 형성의 근거였고 독립의 정당성을 위한 토대였으며, 민족주의 현상의 참된 초점이었다. 이런 맥락에서 일본의 제국주의는 무엇보다도 한반도에 살고 있던 우리 민족 구성원들의 집단적 자유와 민주적 주권성을 부정했기에 극복해야 할 구조적 악이었다고 이해해야 한다.

앞에서도 이야기했지만, 대한민국이라는 민주공화국의 성립 과정은 세계 최초의 민주공화국인 미국의 역사적 성립 과정에 비견될 수 있다. 미국은, 우리와는 다른 방식이긴 했어도, 영국의 식민 지배로부터 독립하는 과정에서 성립했다. 그리고 그러한 독립은 서구의 공화주의 전통이 강조했던 비-지배 자유라는 가치를 외세의 지배에 맞서 역사적으로 실현했다는 차원에서 그 의의를 지닌다고 할 수 있다. 그저 막연하게 '민족 해방'에 대한 지향을 통해서만 이해되었던 우리의 독립운동은 이렇게 민주적-공화주의적 관점에서 재해석되어야 한다. 최근까지 진보 진영 일각에서 강조되고 있는 '친일청산'에 대한 요구도 마찬가지다. 우리는 그동안 우리 사회를 지배해 오던 민족주의로부터 민주적 공화주의라는 참된 합리적 핵심을 구해 내야 한다.

민주공화국에서도 시민들은 자신이 속한 민주공화국의 번영과 안녕을 가장 우선적인 정치적 관심사로 삼아야 한다. 그러나 그것은 민주공화국이, 단순히 내가 태어나고 자란 나라여서가 아니라, 우리 시민들이 주권자가 되어 우리 모두의 자유와 존엄을 보호하고 실현하기 위해 만들어 낸 정치공동체이기 때문이다. 우리는 오직 이런 민주공화국 안에서만 자유와 존엄을 지키고 실현하면서 살아갈 수 있다. 그런 만큼 내 삶을 자유롭게 하고 나의 인간적 존엄성을 보호하고 실현하게 해 주는 이 민주공화국의 특별한 삶의 양식에 대한 일체감이 필요하다. 이런 민주적 애국심은 국가의 신성화나 절대화에 기초하는 국가주의적-민족주의적 애국심과는 근본적으로 다르다.

그 차이는 무엇보다도 '시민불복종'에 대한 태도에서 드러난다. 민주적 애국주의는 단지 민주공화국이라는 민주적 헌정질서의 기본 이념과 가치 및 제도에 대한 헌신을 강조하기에, 만약 현존하는 정치 질서가 그러한 이상에 미치지 못한다면 우리 시민은 그 질서에 대한 비판, 견제를 통해 그 이상에 다가설 수 있도록 노력해야 한다는 도덕적 책무를 져야 한다고 여긴다. 경우에 따라서는 국가의 법과 정책 등을 거부하고 저항하는 게 애국심의 표현이 될 수도 있다고 본다. 그밖에 민주적 애국주의는 자민족중심주의나 민족 우월 의식을 거부하며, 다른 국가들과의 호혜적 연대를 추구한다.

하나의 정치 노선으로서 민주적 애국주의는 한국 보수 기득권 세력의 중요한 정치적 무기인 '반공 국가주의(애국주의)'와 그 연장선상에서 호도된 '자유민주주의'에 대한 대안이 될 수 있다. 민주당은 민주적 애국주의를 통해 이 반공 국가주의에 맞서야 한다. 민주당은 자유민주주의의 적이 아니라 오히려 민주공화국의 이념에 가장 충실한 정치 세력임을 입증할 수 있어야 한다.

## 한반도 평화 체제를 위하여

아마도 민주당의 암묵적 민족주의 노선이 낳은 가장 큰 정치적 성과는 한국 정치에서 제대로 된 민주공화국의 건설을 가로막는 가장 큰 장애인 분단 체제를 허물어 보려는 시도라고 할 수 있을 것이다. 그래서 평화에 대한 지향은 민주당의 가장 중요한 정치적 정체성을 형성한다고 할 수 있을지도 모르겠다. 그러나 내가 보기에 이 평화에 대한 지향은 '민족 통일'이라는 역사적 과제를 완수한다는 식의 알맹이 없는 민족주의적 열망에만 주로 기대고 있었다. 그결과 이런 노선은 실질적이고 항구적인 평화 정착을 이뤄내지 못했고, 국내외의 정세에 따라 다시금 분단 체제가 공고화되고 마는 결과를 막지 못했다. 이 문제도 살펴보자.

민주적 애국주의의 관점에서 볼 때, 분단 체제와 그에 기생하는 반공 국가주의를 궁극적으로 극복하는 길은 어떤 종족주의적 민족주의에 기대 '하나의 민족은 반드시 하나의 국가를 이루어야 한다'며 '민족 통일'을 추구하는 데에 있지 않다. 그런 식의 민족 통일에 대한 추구는 남과 북이 채택하고 있는 체제나 이념의 근본적 모순이라는 문제를 무시하므로 현실에서 실질적인 통일을 추동할 구체적인 힘을 찾기 어렵다. 그러나 민주적 애국주의는 민족을 위해 민주주의를 양보할 수 없고, 민주공화국의 이상을 포기할 수 없다고 본다. 민주적 애국주의의 관점에서 우선하여 중요한 것은 평화, 곧 실질적이고도 항구적인 한반도 평화 체제다. 평화 없이는 민주주의도 민주공화국도 불가능할 것이기 때문이다.

지금 한반도의 분단 체제와 관련하여 제기되는 가장 큰 문제는 아마도 통일에 대한 전망의 불투명성일 것이다. 통일이라고 하면 문자 그대로는 다음의 세 가지 가능성 정도가 있을 것 같다. 북한의 붕괴와 남한에 의한 흡수통일, 남한의 공산화와 북한에 의한 흡수통일, 아니면 두 체제의 수렴을 통한 통일. 그러나 어느 하나도 현실적이지 않으며, 설사 실현 가능하다고 해도 그 과정에는 온갖 무리와 폭력이 동원될 수밖에 없을 것이다. 체제 수렴이 가장 그럴듯해 보일지 모르지만, 가령 우리는 민주주의와 세습 독재가 어떻게 수렴할 수 있을지 상상조차 하기 힘들다. 그런 점에서 '6.15선언'이 담아내려 했던 '남북연합'이나 '느슨한 연방' 같은 개념에도 사실 많은 논리적이고도 사실적인 모순이 들어 있다는 비판은 불가피하다.

이런 상황에서 나는 조금 다른 방향의 접근법이 필요하다고 여긴다. 비현실적일 뿐만 아니라 어쩌면 바람직해 보이지도 않은 통일을 무조건적인 당위로 전제하는 것이 아니라, '하나의 민족, 두 개의 국가'라는 냉엄한 현실 그 자체에 기초하여 한반도의 평화 그 자체에 초점을 두자는 것이다. 꼭 통일을 배제하지는 않더라도, 한반도에서는 다른 극적인 변수가 없다면 불가피하게 '대한민국'과 '조선민주주의인민공화국'이라는 우리 한민족이 만든 두 개의 나라가 장기적으로 공존할 수밖에 없으며, 그런 상황에서는 일단 평화를 최우선적 가치와 지향으로 삼아보자는 이야기다. 비록 아주 적대주의적인 방식이긴 하지만, 북한은 이미 통일에 대한 지향을 공식적으로 포기하고 이런 '양국 체제'를 헌법적 원칙으로 채택했다. 이제 우리도, 그러나 평화주의적 관점에서, 한반도 양국 체제를 헌법에서는 물론 일상적인 정치적 실천에서도 공식화할 필요가 있다.

어렵거나 복잡한 이야기도 아니고, 전혀 새로운 이야기도 아니다. 이미 존재하는 현실을 솔직하게 수용하면서 문제에 접근하자는 게 핵심이다. 우리 헌법은 그 영토조항을 통해 부정하고 있지만, 휴전선 이북에는 대한민국과는 전혀 다른 이념과 조직 원리를 따르는 조선민주주의인민공화국이라는 별개의 국가가 나름의 국제법적 적법성을 갖고 거의 70년 동안 존재해 왔다. 유엔은 이미 오래 전 우리 한국(ROK)과 조선(DPRK)의 동시 가입을 승인함으로써 그러한 두 국가 체제를 승인했고, 우리나라도 적어도 소극적으로는 그 사실을 수용했다.

물론 단순히 그런 사실 자체가 중요한 것은 아니다. 정치적 구호 수준에서야 그런 사실을 부정할 수 있어도, 한반도에 두 개의 국가가 존재한다는 사실은 그 누구도 부정할 수 없는 객관적 현실이다.

요점은 이런 상태에 대한 적극적 '상호인정'이다. 그리고 이런 상태가 안정적으로 정착되는 것이다. 그러니까 우리는 통일에 대한 지향을 완전히 포기하지는 않되, 지금의 두 국가 병존 체제 자체를 적극적으로 수용하면서 그에 걸맞게 상호 관계를 맺어 평화를 쉬이 깨질 수 없는 정상 상태로 공고히 해 나가는 방향의 접근법을 발전시킬 필요가 있다는 것이다.

시기를 특정할 수는 없겠지만, 그리고 손쉽고 빠른 성공도 장담할 수 없지만, 항구적인 한반도 평화 체제는 몇 가지 계기들로 이루어질 것이다. 아마도 가장 먼저 지금의 북미 간 정전협정이 완전한 종전 및 평화 협정으로 대체될 것이다.* 그런 토대 위에서 남과 북은 하나의 민족이 분열되어 만들어진 서로 다른 국가라는 점을 쉽게 변화하기 힘든 현실로 인정하면서, 국가 간 외교관계에 준하는 사회적, 경제적, 문화적 협력 관계를 형성해 가야 한다. 과거 동서독은 서로의 관계를 '내독 관계'라 부르며 그것을 '서로 평등한 보통의 좋은 이웃 사이의 관계'로 규정하고 외국 간에 교환하는 대사관 대신 '상설대표부'를 상대국 수도에 개설했는데, 이를 참고할 수 있을 것이다. 장기적으로 보면 국내적으로는 국가보안법을 없애고, 비현실적인 헌법상의 영토 조항도 적절하게 바꾸는 변화도 일어날 수 있다. 북한에서도 상응하는 유사한 변화가 있어야 할 것이다.

---

* 나는 문재인 정부가 단계를 밟는다며 '종전 선언'에 집착하면서도 '평화 협정'으로 직진하지 않은 이유를 이해할 수 없다. 그랬다면 남북의 관계가 근본적으로 개선되었을 것임은 물론이고 민주당의 정권 유지도 가능하지 않았을까 하는 아쉬움마저 갖고 있다.

물론 불가피하게 상당한 기간에 유지되도록 기획해야 할 이와 같은 '한반도 평화 체제'에 대한 지향은 민족의 분단을 영구화할지도 모른다는 우려를 불러일으킬지도 모르겠다. 하지만 어쩌면 그 길은 통일을 위해서라도 꼭 필요한, 어쩌면 유일한 우회로일 수도 있다.

만약 신뢰할 만한 남북한 평화 공존 체제가 확립되고 지속될 수 있다면, 북한의 정부도 더 이상 남한과 미국의 침략 위협이라는 명분을 강하게 내세우지 못하게 될 것이다. 그렇게 되면 이 정부도, 지구상의 모든 국가 권력이 그렇듯이, 인민들로부터 정당성을 확보하라는 압력을 더 격렬하고 직접적으로 받을 수밖에 없을 것이다. 그 정당성 확보 여부는 결국 국가가 인민의 행복과 존엄한 삶을 얼마나 실질적으로 보장할 수 있는지에 달려 있을 텐데, 이 요구가 충족되지 못하면 북한의 인민들도 어떤 식으로든 정부에 대한 저항에 나설 것이다. 어쩌면 바로 이런 식으로만 통일의 과정이 비로소 제대로 시작될 수 있을지 모른다.

우리나라는 그동안 독일의 통일에서 교훈을 얻자며 빌리 브란트(Billy Brandt) 수상이 펼쳤던 '신동방정책(Neue Ostpolitik)'을 모델로 삼아 '북방정책'이나 '햇볕정책'을 추진해 왔다. 역대 대통령들은 유독 독일에서 통일 정책 구상을 밝히길 좋아했는데, 독일이 우리의 좋은 모범이라서 그랬을 터이다. 그러나 그 모든 '따라하기'에도 불구하고 역대 정권의 통일정책은 브란트의 동방정책이 기본적으로 '1민족 2국가'라는 불가피한 현실을 솔직하게 수용하고 그것을 일정한 방식으로 정상화하려 했던 데 그 핵심이 있음을 애써 외면해 온 것처럼 보인다. 독일 사회민주당의 신동방정책은 결코 통일정책이 아니었다. 그 정책은 동서독의 지속적인 평화 공존 체제의 확립에 초점을 두고 있었을 뿐이며, 독일 통일은 그 정책에 부수된 역사적 우연의 산물일 뿐이었다고 해야 한다. 결코 평면적이어서는 안 되겠지만, 독일의 경험에서 배워야 할 가장 핵심적인 교훈은 바로 여기에 있지 않을까 한다.

그동안 우리 민족의 삶을 전쟁과 극한 대결의 고통 속에 빠트렸고 우리의 민주주의를 불구화시켜 왔던 가장 근본적인 원인 중의 하나였던 분단 체제는 반드시 극복되지 않으면 안 된다. 그러나 분단 체제의 극복은 무턱대고 통일을 외친다고 가능한 일이 아니다. 또 지금까지처럼 민족적 동질성 같은 것을 아무리 강조해 보아야 통일의 길이 보이지도 않을 것이다. 우리는 이제 통일이라는 낡은 패러다임을 버려야 한다.

어쩌면 통일을 위해서는 통일이라는 말을 아예 잊어버리는 것이 좋을지도 모른다. '하나의 민족, 두 개의 국가'라는 엄연한 현실을 인정하고 정상화하는 데서 출발하는, 독일의 신동방정책의 교훈을 제대로 담아낸 '신북방정책'을 모색해야 한다. 지금 우리에게 절실하게 필요한 건 비현실적인 통일에 대한 전망이 아니라 한반도에 서로 이질적인 두 국가의 지속적인 평화 공존을 보장할 국제 질서와 그것을 뒷받침할 국내 정치다.

통일을 소리 높여 외치고, '우리의 소원은 통일'이라고 남과 북의 온 민족이 함께 합창한다고 통일이 쉬이 올 수 없음은 분명하다. 어쩌면 통일에 대한 지나친 집착이야말로 통일에 대한 가장 큰 장애물일 수 있다. 우리가 북한을 인정하지 않고 북한 정권이 우리의 정당한 영토를 불법적으로 점령한 '괴뢰도당'이라고 규정하며 또 반대로 북한도 그렇게 하면서 서로가 통일을 원한다고 큰 목소리로 외쳐 보아야 상호 적대감만 더 커질 것이다. 통일을 위해서라도 당분간 통일을 잊고 적극적인 평화부터 가능하도록 기존의 인식틀과 접근법을 근본적으로 성찰할 필요가 있다.

물론 이런 접근에 대해 여전히 통일에 더 초점을 둔 다른 접근법이 있을 수 있다. 그러나 여기서 이 문제를 더 길게 다루지는 않겠다. 그러나 어떤 관점에서 보든 어떤 식으로든 새롭고 항구적인 평화 체제를 마련함이 없이 우리나라의 민주주의와 번영은 기대할 수 없다는 점은 분명하다. 우리에게 중요한 것은 '평화의 우선성'이다. 어떤 경우든 이런 평화를 항구적으로 가능하게 할 사회적 준비와 노력이 절실하게 요구되고 있다.

## 세계시민주의적 애국주의

우리는 이렇게 민주적 애국주의의 이념을 통해 우리 사회의 강한 민족주의 및 국가주의 경향을 비판적으로 극복할 수 있어야 한다. 그리고 그 완성을 위해 이제 우리는 그것을 국경을 넘어 지구적 수준으로 지평을 확장할 수 있어야 한다. 민주적 애국주의가 강조하는 정서적 일체감과 헌신의 대상은, 단순히 혈연적, 문화적 차원에서 이해된 민족도 아니고 신성화되고 절대화된 국가도 아니며, 궁극적으로 인간의 자유와 존엄성의 보호라는 가치이기 때문이다. 단지 한국 사람만 인간인 게 아닌 한, 그러한 가치에 대한 지향은 원칙적으로 지구상의 모든 인간을 대상으로 해야 한다. 민주적 애국주의는 이제 '세계시민주의적 애국주의(cosmopolitan patriotism)'[99]가 될 수 있어야 한다. 이런 확장은 무엇보다도 오늘날 결코 일국적 수준에서는 해결의 실마리조차 잡을 수 없을 재앙적 기후 위기에 시민적 진보 정치가 적절하게 대응하기 위해서 절실하게 요청된다.

민주적 애국주의는 애국의 대상인 국가의 도덕적 목적을 모든 시민의 평등한 자유와 존엄성의 실현에 둠으로써 자연스럽게 시민적 헌신의 대상을 지구적 수준으로 확장할 수 있다. 민주적 애국주의는 시민이 속한 민족이나 개별 국민국가에 대해 맹목적 일체감을 요구하지 않는다. 또 그 민족이나 국가의 우월성을 무조건 치켜세우지도 않고 다른 나라들과 그 시민들을 이런저런 이유로 깔보거나 무시하지도 않는다. 모든 시민의 평등한 자유와 존엄성 보장이라는 민주공화국의 도덕적 목적의 실현에 애국의 초점을 두기에, 타국의 시민들도 또한 마찬가지의 방식으로 그런 자유와 존엄성을 누리면서 살 수 있기를 희망하고 기대한다. 나아가 그러한 가치의 실현을 위해 전제되고 요청되는 국가들 사이의 평등한 국제 관계와 연대적 호혜 관계도 지지한다. 이런 확장은 불가피한데, 왜냐하면 오늘날 우리는 단지 일국적 차원에 갇혀서는 개별 국가의 도덕적 목적도 실현할 수 없는 조건 속에 살고 있기 때문이다.

물론 이 지점에서 왜 우리가 단적으로 '세계시민주의'에 의지해서는 안 되는지 물을 수 있다. 민주적 애국주의 역시 일국적 차원에 갇힌 하나의 애국주의로서, 이민족들과 국가들 사이에 국경을 넘어 숱한 이주와 빈번한 교류가 이루어지고 있는 오늘날의 하나 된 세계에 적합한 규범적 요구를 충족시킬 수 없다고 말이다. 그러나 '아무 데도 아닌 곳(Nowhere)'에서 온 세계시민, 그러니까 국민국가적 소속을 부정하며 자신을 스스로 그냥 '세계시민'으로 인식하면서 인종이나 종족 또는 국경 등에 얽매이지 않고 인류 전체의 자유와 존엄성을 실현하는 데 헌신하는 세계시민은 현실적으로 존재할 수 없을 뿐만 아니라 규범적으로 반드시 바람직하지도 않다. 왜냐하면, 그런 세계시민은 모든 사람이 자연스럽게 가지는 가족이나 친구 또는 동료 시민에 대한 애착이 지니는 중요한 도덕적 가치를 무시할 수 있기 때문이다.[100] 이런 애착이 그 자체로 도덕성의 기준이 될 수는 없지만, 그것이 지닌 내재적 가치를 무시하는 것도 옳지 않을 것이다.

　모든 종류의 애국주의(애국심)를 무턱대고 하나의 틀 안에서만 이해해서는 안 된다. 우리는 좋은 애국주의와 나쁜 애국주의, 그러니까 평화와 호혜 협력 관계에 기초한 세계시민적 상태를 지향하는 애국주의와 국익을 앞세우고 다른 민족이나 국가에 대해 배타적인 자국중심적, 자민족중심적 애국주의를 구분할 수 있어야 한다. 통상적인 애국주의의 맹목성과 위험성에 대한 대안이 반드시 추상적인 세계시민주의여야 할 필요는 없다. 우리가 알고 있는 전통적 세계시민주의는

'고귀하지만 결함있는 이상'(누스바움)일 뿐이었다. 이제 우리에게 가능한 실천적이면서도 규범적으로도 올바른 유일한 대안은 바로 우리 시민들이 국민국가적 지반 위에 확고하게 뿌리내린 자기 조국을 위한 민주적 실천에 소홀하지 않으면서도 세계시민주의적 이상도 함께 추구할 수 있도록 이끄는 세계시민주의적 애국주의다.

이 세계시민주의적 애국주의도 민주공화국의 시민이 추구하는 하나의 시민적 이상이라고 할 수 있다.[101] 이 이상을 따르는 시민은, 당연하게도 자국 내 시민으로서의 책무를 다함은 물론, 지구적 차원의 문제들과 관련하여 다양한 차원의 실천에 나설 것이다.

우선, 그 시민은 자신이 속한 국민국가 안에서 난민이나 이주민에 대한 다문화주의적, 포용적 실천에 나설 것이다. 단순한 합법/불법의 구분을 넘어 난민이나 이주민들의 인권을 존중하고 그들과 평등한 상호문화주의적 관계를 맺으며 그들에 대한 동료 시민들의 경제적 착취나 다양한 수준의 폭력을 고발하는 등의 실천적 지향을 보일 것이다. 자국민 중심의 법과 정책에 대해서는 시민적 견제력을 발휘하며 비판하고 인권친화적 법과 정책을 도입하라고 요구할 것이다.

또 대외 문제와 관련해서도 정부가 인권 친화적이고 평화 지향적인 정책을 펼칠 수 있도록 감시하고 견제하며 압력을 가할 것이다. 예를 들어 '세계시민주의적 애국자'인 우리 시민들은 일본의 극우주의적 대외 정책과 관련하여 광범위한 '일본 상품 불매' 운동 같은 일이 벌어질 때 이를 정치적으로 악용하려는 일부 정치인들을, 그들이 진보적이라도, 일방적으로 추종하지는 않을 것이다. 오히려 그들을 비판하며 문제를 단순한 '반일'이 아니라 '반-제국주의'에 두자고 하면서 그 운동을 단순히 민족주의가 아니라 '반파시즘'과 비-지배 민주주의 운동이라는 맥락에서 재규정하려는 태도를 보일 것이다.

그런 세계시민주의적 애국자는 또한 환경 문제나 기후 위기의 심각성을 인식하고 그 해결을 위해 필요한 실천들에 기꺼이 나설 것이다. 물론 그런 문제들은 단지 개인적이고 일국적인 수준에서만 해결될 수 없기는 하지만, 우리 시민들은 일상의 지역적 삶에서 할 수 있는 실천들을 소홀히 하지 않을 것이다. 나아가 공론장의 여론을 환기하는 등의 방식으로 자국 정부의 산업정책이나 경제 정책 등이 환경 문제와 기후 위기를 해결하려는 세계적 노력에 역행하지 않도록 감시하고 압력을 가하는 등의 실천도 할 것이다.

나아가 세계시민주의적 애국주의라는 시민적 이상을 좇는 시민은 자국의 경계를 넘어 먼 지구의 변방에서 일어나는 기근이나 심각한 인권 문제 등에 대해서도 완전히 무관심하지는 않을 것이다. 물론 모든 시민이 언제나 전 지구상의 모든 인권 문제에 관해 관심을 가져야 한다는 식의 요구는 지나친 도덕적 과부하다. 평범한 보통의 시민이 할 수 있는 적절한 실천은, 관련된 국제 엔지오(NGO) 등을 후원하고 직접 참여하는 활동도 할 수 있겠지만, 기본적으로 자신의 국민국가가 국제적 관계에서 그 국제적 위상이나 경제적 역량 등에 걸맞게 세계시민주의적 이상을 추구하도록 요구하는 정도일 것이다. 그러나 이런 정도도 중요한 의미를 지닌다.

적어도 가까운 장래 안에는 지구상의 모든 사람을 포괄하는 '세계 공화국'이라는 세계 시민성의 지반이 형성되기를 기대할 수 없을 것이다. 그렇다면 우리는 전 인류 공동의 문제들에 대처하고 세계시민주의의 고결한 이상을 실현하기 위해서는 서로 협력하고 연대하는 민주적 국민국가들 사이의 국제 관계에 기댈 수밖에 없다. 국민국가적 수준에서 권력자나 사회적 강자의 횡포로부터 모든 시민의 평등한 자유와 존엄성을 보호하기 위한 도덕적 목적의 실현 과정에서 민주적 헌정질서가 발전했듯이, 전 지구적 차원에서도 강대국의 일방적 이해관계와 의지가 약소국들의 자유와 이해관계를 침해하지 않도록 법치적으로 강제할 수 있는 '국제법의 입헌화(헌정화)'[102]가 절실하다. 아마도 지금 단계에서 가장 절실한 세계시민주의적 과제가 아닐까 한다. 그러나 이런 과제는 단지 세계시민임을 각성한 민주적 시민들이 자신들이 속한 국민국가를 매개로 드러내는 관심과 지지와 참여를 통해서만 실현될 수 있을 것이다.

# '마키아벨리적 공화국'을 위하여

　나는 이 책을 노무현 대통령의 실패한 대연정 제안을 되돌아보면서 그를 자각되지 않은 공화주의자라고 볼 수 있다는 데서 시작했다. 나는 그 제안을 '한국 민주주의의 공화화'라는 과제 설정으로 재구성하여 이해할 수 있다면서 이 책의 논의를 이끌었다. 참여정부 당시에는 물론이고 지금까지도 우리 사회를 괴롭히고 있는 극렬한 전쟁 정치의 양상이 그런 과제를 설정하게 된 배경이 되었다. 이 전쟁 정치가 단순히 타협이나 화해에 대한 강조로 완화될 수 없을 것임은 너무도 분명하다. 내가 공화와 한국 민주주의의 공화화를 주장하는 것은 결코 그런 식의 공허한 외침이 아니다. 나는 우리 민주주의 체제가 그 전쟁 정치를 구조적으로 잉태하고 있음을 지적했고, 그것을 극복할 수 있는 새로운 헌정적 틀과 정치문화의 필요성을 강조했다. 노무현 대통령의 대연정 제안도 선거제 개혁에 초점을 두고 있었다. 이제 책을 마무리하면서 이 강조점과 관련하여 약간의 보충적 논의를 덧붙여 둘까 한다.
　분열된 다양한 세력 사이의 갈등과 대립은 우리 사회뿐만 아니라 모든 인간 사회가 본원적으로 내재한 어떤 회피할 수 없는 숙명적 진실이라고 할 수 있다. 공화적 민주주의 역시 그런 분열, 갈등, 대립을 가장 본원적인 원리로 삼는 정치를 피할 수 없다. 앞에서도 언급했지만, 이런 인식은 오늘날 샹탈 무페가 주창하는 '경합적 민주주의' 모델과 가깝다. 이런 모델에서 핵심적인 문제는 분열, 갈등, 대립 그 자체의 회피가 아니라 우리가 어떻게 그 분열, 갈등, 대립을 불가피한 것으로 수용하면서도 그것이 파국으로 치닫지 않도록 할 것인가이다.

사회에서 발생하는 다양한 세력 사이의 갈등과 불화의 문제를 정치적으로 어떻게 처리할 것인지는, 아마도 모든 정치 전통에서 그랬겠지만, 특히 공화주의 전통에서 아주 고전적인 문제다. 서구에서 근대 이후 로마 전통의 공화주의를 새롭게 발전시켰던 마키아벨리 역시 자기 조국인 피렌체(당시 도시국가로 있었음)의 정쟁을 살피면서 바로 이 문제를 심각하게 고민했다. 그는 공화국의 분열과 갈등을 '귀족 대 평민' 사이의 불가피한 대립의 문제로 파악했다.

"지배하려는 귀족의 욕망과 복종을 거부하는 평민의 저항에서 비롯되는, 귀족과 평민 간의 심각하지만 자연스러운 적의가 공화국에 창궐하는 모든 악의 근원이다. 공화국을 뒤흔드는 다른 모든 것이 대립하는 이 두 기질에서 그 자양분을 얻기 때문이다."[103]

나는 앞에서 이런 인식틀을 수용해서 우리 사회의 정치적 기본 구도에 대해 설명한 바 있다.

물론 현대 사회과학의 세례를 받은 이라면 주요 사회 세력들이 갈등하는 원인을 '기질(성향·성정)'의 차이로 돌리는 마키아벨리의 인식에 쉽게 동의하기는 힘들 것이다. 그가 이 기질이라는 개념으로 무엇을 의미했는지는 분명하지 않지만, 많은 이들은 그런 기질보다는 아마도 근본적 이해관계의 차이 같은 것이 사회 세력들 사이의 갈등과 대립을 만들어 낸다고 말할 것이다. 그러나 어쨌든 사회 세력들 사이의 갈등과 대립은 모든 사회에 어떤 식으로든 내재할 수밖에 없는 근본적 사실이라는 데 대해서는 쉽게 동의할 수 있을 것이다.

마키아벨리는 그러한 갈등과 대립이 언제나 문제적이라거나 모든 공화국에서 반드시 동일한 결과를 낳는 것은 아니라고 보았다. 그는 그런 갈등과 대립이 자기 조국 피렌체와 로마공화국에서 잉태했던 서로 다른 귀결을 비교하면서 이렇게 말했다.

"우선 평민과 귀족 간의 불화가 로마에서는 논쟁을 통해 해결됐지만 피렌체에서는 (무기를 든) 싸움(전투)으로 결정되었고, 로마의 불화는 법을 제정하며 끝났지만 피렌체는 많은 시민의 죽음과 추방으로 끝이 났기 때문이었다. 또한 로마의 불화는 항상 시민의 군사적 미덕을 증가시켰지만 피렌체는 이를 완전히 없애 버렸고, 로마의 불화는 사회에 다양한 계급을 형성했지만 피렌체

는 이전에 존재했던 구분을 폐지했기 때문이었다.”(괄호 안 첨언 및 강조는 필자)[104]

기본적으로 같은 뿌리를 갖는 유사한 종류의 갈등이나 불화라도 서로 다른 결과를 낳을 수도 있다는 것이다. 그는 자기 조국 피렌체에서 거의 언제나 죽음과 추방으로 결론이 났던 정치적 쟁투를 보면서 그런 쟁투가 전혀 다른 양상으로 나타났던 로마공화국이라는 역사적 모범을 부러워했다.

그러면서 그는 두 공화국에서 진행된 정치적 갈등이 그렇게 서로 다른 결과를 낳게 된 원인을 이렇게 제시한다.

“이 상이한 결과는 두 도시의 평민이 가진 서로 다른 목적, 다시 말해 로마의 평민은 귀족과 함께 최고의 영예를 누리기를 원했지만, 피렌체의 평민은 귀족을 배제하고 정부를 독차지하기 위해 싸웠기 때문에 발생했다. 실제로 로마 평민의 목적은 더 합리적이었기에 귀족에 대한 로마 평민의 공격이 더 참을 만했다. 그래서 귀족들은 무력에 의존하지 않고 기꺼이 양보했으며, 그렇게 특정 사안들에 관해 몇 번의 의견 충돌을 겪은 후 평민을 만족시키고 자신들의 권위를 유지하는 법을 제정하는 데 동의했다. 반면 피렌체 평민의 목적은 유해하고 부당했다. 따라서 귀족은 자신을 지키기 위해 더 큰 노력을 기울였고, 이로 인해 많은 추방과 유혈 사태가 일어났으며, 나중에 제정된 법들조차 공동의 이익이 아니라 전적으로 승자의 이익을 위해 만들어졌다.”[105]

그러니까 차이는 갈등하는 두 사회 세력이 상대를 완전히 절멸시키고 한쪽이 권력을 독점하려 했는가 아니면 상대와 함께하는 공존의 틀과 공동선을 지향했는가 하는 데서 나왔다는 것이다. 바로 그런 차이 때문에 로마는 크게 번성했지만, 피렌체는 몰락을 피할 수 없게 되었다는 게 마키아벨리의 진단이다.

물론 로마 같은 서구 고대 공화국이나 피렌체 같은 근대 초기 공화국을 지금의 우리 사회에 평면적으로 대입시켜 문제를 이해할 수는 없다. 그러나 우리는 마키아벨리의 논의에서 어떻게 하면 사회의 분열과 갈등을 불가피한 사회적 숙명으로 받아들이면서도 이를 생산적으로 승화시킬 수 있을지에 대해 좋은 시사를 얻을 수 있다. 그것은 바로 건강한 공화국은 견제, 이의 제기, 쟁론, 갈등을 정치의 핵심 원리로 수용하되 극한적 적대나 정치공동체 자체의 파괴를 피할 수 있는 제도와 문화를 갖추어야 한다는 것이다. 우리는 그런 공화국을 '마키아벨리적 공화국'이라고 부를 수 있을 것이다.

이런 공화국은 무엇보다도 사회의 다양한 세력들이 서로 갈등하고 불화하면서도 서로를 존중하고 인정하는 규범을 확립하고 모두에게 이익이 되는 공존을 제도적으로 보장할 수 있는 정치적 틀을 갖출 수 있어야 한다. 그 갈등과 불화의 양상도 서로를 절멸의 상대로 여기는 극한적 '싸움(전투)'이 아니라 다양성과 이견을 존중하면서 벌이는 생산적 '논쟁'이 되도록 해야 한다. 진보와 보수, 다양한 사회 세력 사이의 견제와 투쟁은 불가피하고 어떤 면에서는 장려해야 한다. 그러나 서로에 대한 인정과 존중 속에서 공동선을 위한 조율과 타협이 정치의 요체가 될 수 있도록 해야 한다.

아마도 이런 마키아벨리적 공화국을 만들기 위해서는 우리 사회의 주요 정치 세력들이 서로 대립하고 갈등하면서도 그런 공화국에 대한 비전만큼은 공유하는 일이 가장 우선하여 필요할 것이다. 그런 점에서 나는 최근 들어 좁은 학계의 범위를 넘어 보수 진영에 속하는 많은 정치인이 공화주의를 주창하고 나선 일을 매우 고무적으로 여긴다. 유승민 전 의원이 수년 전부터 공화주의에 관한 관심을 표명한 바 있고, 박형준 부산시장도 권기돈과 함께 공화주의를 기조로 자신의 정치적 비전을 담을 책을 펴내기도 했다.[106] 최근에는 한때 자신이 몸담았던 운동권을 강하게 비판하며 윤석열 정부를 옹호하고 있는 함운경도 김동규와 함께 공화주의를 표방하고 나섰다.[107] 환영할 만한 일이다.

오랜 역사와 전통을 가진 공화주의가 하나의 정치적 지향으로만 해석될 수 없음은 당연하다. 귀족적 공화주의 대 민주적 공화주의, 보수적 공화주의 대 진보적 공화주의 등의 대립은 너무도 자연스럽고 권장할 만한 일이다. 중요한 것은 이런 서로 다른 공화주의의 대립에도 불구하고 모두가 비-지배로서의 자유나 공동선을 실현하는 공화국에 대한 이상만큼은 공유하는 것이다. 그리고 그런 이상을 실현할 수 있는 바람직한 제도적 틀을 찾기 위해 끊임없이 모색하며, 앞에서 강조해 온 대로, 시민적 불화와 시민적 우애의 정치문화를 확립해 나가야 한다.

안타깝게도 지금 우리 대한민국은 그런 마키아벨리적 공화국이 아니다. 그렇다면 지금 보수적이든 진보적이든 모든 공화주의자는 피렌체적 혼란에 빠져 있는 우리 공화국을 하루빨리 제대로 기능하는 민주공화국으로 만들어 내는 일에 함께 나서야 한다. 내가 볼 때, 우리 사회의 집권 주류 보수는 결코 공화주의자들이 아니다. 윤석열 정부의 행태는 공화적 원리와 정신에서 멀어도 너무 멀다. 무슨 '동료 시민' 같은 공화주의적 언어를 도용한다고 해서 본질이 달라지지는 않는다.*

윤석열 정부 들어서 우리가 목도해 온 것은 검찰의 이해관계와 문법이 정치 과정을 쥐고 흔들고 있다는 사실이다. 국회가 법으로 제한했던 검찰 수사의 범위를 달랑 시행령 하나로 무력화했던 반헌법적 폭거가 버젓이 자행되었던 일을 포함하여, 그동안 우리 민주주의를 지탱해 왔던 많은 법과 규범이 검찰(과 검찰 출신 각료와 정치인들)에 의해 유린당하고 있다. 지금 검찰은, 사실상의 쿠데타를 통해 무소불위의 독립적 정치 주체가 되어서 선거로 대통령 권력을 장악한 뒤, '검찰에 의한, 검찰을 위한, 검찰의 통치 체제'를 만들고 말

---

* 그런 점에서 나는 일부 보수적 공화주의자들이 윤석열 정부를 옹호하는 걸 매우 의아하게 생각한다. 물론 이에 대한 이견이 있을 수 있다. 나는 그 이견이 어떤 적대적 '싸움의 언어'가 아닌 생산적 '논쟁의 언어'로 제시될 수 있기를 기대한다.

았다. 나는 이 검찰통치체제를 제대로 극복하지 않고는 대한민국은 결코 제대로 된 민주공화국이 될 수 없다고 본다.

이 체제는 일정한 역사적 배경과 한국 사회가 가진 어떤 정치구조적 취약성이라는 배경 위에서 탄생했다. 앞에서 지적한 대로, 나는 이 체제가 단순히 검찰이 우연하게 주도적 역할을 하는 정부 체제가 아니라 현대 자유민주주의 체제에 일정하게 내재하는 '사법통치(체제)'의 한국적 변종이라고 이해한다. 이 체제에서는 공화주의 전통에서 특별히 강조되던 법치의 이상이 왜곡되고 지배의 도구가 되고 만다. 나는 이 체제가 자유민주주의를 강변하고 있지만 사실은 자유민주주의의 본래적 의미와는 아주 동떨어진 유사-전체주의 체제이며, 능력주의적 과두정이라고 부를 수 있는 새로운 종류의 귀족정일 뿐이라고 본다. 이것은 결국 우리 민주주의 체제의 헌정적 결함의 결과다.

이런 결함은 무엇보다도 우리의 민주화 과정에서 민주주의의 입헌화가 어떤 의미를 갖는지 충분히 이해하지 못한 상태에서 그리고 표방되었던 자유민주주의를 위한 사회문화적 조건이 존재하지 않는 상태에서 일부 소수 정치인이 밀실에서 헌정체제를 설계했다는 데서 비롯한다. 그렇다면 우리는 '윤석열 정부 이후'를 모색하면서, 단순히 검찰 출신이 아닌 대통령을 선출하는 과제를 넘어, 새로운 민주적 헌정체제를 수립하는 데 실천적 초점을 맞추어야 한다.

윤석열 대통령 시대 우리 시민들이 경험한 것은 단순히 대통령 개인의 권위주의적 성향이나 엉뚱한 이념 지향이 망쳐 놓은 국정과 기괴한 정치 풍경만은 아니었다. 중요한 것은 시행령 통치와 거부권 남발 같은 헌법이 보장한 대통령의 '제왕적' 권력 앞에 민주당이 가진 국회의 절대다수 의석이 할 수 있는 게 거의 없었다는 사실이었다. 그런 제왕적 권력은 민주당 정권에서는 별로 써 본 적이 없다고 해도 우리 헌정체제가 허용하고 있는 것이다. 주어진 권력이라도 공화의 이상과 민주적 규범에 따라 자제하며 타협하고 양보할 수 있는 덕성이 없는 지도자가 있는 한 우리 민주주의가 순식간에 위기에 빠질 수 있다는 게 문제다. 우리는 이제 문제의 근본을 건드릴 수 있어야 한다.

자유주의의 궁극적 승리와 더불어 '역사의 종말'이 왔다고 선언했던 프랜시스 후쿠야마(Francis Fukuyama)는, 미국의 양당제 민주주의가 서로에 대한 극한적 반대와 저지만을 일삼으며 정치적 교착상태에 빠져 있는 것을 한탄하며, 그런 정치체제를 '비토크라시(vetocracy)'라고 이름을 붙인 적이 있다.[108] 어색한 표현이지만, 거부권 정치체제, 그러니까 상대를 거부하기만 하는 정치체제를 뜻한다. 한국의 정치체제도 지금 딱 그런 비토크라시가 아닐까? 이런 체제에서는 대화와 타협, 공동선의 추구를 자양분으로 사회의 근본 문제들에 대한 해법을 찾는 정치 자체가 질식사하고 날선 이해관계의 대립과 맹목적 적대만 난무하는 전쟁 정치가 판을 친다. 지금의 검찰통치체제도 바로 이런 전쟁 정치가 판을 깔아준 덕에 생겨날 수 있었다. 여기서는 형식적 민주주의가 살아남더라도 아무런 의미를 갖지 못한 채 생명을 잃고 말 것이다. 이 비토크라시를 끝내야 한다.

그러려면 제왕적 대통령제와 더불어 국회의원 선거제도가 함께 바뀌지 않으면 안 된다.

사실 진작부터 우리 '87년 체제' 민주주의의 한계에 대해서는 다양한 차원에서 지적되어 왔다. 지금의 제왕적 대통령제와 지역구 중심의 단순다수결 국회의원 선거제도가 낳은 양당 중심 정치체제로는 우리 사회가 마주한 숱한 도전을 하나도 제대로 해결할 수 없다는 게 점점 더 분명해지고 있다. 그래서 지난 '촛불 혁명' 이후에도 그 한계를 극복하려는 개헌과 선거제도 개편은 중요한 의제 중의 하나였고, 문재인 정부도 개헌안을 발의하고 20대 국회는 선거제도를 부분적으로나마 바꾸기는 했다. 그러나 개헌 논의는 아예 막혀 있고, 선거제도도 계속적인 논란 속에 기형적인 상태로 머물러 있다.

우리는 그 촛불혁명을 말하자면 어떤 '영구 혁명'으로 만들어야 한다. 그 혁명은 일정한 성과를 가졌으되, 많은 한계도 남겼다. 대통령 탄핵이라는 위업을 끌어냈던 그 혁명의 열정과 힘은 안타깝게도 여러 가지 이유로 나라다운 나라, 좀 더 온전한 민주공화국을 만들어 내는 데는 실패했다. 새로운 헌정체제와 정치체제를 형성해야 했지만, 거기에는 미치지 못했다. 그러나 그 혁명은 아직 끝난 게 아니다. 그 이유가 무엇이든, 윤석열 대통령의 폭정은 다시금 그 촛불혁명의 과제를 변화된 상황과 조건에서 새롭게 완수해야 할 필요를 웅변하고 있다. 지금 우리는 지금까지와는 전혀 다른 권력구조와 정치체제를 가진 새로운 공화국을 만들어야 한다는 절실한 과제 앞에 서 있다.

나는 그 촛불혁명이 새로운 '공화적 혁명'으로 이어지기를 바란다. 그 혁명에는 애초 진보 세력만이 참여하지는 않았다. 그 혁명을 이끌었던 이른바 '촛불대연합'에는 많은 개혁적 보수 세력도 참여했고, 나는 그 세력이 보수적 공화주의자들과 적어도 큰 틀에서는 겹친다고 이해한다. 이제 새로운 마키아벨리적 공화국으로서의 '제7공화국을 위한 연대'가 필요하다. 진보와 보수를 넘어 공화주의적 가치와 지향을 가진 모든 정치 세력과 시민이 새로운 공화국을 만드는 일에 함께 나서야 한다.

# 노무현, 운명으로서의 죽음[109]

> "자신을 사랑하면 세상을 사랑하게 되고,
>
> 세상을 사랑하면 세상에 대한 분노를 하게 된다."[110]

도무지 이해할 수가 없었다. 명예를 지키기 위한 자살임은 틀림없어 보였다. 비열한 정권의 '법치(rule of law)'라는 탈을 쓴 '법을 수단으로 한 (억압적) 지배(rule by law)'의 압박 때문에 자신 삶 전체가 부정당하고 조롱당하는 현실 앞에서 그도 결국 한 나약한 인간으로서 달리 선택할 길이 없었다고 이해해 보고자 했다. 그래도 그건 아니었다. 평생을 자의식 강한 '바보'로 살아오면서 씩씩하게 버티어 왔던 강인한 사람이 그 혐오스러운 전두환 따위에게서 '좀 더 꿋꿋했어야 했다'는 핀잔을 들어야 할 정도로 나약했을 리가 없다.

정치적 타살임도 분명하다. 우리 사회는 정말이지 얼마 전까지 대통령이었던 사람조차도 자신의 위엄을 지키기 위해서는 자신의 목숨을 걸어야 할 정도로 잔인하고 야비한 사회임이 틀림없다. 이명박 대통령과 권력의 하수가 된 정치검찰, 그리고 수구 언론의 야비하고도 집요한 공격에 그도 더 이상은 버틸 수 없었던 게다. 그러나 그런 종류의 공격을 하루 이틀 당한 것도 한두 번 당한 것도 아닌데, 그가 아무런 방어도 하지 못한 채 그렇게 맥없이 무너졌을 것이라곤 믿기지 않았다.

어떤 사람은 그 죽음을 '소신공양(燒身供養)'이란다. '순교'라고도 한다. 사랑하는 가족과 측근들을 위해, 국민을 위해, 위기에 처한 민주주의를 위해, 혼돈에 빠진 역사가 제대로 방향을 잡도록 하기 위해 살신성인을 했다는 것이다. 그러나 나 같이 비종교적인 사람에게는 그런 종교적인 이해가 어쩐지 거북하다. 더구나 역사 속에서 종교적으로 이해된 정치가 때때로 끔찍한 결과를 낳기도 했다는 점을 기억한다면(예컨대 이슬람 근본주의자들의 자살테러), 그런 이해가 반드시 그 죽음의 숭고함을 더 평가하게 해 줄 것 같아 보이지 않았다. '노무현 열사'는 어딘가 이상했다.

며칠을 생각하고 이해해 보려고 애썼다. 아무래도 내겐 그 죽음은 역시 자신의 표현대로 '운명'인 것 같다. 그리고 이 운명으로서의 그의 죽음을 우리가 좀 더 제대로 이해해 낼 때 우리는 그를 더 잘 떠나보낼 수 있을 것 같다. 운명으로서의 죽음은 어떤 오이디푸스의 죽음 같은 것이 아니다. 사주팔자에 정해진 그런 죽음은 더더욱 아니다. 그것은 자신을 진정으로 사랑한 사람만이 선택할 수 있는 죽음이다. 어떻게 하는 것이 자신의 삶을 아름답게 하는 것인지를 아는 자의 치열한 죽음이다.

자신을 사랑한다는 것, 그것은 단순히 초라한 자기연민이 아니다.

그것은 비로소 '자기가 되기'를 선택하는 것이고 '자기를 배려'하는 것이다. 남이 던져 준 삶, 남이 틀 지워 놓고 강요한 그런 삶이 아니라, 자기가 주인이 되고 자기가 주인공이 되어 자기가 엮어가는 삶을 살아가는 것, 그런 것이 자기에 대한 사랑이다. 그러나 인간은 혼자서는 자기가 될 수 없다. 인간은 문화적이고 역사적인 진공 속에서 살지 않는다. 다른 사람들과의 관계 속에서 그리고 그들과의 만남과 상호인정의 지평 속에서 비로소 자기가 될 수 있다.

그러나 바로 그렇기 때문에 우리는 아무나 쉽게 자기로서의 삶을 살아갈 수가 없다. 왜냐하면 우리는 자기가 되려는 그 과정에서 끊임없이 타인의 응시를 받고 그래서 그 시선을 두려워하고 결국 그 시선의 노예가 될 가능성이 너무 크기 때문이다. 그래서 우리는 대부분 다른 사람의 욕망을 갈망하고 다른 사람의 의지를 의욕하며 다른 사람의 가치를 자기 것으로 추구하면서도 자기의 삶을 산다고 착각한다. 참으로 자기의 삶을 사는 사람, 자기가 주인공인 삶을 살려는 사람은 당연히 그런 함정에 빠져서는 안 된다. 그러나 그것은 무척 힘든 일이다. 그것은 무엇보다도 세상과의 불화를 의미하기 때문이다.

그런 함정에 빠지지 않겠다는 다짐과 결의는 삶에서 그저 단순한 안일과 행복 같은 것을 추구해서는 안 된다는 것을 의미한다. 그런 다짐과 결의는 말하자면 어떤 세속적인 의미의 구원 또는 해탈을 꿈꾸는 삶을 살겠다는 것을 의미한다. 그리하여 끊임없는 긴장 속의 삶을 받아들인다는 것을 의미한다. 세상의 기준, 대개는 돈 많고 힘센 타인들의 시선이 만들어 낸 삶의 틀을 거부해야 한다는 것을 의미한다. '주류'에 속하기를 기꺼이 거부해야 한다는 것을 의미한다. 그래서 세상의 멸시와 배제를 각오해야 한다. 때때로 '바보'가 되어야 한다. 자신만의 '진정한' 삶을 산다는 것은 이처럼 무턱대고 세속적 보상 같은 것을 기대하지 않으면서 산다는 것을 의미한다. 오히려 세상에 대해 분노하고 세상과 싸울 수밖에 없다. 그런 싸움의 노정, 끊임없이 새롭게 점검되고 다듬어져야 할 그런 싸움의 기획, 바로 그것이 자기를 사랑하고 자기를 배려하며 자기의 삶을 살려는 사람의 운명이다.

물론 이렇게 세상과 불화하는 삶에 대한 추구가 세상으로부터의 도피나 자기만의 세상 속에 유폐되기 위한 것은 아니다. 자기를 사랑하는 사람은 타인의 인정이나 세상의 평가를 무시하는 사람이 아니다. 다만 바보 노무현이 말했듯이 불의에 타협하지 않고도 자신의 삶이 성공하고 자기를 실현할 수 있기를 바랄 뿐이다. 오히려 자기를 진짜로 사랑하는 사람은 누구보다도 다른 사람들을 사랑한다. 왜냐하면 자기에 대한 사랑은 다른 사람의 사랑 없이는 성립할 수 없기 때문이다. 자기를 배려한다는 것은 타인을 존중한다는 것이기 때문이다.

어떤 사람은 권세나 돈을 통해 자신을 뽐낼 수 있을지는 모르지만 남으로부터 존중을 받을 수는 없다. 그는 시기나 원한의 대상일 뿐이다. 그의 영예는 나의 수치심이기 때문이다. 타인을 나와 똑같은 존엄성을 가진 존재로 존중하는 사람만이 타인으로부터 진정으로 존중받을 수 있다. 그리고 그 바탕에서만 나는 나를 사랑할 수 있다. 그래서 자기를 사랑하는 사람은 '존엄의 평등'이 실현되는 사회, 다름 아닌 '사람 사는 세상'을 꿈꾸고 실현하기 위하여 노력한다. 바로 어느 날 자기를 사랑할 수 있는 사람으로서 살고자 결심했던 인간 노무현의 운명이다.

그러나 자기의 삶을 살려는 사람이 겪는 세상과의 불화는 단순히 그의 주관적인 불화가 아니다. 세상과의 불화는 바로 '남의 영예를 나의 수치심으로만 받아들이는 사람들', 존엄의 평등이 무엇인지 모르기에 남을 존중할 줄 모르는 사람들, 자신을 뻐기고 싶어 하기는 해도 자기를 사랑할 줄 모르는 사람들, 우리가 흔히 '속물'이라고 부르는 그런 사람들과의 불화다.

속물들은 자신만의 진정성 있는 삶의 차원을 모른다. 따라서 자기를 사랑할 줄도 배려할 줄도 모르고, 그리고 바로 그래서 남을 존중할 줄도 모른다. 그저 남들이 몇 평짜리 아파트에 사는지 무슨 자동차를 타고 다니며 어떤 명품으로 치장하고 다니는지에만 관심을 갖는다. 어쨌든 중요한 것은 세상의 중심이나 상층부에 무슨 수를 쓰더라도 자리를 차지하는 것이다. 그 중심이나 상층부에 속하지 않는 삶은 사람의 삶이 아니라고 여기기 때문이다. 그래서 그들은 발가벗고서라도 그 중심이나 상층부로 가는 끈을 어떻게든 붙잡으려 한다. 뻔뻔해질 수밖에 없다. 부끄러움 따위를 알아서는 안 된다. 그리고 자기보다 더 힘세고 더 가진 사람에게는 한 없이 비굴하면서도 기본적인 '인간에 대한 예의' 같은 것을 갖출 리가 없다. 자신들이 닮고자 하는 남들은 언제든 밟고 일어서야 할 경쟁자로 여기면서 자신들이 배제하고 무시하는 못난 남들의 응시는 그저 가련한 시기와 원한의 표현으로만 받아들인다. 낯 두꺼운 몰렴과 무치, 그것은 그들의 출세와 성공을 위한 훈장이다. 새디스트적 비열함과 잔인함, 그것은 그들의 영광을 확인하는 전리품이다. 그러나 그들은 자신들의 따돌림과 무시와 모욕이 얼마나 다른 사람들을 아프게 하는지를 전혀 느낄 수 없는 인간-맹(盲)이다.

안타깝게도 그들로부터 늘 무시당하고 모욕당하는 사람들도 다름 아닌 그들과 같은 사람이 됨으로써, 스스로 속물이 되려함으로써 그 무시와 모욕을 벗어나려 했다. 그래서 '부자 되세요'라는 인사가 나왔다. 그래서 너도나도 부동산 투기며 펀드 열풍에 가담했다. 또 그래서 사람들은 무턱대고 자신들을 부자 만들어 주겠다는 누군가에게 투표했다. 이명박 정권은 그렇게 탄생했다. 이제 어떤 토탈-스놉의 사회가 도래했다. 결국 인민(demos)이 스스로를 지배하는 데모크라시가 아닌 속물들(snob)이 지배하는 스노보크라시(snobocracy)가 바보 노무현 같은 사람이 불화해야 하는 사회의 정치적 형식이 된 것이다.

이런 상황에서는 노무현 같은 사람에게는 사는 것이 곧 죽는 것이요, 죽는 것이 곧 사는 것이다. 세상과 불화하지 않는 삶은 자신의 삶을 사는 것이 아니다. 그것은 죽은 삶이다. 반대로 제대로 죽어야만, 세상과 극단적으로 단절해야만 자신을 사랑할 수 있다. 그래야만 자신의 삶을 존엄한 것으로 만들 수 있다. 삶의 의미와 가치를 지킬 수 있다. 그저 살아남는 것이 그 자체로 의미가 되고 가치가 될 수는 없다. 그저 편안한 삶, 그저 즐거움으로만 넘치는 삶도 무의미하고 무가치한 삶이다. 그런 삶은 동물도 사는 삶이다. 물론 우리의 존엄성은 동물로서의 존엄성일 뿐이지만, 그러나 바로 그래서 우리는 죽음을 통해서도, 때로는 오직 죽음을 통해서만, 존엄한 존재가 될 수 있다. 특히 우리 사회와 같이 인간-맹들이 주류를 형성하고 있는 사회에서는, 자신들의 새디스터적 비열함과 잔인함을 전혀 자각하지 못하는 '빨대' 검사들이나 기자들 같은 '악의 평범하고 자발적인 집행자들'이 아무런 죄의식도 없이 억압적 권력을 휘두르는 곳에서는, 그것은 거의 불가피하다. 사즉생, 곧 죽어야 사는 것은 그래서 바보 노무현에게는 운명이었던 것이다. 그것은 바로 어떤 '피안적(彼岸的) 재세', 곧 이 세상을 떠나서도 이 세상에 영원히 남는 길이었다.

노무현의 자살은 운명이다. 그러나 그의 죽음은 정확히 소크라테스의 죽음 같은 것이다. 사람들이 자신을 돌보지 않고 살고 있음을, 그래서 자신들과 나라를 모두 망치고 있음을, 게으른 말에 붙어 다니는 등에처럼 윙윙거리며 깨우치는 것을 자신의 운명으로 생각했던 소크라테스, 그러나 바로 그 때문에 당대의 주류와 권력자들의 미움을 받았고 동료 시민들로부터 오해를 받았던 소크라테스, 그러나 악법도 법이라고 믿어서가 아니라 자신의 삶을 너무도 사랑했기 때문에 그리고 자신의 운명적 정체성을 지키기 위해 삶을 포기하고 기꺼이 독배를 마셨던 소크라테스, 인간 노무현은 바로 오늘 이 땅의 소크라테스인 것이다.

그래서 우리가 그것에 대해 미안해하거나 원망해서는 안 된다. 그저 슬퍼해서도 안 된다. 다만 우리는 그의 죽음에서 제대로 배울 것을 배울 일이다. 누구든지 진정한 삶, 가치 있는 삶을 살고자 하는 사람은 다 자살해야 한다는 것이 아니다. 우리 모두가 노무현이 될 수는 없다. 무엇보다도 우리 대부분은 노무현처럼 아름답게 자살할 자격이 없다. 노무현처럼 뜨겁게 자신을 사랑하며 세상과 불화하고 또 그래서 세상을 바꾸기 위해 싸웠던 그런 삶을 살아오지 못했기 때문이다. 우리 대부분에게 죽음은 운명이 아니기 때문이다. 그의 죽음은 다만 못난 우리가 이제 어떤 삶을 운명으로 받아들여야 하는지를 깨닫게 해 주고 있을 뿐이다.

아직 자신의 삶을 사랑하고 진짜로 배려해 본 적이 없는 우리에게는 죽음이 아니라 제대로 된 삶을 사는 것이 운명이다. 진짜로 자기를 사랑하는 진정성 있는 삶을 사는 것이 운명이다. 그렇다면 우리는 이제 저 속물적 지배체제의 노예가 되지 말고 자신의 삶의 주인으로서 살 수 있어야 한다. 그러나 그런 삶은 남을 깔보는 데서 자신의 우월함을 확인하는 삶이 아니라 다른 사람을 존중하고 존엄의 평등이 실현되는 사람 사는 세상을 만들기 위해 애쓰며 사는 삶이다. 무엇보다도 우리의 이 욕지기나는 스노보크라시가 신성하고 절대적인 것으로 선전하는 '한갓된 삶'을, 그저 비루하기만 한 '생존'을 거부하는 삶이다.

소크라테스 또는 노무현은 말한다. '단지 사는 것이 아니라 잘 사는 것이 문제다.' 경쟁에서 도태되어 살아남지 못할 수 있다는 식의 불안에 사로잡혀 그저 살고자 그들의 노예가 되고 그들에게 그 불안의 의식을 착취당하지 않을 수 있는 삶을 살아야 한다. 그저 살고자만 하면 우리는 존엄한 삶, 사람다운 삶을 살 수 없다. 우리의 삶이 어떻게 존엄한 삶이 될 수 있는지, 잘 사는 삶이 어떤 삶인지, 우리의 '차세적(此世的) 초월'은 어떻게 가능할 수 있을지 끊임없이 묻고 반성할 때에만 우리는 우리에게 운명인 삶을 제대로 살 수 있다. 노무현 대통령의 운명적 죽음은 바로 사람 사는 세상은 결국 단지 우리 자신들만이 만들 수 있다는 것을 깨우치려 했던 것이다. 쌩큐, 노무현! 굿바이, 노무현!

# 주석 보기

1. 나는 고(故) 노무현 대통령에게 헌정했던 나의 책 『정치의 이동』(2012, 상상너머)에서 일차적으로 이런 시도를 해 보았다.

2. José Luis Martí/Philip Pettit, *A political philosophy in public life: Civic republicanism in Zapateros's Spain*, Princeton Universtiy Press, Princeton and Oxford, 2012, p.31, 71.

3. 무엇보다도 다음을 참조. I. Honohan, *Civic Republicanism*, Routledge, London and New York, 2002; P. Pettit, *On the People's Terms: A Republican Theory and Model of Democracy*, Cambridge University Press, 2012; Y. Elazar/G. Rousselière, *Republicanism and the Future of Democracy*, Cambridge University Press, 2019.

4. 김경희, 「서구 민주공화주의의 기원과 전개: 아테네에서 르네상스에 이르는 민주와 공화의 변증법」, 『정신문화연구』 30(1), 2007.3. 113-139쪽.

5. 아리스토텔레스, 『정치학』, 천병희 옮김, 도서출판 숲, 2017.

6. 니콜로 마키아벨리, 2016, 『로마사 논고』, 강정인·안선재 옮김, 파주: 한길사, 86쪽.

7. 최장집, 『민주화 이후의 민주주의-한국 민주주의의 보수적 기원과 위기』(개정2판). 후마니타스, 2010.

8. 유시민, 『후불제 민주주의』, 돌베개, 2009.

9. 최장집, 「민주주의와 자유주의 사이에서」, 『자유주의는 진보적일 수 있는가』, 최태욱 엮음, 폴리테이아, 2011.

10. 김정인, 『민주주의를 향한 역사』, 책과 함께, 2015.

11. 이매뉴얼 월러스틴, 『유럽적 보편주의: 권력의 레토릭』, 김재오 역, 창비, 2008.

12. 디페시 차크라바르티, 『유럽을 지방화하기』, 김택현 옮김, 커뮤니케이션스북스, 2018.

13. 김상준, 『맹자의 땀 성왕의 피: 중층근대와 동아시아 유교문명』, 아카넷, 2011; 나종석, 『대동민주 유학과 21세기 실학 : 한국민주주의론의 재정립』, 도서출판b, 2017.

14. 이석희/강정인, 조선 유교 헌정주의의 성립: 도통론과 문묘배향논쟁을 중심으로, 『한국정치학회보』 52집 4호, 2018 가을, 157-178쪽.

15. 천라이, 「유가적 관점에서 본 샌델의 『민주주의의 불만』」, 마이클 샌델·폴 담브로시오, 김선욱·강명신·김시천 옮김, 『마이클 샌델, 중국을 만나다』.

16. 위잉스, 『주희의 역사세계: 송대 사대부의 정치문화 연구』, 상권 및 하권, 이원석 옮김, 글항아리, 2015; 김영수, 「동아시아 군신공치제의 이론과 현실」 한국동양정치사상사연구, 7(2), 2005, 29-58쪽.

17. 이관후, 「왜 '대의민주주의'가 되었는가: 용례의 기원과 함의」, 『한국정치연구』 제25집 제2호, 2016; 천라이, 앞의 글.

18. P. Pettit, "Meritocratic Representation", in: D. A. Bell/ Ch. Li, *The East Asian Challenge for Democracy: Political Meritocracy in Comparative Perspective*, Cambridge University Press, 2013.

19. 능력주의 문제에 대한 나의 자세한 논의는 다음을 참조하라. 장은주, 『공정의 배신: 능력주의에 갇힌 한국의 공정』, 피어나, 2021.

20. 마이클 영(Michael Young), 『능력주의. 2034년, 공정하고 정의로운 엘리트 계급의 세습 이야기(The Rise of the Meritocray)』, 유강은 옮김, 이매진, 2020.

21. D. A. Bell/ Ch. Li, *The East Asian Challenge for Democracy: Political Meritocracy in Comparative Perspective*, Cambridge University Press, 2013. 현대 중국에서는 이를 '현능정치(賢能政治)'라고 부른다(우리말 역자는 이를 '현능주의'라고 내가 볼 때 부적절하게 옮겼다. 대니얼 A. 벨, 『차이나 모델: 중국의 정치지도자들은 왜 유능한가』, 김기협 옮김, 서해문집, 2017.

22. 『예기(禮記)』「예운(禮運)」편.

23. 나종석, 『대동민주 유학과 21세기 실학』 앞의 책, 291쪽 이하; H.G. 크릴, 『공자: 인간과 신화』, 이성규 역, 지식산업사, 306쪽 이하; 마이클 푸엣/크리스틴 그로스-로, 『더 패스(The Path)』, 이창신 옮김, 김영사, 2016, 제9장 등. 서구 공화주의의 그리이스적 전통에서도, 토마스 모어에서 해링턴 및 제퍼슨에 이르기까지, 사유재산의 철폐 또는 부의 재분배를 통하여 정치에서 부의 부당한 영향력을 제어함으로써 현명하고 유능한 사람에 의한 통치가 가능하도록 해야 한다는 이상을 추구했다. E. Nelson, "Republican Visions", *The Oxford Handbooks of Political Science*, J.S.Dryzek/ B.Honig/A.Phillips (ed.), Oxford University Press, 2006.

24. J. Tao, "Die Natur des Menschen und das Fundament der Moral. Eine chinesisch-konfuzianische Perspektive", Hans Joas (hg.), *Vielfalt der Moderne - Ansichten der Moderne*, Fischer 2012.

25. 장은주, 『유교적 근대성의 미래: 한국 근대성의 정당성 위기와 인간적 이상으로서의 민주주의』, 한국학술정보, 2014, 126쪽 이하.

26. 김상준, 『맹자의 땀 성왕의 피』, 앞의 책.

27. 김성혜, 「한국근대전환기 군민공치(君民共治) 논의에 대한 일고찰」, 『한국학』, 2015, vol.38. no.1. 통권 138호.

28. 토마 피케티, 『21세기 자본』, 장경덕 외 옮김, 글항아리, 2015, 8쪽.

29. 대니얼 A. 벨, 『차이나 모델』, 앞의 책.

30. The Economist Intelligence Unit, *Democracy Index*, 2023. 그러나 평가는 한국의 정치 상황에 따라 다소 유동적이다.

31. 장동진, 『심의민주주의: 공적 이성과 공동선』, 박영사, 2012.

32. Wolfgang Merkel, "Die >>eingebettete<< Demokratie. Ein analystisches Konzept." *WZB-Mitteilungen Heft* 106. Dezember 2004.

33. Wolfgang Merkel(et.al.), *Defekte Demokratie*. Band 1: Theorie. Oplanden; Leske+

Budrich, 2003.

34. 이에 대한 나의 자세한 논의는 다음을 참조하라. 장은주, 『공정의 배신』, 앞의 책, 180쪽 이하.

35. 대표적으로 참조: 샹탈 무페, 『경합들: 갈등과 적대의 세계를 정치적으로 사유하기』, 서정연 옮김, 난장, 2020.

36. 2030부산, 「바보 노무현의 사람사는세상」, 네이버 블로그 2030년 부산's Story, 2015.

37. 황이수, 『약관대 강당당 노무현: 노무현 참모 황이수가 말하는 '인간 노무현'』, 나무와 숲, 2023.

38. 이에 대해서는 특히 다음을 참조하라. 모리치오 비롤리, 『공화주의』, 김경희/김동규 옮김, 도서출판 인간사랑, 2006; 필립 페팃, 『신공화주의: 비지배 자유와 공화주의 정부』, 곽준혁 옮김, 나남, 2012.

39. 마이클 샌델, 『민주주의의 불만』, 안규남 옮김, 동녘, 2012, 234쪽 이하; 마이클 샌델, 『당신이 모르는 민주주의』, 이경식 옮김, 와이즈베리, 95쪽 이하. 이 책은 앞 책의 개정판이다.

40. 이 표현은 다음에서 가져왔다. 김정인, 「한국 민주주의 기원의 재구성」, 『한국 민주주의, 100년의 혁명 1919-2019』, 한울 아카데미.

41. 장은주, 『인권의 철학: 자유주의를 넘어, 동서이분법을 넘어』, 새물결, 2009.

42. 특히 다음을 참조. M. Nussbaum, *Frontiers of Justice. Disability, Nationality, Species Membership*, Harvard University Press. 2006; 마사 누스바움, 『역량의 창조』, 한상연 옮김, 돌베개, 2015.

43. Nussbaum, *Frontiers of Justice*, p.70; cf. 누스바움, 『역량의 창조』, 35쪽.

44. Nussbaum, *Frontiers of Justice*, p.71.

45. 아비샤이 마갈릿, 『품위있는 사회』, 신성림 옮김, 동녘, 2008.

46. 김동춘, 『시험능력주의: 한국형 능력주의는 어떻게 불평등을 강화하는가』, 창비, 2022.

47. 조지프 피시킨, 『병목사회: 기회의 불평등을 넘어서기 위한 새로운 대안』, 유강은 옮김, 문예출판사, 2016, 8쪽.

48. 능력주의에 대한 자세하고 체계적인 논의는 참조: 장은주, 『공정의 배신』, 앞의 책. 아래에서는 이 책에서 이루어진 논의를 부분적으로 반복한다.

49. 이것은 『공정하다는 착각: 능력주의는 모두에게 같은 기회를 제공하는가』(함규진 역, 와이즈베리, 2021)로 번역된 마이클 샌델 책의 원제다.

50. 류동민, 「능력주의 이데올로기의 위기: 탈조선의 사회심리학」, 『황해문화』, 2016년 봄호.

51. 피케티, 『21세기 자본주의』, 앞의 책, 617쪽.

52. 비롤리, 앞의 책, 141쪽.

53. 참조: 악셀 호네트, 『인정투쟁』, 문성훈·이현재 옮김, 사월의 책, 2009; 악셀 호네트·

낸시 프레이저, 『분배냐 인정이냐?』, 김원식·문성훈 옮김, 사월의 책, 2014; 장은주, 『시민교육이 희망이다: 한국 민주시민교육의 철학과 실천모델』, 피어나, 2017, 86쪽 이하.

54. 피시킨, 앞의 책.

55. 자세한 논의는 참조: 장은주, 『정치의 이동』, 앞의 책.

56. I. M. Young, *Justice and the Politics of Difference*, Princeton University Press, Princeton, 1990, p.75 ; R. Forst, *Das Recht auf Rechtfertigung: Elemente einer konstruktivistischen Theorie der Gerechtigkeit*, Suhrkamp, Frankfurt/M, 2007, p.261.

57. 이하의 논의는 장은주, 『우리는 시민입니다: 현장에서 말하는 한국민주시민교육론』, 민주화운동기념사업회 민주시민교육센터, 피어나, 2020, 제1장 총론의 논의를 부분적으로 반복한다.

58. Richard Bellamy, "Citizenship: Historical Development of", in: James Wright (ed), *International Encyclopaedia of Social and Behavioural Sciences*, 2nd ed., 2014, Elsevier.

59. 가령 참조: 헤르만 R. 판 휜스테런, 『시민권의 이론: 동시대 민주정들에서 다원성을 조직하기』, 장진범 옮김, 그린비, 2020.

60. 송호근, 「한국의 시민과 시민사회의 형성: 시민성 결핍과 과잉 국민」, 『지식의 지평』(20), 2016.05, 1-18쪽.

61. 송호근, 『시민의 탄생: 조선의 근대와 공론장의 지각 변동』, 민음사, 2013.

62. 송호근, 「한국의 시민과 시민사회의 형성: 시민성 결핍과 과잉 국민」, 앞의 글.

63. 같은 글.

64. 장경섭, 『내일의 종언? 가족자유주의와 사회재생산의 위기』, 집문당, 2018.

65. 최장집, 「민주주의와 자유주의 사이에서」, 『자유주의는 진보적일 수 있는가』, 최태욱 엮음, 폴리테이아, 2011.

66. 김상준, 「촛불은 맹자다」, 다른백년칼럼, 2017.01.16.

67. J.G.A. 포칵, 『마키아벨리언 모멘트 1, 2: 피렌체 정치사상과 대서양의 공화주의 전통』, 곽차섭 옮김, 나남, 2011.

68. B. Ackerman, *We the People*, vol.1: Foundations, Harvard University Press, Cambridge, MA., 1991.

69. 장은주, 『시민교육이 희망이다』, 앞의 책, 133-135쪽.

70. 예컨대 참조: 키스 포커스, 『시민정치론 강의: 시티즌십』, 이병천·이종두·이세형 옮김, 아르케, 2009, 86쪽 이하.

71. Dominique Leydet, "Citizenship", *The Stanford Encyclopedia of Philosophy*, Fall 2017 Edition, Edward N. Zalta (ed.)

72. 참고: 포크스, 앞의 책, 141쪽 이하.

73. 자세한 논의는 다음을 참조: 장은주, 『시민교육이 희망이다』, 앞의 책, 135쪽 이하.

74. R. Bellamy, "The Political Form of the Constitution: the Separation of Powers, Rights and Representative Democracy." *Political Studies*. XLIV, 1996, 436-56.

75. 가령 J. P. McCormick, *Machiavellian Democracy*, Cambridge University Press, 2011.

76. R. Bellamy, *Political Constitutionalism*, Cambridge University Press, 2007. 특히 176쪽 이하.

77. 페팃, 『왜 다시 자유인가』, 앞의 책.

78. 존 킨, 『민주주의의 삶과 죽음: 대의민주주의에서 파수꾼 민주주의로』, 양현수 옮김, 교양인, 2017.

79. 김비환, 『민주주의와 법의 지배』, 박영사, 2016, 특히 3장 및 4장 참조.

80. Bellamy, *Political Constitutionalism*, 앞의 책.

81. 비롤리, 앞의 책, 45쪽에서 재인용.

82. R. Hirschl, *Towards Juristocracy: The Origins and Consequences of the New Constitutionalism*, Harvard University Press, 2007.

83. 호세 마리아 마라발, 「정치적 무기로서의 법의 지배」, 『민주주의와 법의 지배』, 아담 쉐보르스키/호세 마리아 마라발, 안규남/송호창 외 옮김, 후마니타스, 2008, 458쪽 이하.

84. 앤드류 피터슨, 『시민 공화주의와 시민교육』, 추병완 옮김, 도서출판 하우, 2020, 57쪽.

85. 이하의 논의 역시 장은주, 『우리는 시민입니다』, 앞의 책, 제1장 총론의 논의를 부분적으로 반복한다.

86. A. Gutmann, *Democratic Education*, Princeton University Press, Princeton. 1987, p.14.

87. T.H. 마셜, 『시민권과 복지국가』, 김윤태 옮김, 이학사, 2013.

88. 장은주, 「한국의 민주시민교육: 사회적 합의의 방향과 제도화의 과제」, 『시민과 세계』, 2019년 상반기호.

89. 샌델, 『당신이 모르는 민주주의』, 앞의 책, 30쪽.

90. 같은 책, 30-31쪽.

91. 같은 책, 31쪽.

92. 같은 곳.

93. 이 장의 논의는 전자책으로만 출간되었던 나의 책 『민주당 고쳐쓰기: 어느 정치철학자의 고언』(2022, 피어나)의 논의를 부분적으로 반복한다.

94. 낸시 프레이저, 『낡은 것은 가고 새 것은 아직 오지 않은』, 김성준 옮김, 책세상, 2021.

95. 샹탈 무페, 『좌파 포퓰리즘을 위하여』, 이승원 옮김, 문학세계사, 2019.

96. 포커스, 『시민정치론 강의』, 앞의 책, 47쪽 이하.

97. 김동택, 「3.1운동, 최초의 민주주의 혁명」, 『한국 민주주의 100년의 혁명 1919~2019』(민주화운동기념사업회 한국민주주의연구소 엮음), 한울 아카데미, 2019, 169쪽.

98. 같은 곳.

99. Lior Eres/ Cécile Laborde, "Cosmopolitan Patriotism as a Civic Ideal", *American Journal of Political Science*, Vol.64. Issue 1, 2019.

100. 마사 누스바움, 『세계시민주의 전통: 고귀하지만 결함있는 이상』, 강동혁 옮김, 뿌리와 이파리, 2020, 254쪽.

101. Erez/Laborde, 앞의 글.

102. 위르겐 하버마스, 「국제법의 입헌화는 아직 기회가 있는가?」, 『분열된 서구』, 장은주, 하주영 옮김, 나남, 2009.

103. 니콜로 마키아벨리, 『피렌체사』, 하인후 옮김, 무블출판사, 2022, 228쪽.

104. 같은 곳.

105. 같은 책, 228-229쪽.

106. 박형준/권기돈, 『보수의 재구성: 새로운 정치를 위한 자유공화주의 선언』, 메디치미디어, 2019.

107. 함운경/김동규, 『공화주의 솔루션: 대한민국의 미래를 위해 우리는 어떻게 싸울 것인가』, 글통, 2024.

108. 프랜시스 후쿠야마, 『자유주의와 그 불만』, 이상원 옮김, 아르테, 2023, 206쪽

109. 장은주, 프레시안, 2009.05.29.

110. 오연호, 「나를 사랑한다, 그래서 세상에 분노한다. 대통령 노무현, <화려한 휴가> 보고 울다」, 오연호 리포트: 인물연구 노무현 7, 오마이뉴스, 2009.05.26.